역량중심의 청소년지도설계

이채식 | 최영창 | 신규범 | 김상욱 | 안명선 | 김창율 | 하준태 著

대구한의대학교출판부

머 리 글

지식기반사회로 접어든 우리 사회는 많은 변화를 경험하고 있다. 이전까지 익숙했던 산업사회중심의 경제구조, 사회구조, 사회규범 및 질서는 점차적으로 약화되거나 해체되어지고 있으며 지식기반사회의 새로운 방식들이 서서히 만들어지며 모습을 나타내고 있다. 사회변화는 사회구조와 질서의 위기로부터 시작되기에 사회구성원은 고통과 어려움 속에서 새로움을 향한 도전에 나서야만 한다.

청소년지도는 청소년의 균형적인 발달 및 능력개발을 위한 촉진적 활동과정이다. 산업사회의 청소년지도는 청소년의 문제행동중심에 맞춰 이를 예방하고 대처하기 위한 실천이 강조되어 왔다. 현실의 제한과 어려움 속에서도 청소년분야를 지키는 청소년지도자의 헌신적인 노력과 성취를 통해 청소년지도는 우리 사회의 주요 학문분야로 성장하게 되었다.

지식기반사회에서 청소년의 삶과 일상생활은 끊임없이 변화하고 있으며 현재의 삶과 미래에 대한 위기감이 높아가고 있다. 사회현상은 매우 복잡하게 얽혀있으며 역동적으로 구성되어진다. 청소년은 가족, 학교, 지역사회 및 전체 사회의 많은 요인들로부터 영향을 받아가며 삶을 살아가게 된다. 청소년지도는 보다 포괄적인 영역으로 확대되어야 하며 세부분야에서 전문성을 확보해야 한다.

모든 학문분야에서 그러하듯, 대학에서 이루어지는 청소년 지식체계와 청소년현장의 실천체계간의 괴리와 차이가 종종 언급되어지고 있다. 대학교육으로서 청소년지도는 사회현상에 대한 이해와 실천에 있어 소수 전문가들에 의존하는 원리중심의 지식체계를 띄고 있어 끊임없이 변화하는 청소년현장의 역동성과 다양성을 받아안지 못하고 있다. 또한 예비청소년지도자들은 청소년현장에서 요구하는 체계적이며 창의적인 실천능력을 기르는데 어려움을 겪고 있다.

청소년지도자는 청소년이나 청소년에 관련되는 사람 및 특정한 사회제도에 대한 보다 깊이있는 이해와 전문적인 능력을 발휘해야한다. 지식기반사회의 청소년지도자는 청소년에 대한 과학적이며 원리화된 지식습득에서 보다 확대되어 청소년 및 청소년현상에 대한 상황과 맥락을 고려한 다양한 해석력과 실천능력, 특정한 사회구조와 시설여건에서 청소년이나 청소년지도자의 주체적인 참여를 이끌고 실천할 수 있는 능력을 갖추도록 해야한다. 이를 위해 청소년지도는 이론과 현장실천을 보다 긴밀하게 연계시켜 논의함으로써 발전적으로 상호작용하여야 한다.

역량중심의 청소년지도설계는 청소년분야의 이론과 현장실천의 긴밀한 연계를 이루기 위한 하나의 시도이다. 주요 장들은 청소년학 및 청소년현장에서 전문능력을 발휘하고 있는 연구자들의 끊임없는 고민과 연구 성과의 결과이며 계속적인 과정이다. 집필자들은 예비청소년지도자들의 눈높이에서 청소년현장의 조직 및 특성을 소개하고 현장 청소년지도자의 구체적인 역할 수행 및 세부 자질이나 역량에 대해 제시하고자 노력하였다.

본서는 전체적으로 Ⅰ부 역량중심 청소년지도의 기초, Ⅱ부 역량중심 청소년지도방법, Ⅲ부 역량중심 청소년지도의 실제 등으로 구성되어 있다. 첫째, Ⅰ부 역량중심 청소년지도의 기초는 지식기반사회에서 요구되는 역량중심의 청소년지도와 청소년지도자 역량에 대해 살펴보며 청소년의 변화한 일상생활에서의 청소년지도 및 청소년개발로 확장하는 청소년지도를 제시하고자 하였다. 주요 장들은 역량중심 청소년지도, 청소년개발과 청소년지도, 청소년 일상생활과 청소년지도, 청소년역량 개발과 청소년지도 등이다. 둘째, Ⅱ부 역량중심 청소년지도방법은 청소년지도에 있어 개인 및 집단 등의 구조화된 특성에 따른 지도방법을 제시하는 것으로 개인 청소년지도, 집단 청소년지도, 청소년수련활동지도 등으로 구성되어 있다. 셋째, Ⅲ부 역량중심 청소년지도의 실제는 주요 청소년현장인 청소년수련관, 청소년수련원, 방과후아카데미 등의 조직구조 및 사업특징과 청소년지도자의 역할수행 및 과제를 살펴보았으며 청소년참여위원회, 청소년기관 연계, 청소년행사 기획에서의 청소년지도자의 역할과 자질에 대해 제시하였다. 주요 장들은 청소년수련관의 청소년지도, 청소년수련원의 청소년지도, 청소년방과후아카데미의 청소년지도, 청소년참여위원회의 청소년지도, 청소년행사기획과 평가, 청소년기관연계와 청소년지도 등으로 구성되어 있다.

지식기반사회의 청소년지도는 이전까지 관행이나 익숙함으로부터 벗어나 새로운 청소년지도를 만들어가는 창의적인 도전을 성공적으로 이뤄내야 한다. 본서가 청소년전문가 및 예비청소년지도자들이 지식기반사회가 요구하는 새로운 청소년지도의 이론과 실천능력을 구체화하고 청소년학의 새로운 도약과 역동적인 미래를 열어가는데 조금이나마 기여하기를 희망한다.

2013년 2월
저자 일동

제1부 역량중심의 청소년지도 기초

제2부 역량중심의 청소년지도방법

제3부 역량중심의 청소년지도 실제

• 제 1 부 •

역량중심의 청소년지도 기초

제1장 역량중심의 청소년지도

Ⅰ. 청소년지도의 이해

1. 청소년지도의 개념 및 목적

청소년지도는 특정사회의 역사적 배경과 사회흐름에 따라 다양하게 정의되어왔다. 청소년지도(指導)는 청소년을 대상으로 특정한 목적과 방향으로 가르치고 이끄는 것이다. 청소년지도는 사전적으로 청소년들이 일상생활에서 좋은 습관과 태도를 기르도록 이끌거나 청소년의 학습활동을 이끄는 것이다. 초기의 청소년지도는 청소년의 문제 및 위험행동에 대한 대응으로 여겨졌다. 청소년이 관련되는 학교폭력, 따돌림, 우울, 가출, 자살시도, 청소년범죄 등 여러 청소년문제에 대응하는 활동, 상담, 복지 등의 모든 행위가 해당한다. 사회변화와 요구에 따라 점차 청소년지도는 다양한 유형으로 제시되었다. 청소년지도는 학교로부터 정규적인 보살핌을 받지 못하는 불우한 청소년들을 대상으로 한 보충적 사회교육, 청소년의 개인 문제를 정신 · 심리적 특성의 결핍이나 왜곡을 파악하고 개선하는 자기 통제력 및 사회성 증진, 단순히 문제청소년에 대한 구제나 예방차원으로 국한시키지 않고 청소년이 정상적인 시민으로 적극적으로 육성하는 사회적 예민성 증진, 청소년이 자신이 살아가는 사회적 상황에 건설적인 비판적 안목을 가지고 참여하여 실제로 살아보는 경험의 제공 등으로 유형화되기도 하였다(한국청소년개발원, 1993). 청소년지도는 공동체내에서 청소년의 개인적이며 사회적 발달을 위한 기회로서 다양한 범위의 비형식 교육활동을 제공하는 것이다.

주요 국가들의 청소년지도의 정의를 보면 오스트레일리아는 여가시간 및 예방의 교과외 청소년지도이며 예방, 문제개입, 교육, 여가시간 및 활동의 사회적, 정치적 영역의 개선을 포함하고 있다. 독일의 청소년지도는 청소년의 자기결정권, 사회책임성의 고취와 참여, 공동결정에 의한 개발을 지원하는 체계이며 청소년의 자아개념, 참여 및 통합을 강조한 사회적, 개인적 발달을 목적으로 한다. 그리스는 청소년의 여가시간활동과 건강한 성인으로의 이행 및 안전을 지원하는 교육 및 복지서비스이며 청소년의 사회적 포함과 능동적인 참여의 향상, 사회적-개인적 발달을 목적으로 한다. 노르웨이의 청소년지도는 청소년에게 의미있는 여가시간 제공 및 참여와 사회적 상호작용을 통한 개인 발달의 기회를 제공하는 것이며 청소년의 참여와 민주주의, 주변화 및 사회적 배제의 예방하고자 한다. 이처럼 초기의 청소년지도는 학교밖의 특정한 청소년문제를 중심으로 소극적이며 제한적인 정의가 시도되었으나 점차 모든 청소년을 중심으로 적극적이며 확장적인 개념화가 시도되고 있다. 청소년지도는 청소년 및 청소년이 살고있는 사회문화적 환경을 토대로 청소년의 신체적, 인지적, 사회적, 정서적, 영적 등 전반적인 발달영역의 균형적이며 바람직한 성장을 촉진하기 위한 모든 조력적 행위이다.

청소년지도의 목적은 청소년이 개인적이며 사회적 발달을 지지하고 청소년의 목소리가 공동체와 지역사회에 영향을 갖도록 함으로써 의존에서 상호작용적인 청소년의 성장을 지원하고 촉진하는 것이다(National Youth Agency(1999). 청소년지도는 동등한 기회의 책임, 파트너로서 청소년의 학습과 의사결정, 청소년들의 자신의 가치들을 갖도록 개발하기 등을 포함하는 신념들의 장으로 구성된다. 청소년지도는 다음의 질적 성격으로 구성되어진다(Daives, 1996). 첫째, 청소년지도는 참여를 선택할 수 있는 곳에서 적합한 서비스를 제공한다. 둘째, 청소년지도는 청소년이 자신의 경험과 청소년을 둘러싼 세상에 대해 비판적으로 행동하도록 이끌어준다. 셋째, 청소년지도는 공동체 안에서 청소년의 개인적 책임성에 대한 올바른 선택을 하도록 청소년을 돕는다. 넷째, 청소년지도는 청소년이 학업에 대한 성취와 잠재력을 발휘해 나갈 수 있도록 지원한다. 다섯째, 청소년지도는 다른 분야의 사람들과 함께 청소년의 요구를 사회가 반영하도록 만든다.

2. 청소년지도의 주요 영역

청소년지도는 청소년의 모든 생활과 삶의 영역에 관련되는 제도 및 모든 행위이다. 청소년지도의 주요 영역은 매우 다양하고 포괄적으로 설정되어야 한다. 청소년지도의 주요 영역은 국가 및 지방자치단체의 청소년관련 정책이나 청소년업무를 주관하는 관련부서에서 추진하는 청소년관련 사업을 통해 이해할 수 있다.

유럽의 청소년지도는 보다 다양한 영역에서 펼쳐지고 있다. 청소년지도는 여가활동, 교과외 활동, 청소년정보, 상담 및 참여, 진로지도, 위기청소년지원활동 등이 다양하고 광범위한 장에서 이루어지고 있다.

〈표 1〉 청소년지도 관련영역(유럽권)

영역	주요 내용
교과외 청소년교육	비교과의 비형식교육 및 무형식적 형태로 경험교육 프로그램 또는 집단협의, 프로젝트 및 행사
국제청소년교류	국제적인 맥락에서 전문적으로 조직화된 다양한 활동
청소년활동	지역공동체의 청소년에게 청소년센터/ 청소년동아리 활동 제공
참여와 또래교육	청소년의 사회행위와 활동에 참여, 청소년단체의 프로그램
복지/사회 배제 예방	취약 및 위기청소년의 사회적 배제의 예방
청소년여가	여가의 효과적으로 이용을 위한 놀이, 레크레이션, 여가서비스
청소년정보	청소년의 요구를 고려한 포괄적, 논리적, 조화적 정보제공
청소년상담	청소년의 구체적인 질문 및 문제 관련 상담
스포츠	청소년에게 적합하며 능동적인 생활양식을 위한 신체활동과 스포츠

자료 : youth-partnership-eu.coe.int

첫째, 교과외 청소년교육이다. 교과외 청소년교육은 비형식교육과 무형식적 형태의 일반적인 교양, 정치학, 사회학, 보건관련, 문화적, 생태학적 등의 다양한 교육서비스를 제공한다. 청소년교육은 경험교육 프로그램 또는 집단협의, 프로젝트 및 행사 등 특정집단을 대상으로 한다. 교과외 청소년교육의 프로그램과 서비스는 청소년이 자신의 삶을 돌아보고, 청소년이 즐겁거나 바라던 경험, 청소년의 자아존중감의 강화, 청소년의 가치와 신념화, 청소년이 참여한 개인적인 활동으로 공동체의 경험 등을 통해 청소년의 기본적인 예방적인 측면을 포함한다. 청소년서비스는 한 가지 혹은 여러 위험에 영향을 받았거나 청소년상담이나 개인적 지지를 받은 청소년을 위한 문제의 개입에서부터 안전하며 지원지향의 환경을 제공하는 영역에 이르기까지 다양한 영역에 걸쳐있다. 최근 교과외 청소년교육은 청소년의 직업세계의 준비와 취업기술의 일반적인 향상을 위한 기초능력 및 핵심역량의 지속적인 증진을 강조하고 있다.

둘째, 국제청소년교류지도이다. 국제청소년교류지도는 국제적인 맥락에서 전문적으로 조직화된 다양한 활동으로 구성되어진다. 국제청소년교류는 다른 국가들, 다른 인종적 배경과 문화가 서로 만나는 기회로서 청소년에게 문화간 영역의 경험을 성찰하게 하며 청소년의 문화적 지식과 문화간 상호작용, 의사소통, 문화이해 등의 개인적 기술의 향상을 함양하도록 한다. 교과외 교육적 기회이며 여가활동으로 구성되는 국제청소년교류는 휴일 혹은 방학기간을 통해서 활발하게 이루어진다.

셋째, 일상적 청소년활동지도이다. 청소년활동은 지역공동체에서 모든 청소년에게 청소년수련관이나 청소년동아리 등의 활동공간을 제공한다. 청소년활동은 부분적으로 청소년지도사에 의해 미리 구조화되어지기도 하며 청소년이 자신들에게 적합하게 능동적으로 참여하는 활동이다. 여가활동은 대부분의 일상적 청소년활동에 해당하며, 청소년활동은 사회적이며 교육적 활동이며 주변부 청소년집단을 위한 현장중심의 지원활동(outreaching)이 수행되어진다.

넷째, 청소년의 참여와 또래교육지도이다. 청소년참여는 권리, 수단, 공간, 기회 등을 갖는 것이다. 또한 청소년이 보다 좋은 사회를 만들기 위한 기여로서 여러 사회행위와 활동에 참여, 의사결정에 참여하고 의사결정에 영향을 미칠 수 있는 다양한 지원 등을 갖는 것이다. 청소년의 참여를 촉진하기 위해 계획된 청소년활동은 지역 수준이나 국가 수준에서 청소년이 자신이 살아가는 환경을 개선하기 위한 적극적 역할과 같이 청소년이 능동적 시민이 되어가는 다양한 접근들을 포함하고 있다. 청소년참여활동은 공동의 목적을 위한 집단노력의 기회이며 책임성있고 도전적인 행위에 청소년이 참여하는 것이다. 청소년단체는 청소년의 참여와 또래교육을 위한 기회의 제공에 중요한 역할을 수행한다. 청소년단체는 비형식교육이나 무형식교육의 형태로 기본적인 예방과 사회통합의 기회로서 청소년 또래교육의 사회학습 및 모임의 장소를 제공한다. 청소년단체는 선택적이며, 자발적이며, 자기-조직화되고,

가치부여된 활동이며, 청소년의 관심과 요구를 토대로 한다.

다섯째, 청소년 복지 및 사회적 배제의 예방지도이다. 청소년지도는 사회적으로 취약하거나 개인적으로 상처받은 청소년의 사회적 통합, 형식교육 및 직업세계와 성인 생활의 통합을 위해 상담, 지원, 교육, 훈련 및 취업기회 등을 포함하는 사회적 배제의 예방을 목적으로 한다.

여섯째, 청소년여가지도이다. 여가지도인 놀이, 레크레이션, 여가서비스는 청소년이 여가시간을 효과적으로 사용하도록 촉진하는 것이다. 여가활동은 게임, 스포츠, 문화행사, 오락 및 공동체서비스를 포함하며, 청소년의 신체적 발달이나 인지적 발달 및 잠재능력 개발 등을 목적으로 한다. 여가활동은 청소년의 특정한 사회화 기회이다. 근대의 구조화된 장에 적합한 청소년 생활을 위한 기회이며 공간을 제공한다. 최근 예방 및 레크레이션은 어려운 조건에서 살아가는 청소년에게 회복과 재생 기회를 제공하는 특정한 중요성을 갖고 있다.

일곱째, 청소년상담지도이다. 청소년상담은 청소년과 청소년의 구체적인 질문들과 문제들이 관련된다. 청소년상담은 청소년에게 정보를 제공하며 전문적인 상담기술에 기초하여 지원하다. 상담은 학교문제, 경력관리 및 노동시장에 취업, 파트너 혹은 가족관련 문제들의 위기개입, 건강 및 법적이슈 등을 포함한다. 특정한 상담전문가 또는 전화, e메일, 인터넷에 의해 매우 가까이 제공되어진다.

여덟째, 청소년정보지도이다. 청소년정보는 청소년의 특정한 요구를 고려하여 포괄적이며 논리적이며 조화적인 정보로 구성되어진다. 청소년에 친숙하며 경제적으로 접근가능하다. 청소년정보는 청소년정보센터 혹은 정보서비스에 의해 제공되어지며, 인터넷, 모바일 등의 청소년에게 즐겨 이용하는 모든 정보채널을 통해 확산되어진다. 청소년정보는 비차별적인 기초속에 청소년들에게 접속가능한 정보를 제공 한다. 청소년정보는 점차적으로 확대되는 복잡한 탈현대적(post-modern) 세계에 증가한 흐름의 과제들을 제시하며, 청소년들에게 보다 나은 방식으로 정보를 얻고, 선택하고 평가하는 방식을 가르치게 된다. 청소년정보는 사회적 이슈에 대한 직접적이거나 간접적으로 중립적인 정보를 제공하여 청소년들에게 접근가능한 선택들의 다양성을 증가시키는 것이며 청소년이 자신의 삶을 살아가는데 독립적인 선택을 만들 수 있도록 한다.

아홉째, 청소년스포츠지도이다. 스포츠지도는 청소년이 적합하며 능동적인 생활양식을 증진하도록 하는 다양한 신체활동과 스포츠에 참여하고 경험하도록 지원하고 촉진하는 것이다. 스포츠는 청소년에게 성공과 실패의 적응적 학습 기회, 다른 사람의 성공에 대한 인정, 팀구성원으로써 참여, 규칙과 규정 준수의 학습, 다른 사회적 배경의 청소년들과의 접촉 등을 제공한다. 청소년은 자신의 수행능력 향상, 새로운 기술 습득, 새로운 활동의 시도 등의 개인적 도전과제를 경험하게 된다. 사회경제적으로 취약한 청소년이나 폭력적인 청소년에게 특별하게 혁신적인 교육적 방법 및 몸과 신체활동에 참여가 제시되어진다.

우리나라 청소년지도의 영역은 청소년업무를 주관하는 부처의 정책 및 사업을 통해 이해할 수 있다. 청소년지도 관련 영역으로 청소년활동, 청소년국제교류활동, 청소년복지, 청소년유해환경개선, 청소년성보호정책 등이 있다(여성가족부, 2012).

첫째, 청소년활동은 청소년활동프로그램, 청소년방과후활동, 청소년수련활동, 자원봉사활동, 청소년참여활동 등이 포함된다. 청소년활동프로그램은 청소년의 균형 있는 성장을 위하여 필요한 예술활동 · 스포츠활동 · 동아리활동 · 봉사활동 등으로 문화적 감성과 더불어 살아가는 능력 함양을 목적으로 한다. 청소년 문화존 운영, 청소년동아리활동 운영, 청소년 활동프로그램 공모 등이 있다. 청소년방과후활동은 맞벌이·한부모·취약계층가정 청소년에게 방과후 활동·복지·보호·지도를 통하여 건강한 성장지원을 목적으로 하며 청소년방과후 아카데미가 운영되고 있다. 청소년수련활동은 지역간 균형있는 청소년 활동 공간 확충을 통해 청소년 건전육성 도모를 위하여 청소년수련관, 청소년문화의집, 청소년수련원, 청소년야영장, 유스호스텔, 청소년특화시설 등이 운영되고 있다. 자원봉사활동은 청소년의 건전한 의식형성과 참여욕구 증진하고 청소년의 바람직한 성장과 역량 강화, 이타심배양 등을 목표로 자발성에 기초하여 수행되는 청소년 학습과정 중심의 활동이다. 자원봉사자의 온라인

지원체계 구축 및 관련 시설과의 연계로 다양한 정보를 제공하고 실적 관리의 효율화를 위해 청소년활동진흥센터가 담당하고 있다. 청소년참여활동은 청소년들이 정책수립 과정에 실질적으로 참여할 수 있는 기반을 구축하여 청소년 친화적 정책 구현 및 민주의식 함양 도모한다. 전국 단위의 청소년 참여기구인 청소년특별회의, 지역단위의 청소년 참여기구인 청소년참여위원회, 청소년운영위원회, 청소년 참여 지역사회변화프로그램 등이 있다.

〈표 2〉 여성가족부의 청소년관련 영역

영역	세부영역	주요 사업 및 제도
청소년활동	청소년활동프로그램	청소년문화존, 청소년동아리활동
	청소년방과후활동	청소년방과후아카데미
	청소년수련활동	청소년수련관, 청소년문화의집, 청소년수련원, 청소년야영장, 유스호스텔, 청소년특화시설
	자원봉사활동	청소년활동진흥센터
	청소년참여활동	청소년특별회의, 청소년참여위원회, 청소년운영위원회, 청소년 참여 지역사회변화프로그램
청소년국제교류활동	국가간 청소년교류	국가간청소년교류, 한중청소년특별교류
	청소년해외체험프로그램	청소년 국제회의·행사 참가단, 청소년해외자원봉사단
청소년복지	지역사회통합지원체계	청소년상담복지센터
	동반자프로그램	청소년동반자프로그램
	가출예방/쉼터	청소년쉼터
	특별지원	기초적인 생활 · 건강 · 학업 · 자립 등을 지원
	북한이탈/다문화청소년	이주배경(북한이탈·다문화) 청소년의 사회적응
청소년유해환경개선	청소년유해환경정화	청소년유해환경감시단, 청소년유해환경 신고포상금 제도, 청소년유해환경 점검 및 단속
	청소년인터넷중독해소	청소년상담복지센터, 청소년 동반자(YC) 사후관리
청소년 성보호정책	성보호제도	성범죄피해가해청소년교육, 아동·청소년대상 성범죄자 신상정보 등록 · 공개제도
	청소년성문화센터	청소년성문화센터

자료 : 여성가족부(2012)

둘째, 청소년국제교류활동은 미래 세대의 주역인 청소년이 글로벌 리더십과 국제 감각을 함양할 수 있도록 여러 나라의 청소년 및 청소년 지도자가 인적 교류 및 정보를 교환하는 것으로 국가간청소년교류와 청소년해외체험프로그램이 있다. 국가간 청소년교류는 청소년 교류를 통한 국가간 우의 증진 및 협력기반 조성, 글로벌 리더로서 역량 개발 지원을 목적으로 한다. 청소년해외체험프로그램은 청소년이 참여 가능한 국제회의, 포럼, 공연참여 등 국제회의·행사 등 해외활동에 직접 참여하도록 지원하는 청소년 국제회의·행사 참가단과 청소년들의 자발적인 해외봉사활동을 통하여 세계 시민의식 계발 및 자아실현을 도모하고 글로벌 능력 배양하는 청소년해외자원봉사단이 있다.

셋째, 청소년복지는 지역사회통합지원체계, 동반자프로그램, 가출예방/쉼터, 특별지원, 북한이탈/다문화청소년대책이 있다. 지역사회통합지원체계는 지역사회 내 활용가능한 청소년 관련 자원을 연계하여 위기청소년에게 상담·보호·교육 등 맞춤형 One-stop 서비스 제공함으로써 가정 및 학교, 사회로의 복귀를 지원하는 것으로 청소년상담복지센터가 운영중이다. 청소년동반자프로그램은 청소년상담분야에 자격과 경험을 갖춘 전문가인 청소년동반자가 청소년이 있는 현장으로 직접 찾아가 일대일의 관계를 맺고, 정서적 지지·심리상담·지역자원 연계를 제공하는 프로그램으로 청소년 관련 자격증을 소지하고 상담·사회복지 현장 근무경력이 있는 전문가로인 청소년동반자가 위기청소년들에게 찾아가서 서비스를 제공한다. 가출예방/쉼터는 청소년 위기상황 조기개입으로 청소년 가출을 예방하고, 가출 청소년을 위한 쉼터 운영으로 일시적인 생활지원, 가정·사회로의 복귀 지원을 위해 청소년쉼터가 운영중이다. 특별지원은 위기상황에 노출되어 사회·경제적 지원이 필요한 청소년중 다른 법 및 제도를 통해 지원을 받지 못하는 청소년에 대하여 1~2년간 기초적인 생활·건강·학업·자립 등을 지원하는 제도이다. 북한이탈/다문화청소년대책은 이주배경(북한이탈·다문화) 청소년의 사회적응 및 문화통합을 위해 체계적인 서비스 체계를 구축, 통합적·단계적으로 지원한다.

넷째, 청소년유해환경개선은 청소년유해환경정화, 건전한 매체환경조성, 유해약물 예방치료, 청소년인터넷중독해소 등이 있다. 청소년유해환경정화는 청소년의 건강한 성장을 저해하는 유해업소 증가에 따라 각종 유해환경으로부터 청소년 보호를 위해 청소년유해환경감시단을 운영중이며, 청소년유해환경 신고포상금 제도, 청소년유해환경 점검 및 단속이 이루어지고 있다. 청소년인터넷중독해소는 청소년 인터넷(게임) 중독 예방 및 해소를 위한 단계적·체계적 대응 강화를 위해 청소년상담복지센터를 중심으로 정신보건센터, 건강가정센터, 치료협력병원, 청소년상담사로 구성된 청소년 동반자(YC)의 사후관리 등을 통해 종합적인 연계서비스 제공하고 있다.

다섯째, 청소년성보호정책은 성보호제도운영, 청소년성문화센터 등이 있다. 성보호제도는 성폭력 가해청소년에 대한 인지행동 치료교육을 통한 성범죄 재발 방지하고 성매매 피해청소년에 대한 치료·재활교육 강화로 성매매 재유입 방지 및 건강한 사회인으로의 복귀를 지원하는 성범죄피해가해청소년교육이 있다. 아동·청소년대상 성범죄자 신상정보 등록·공개제도, 성범죄자 취업제한제도 등이 있다.

3. 청소년지도의 실천원리

청소년지도의 실천 사명으로 청소년지도사가 무엇을 하느냐?에 관한 것은 정신, 임무, 서비스 제공, 특징과 기능 등에 관련된다. 청소년 지도사가 왜 하느냐?에 관한 것은 합리성, 비전, 목적과 목표, 산출물 등에 관련된다. 청소년 지도사가 누구를 위하여 및 누구와 함께?에 관한 것은 목적집단, 파트너십, 연계와 상호작용에 관련된다. 청소년지도사가 어떻게 하느냐?에 관한 것은 청소년지도의 방식 및 지도방법론에 관련된다. 청소년지도사가 언제 하느냐에 관한 것은 지리적 경계, 장면, 단계 및 장소에 관련된다.

청소년지도의 실천은 5가지 핵심원리를 갖고 있다. 첫째, 청소년 중심이다. 청소년의 권리를 인정하고 능동적이며 자발적인 참여를 유지하는 것이다. 구체적인 지표로는 청소년에 대한 체계적인 요구분석, 청소년의 요구에 대한 서비스 제공, 청소년 강점을 촉진하는 서비스 제공, 청소년이 참여하는 서비스의 기획, 제공 및 평가, 자발적인 참여의 분명한 진행이다. 둘째, 청소년의 안전과 안녕감을 촉진하고 보장하는 실천이다. 구체적인 지표로는 청소년에게 지원적인 환경과 프로그램의 제공, 청소년 보호의 정책과 절차, 청소년 건강과 안전의 절차, 청소년을 위한 적절한 보장의 확보, 관련된 법령의 제정과 적용이다. 셋째, 청소년의 교육 및 개발이다. 구체적인 지표로는 청소년에 대한 이론적이며 실제적인 기초, 효과적인 청소년지도 방법의 범위, 청소년에 관련되는 다양한 프로그램 및 교과과정의 제공, 청소년에게 의도적 학습 및 비의도적 학습의 제시, 개인적이며 사회적 능력과 역량의 개발이다.

〈표 3〉 청소년지도의 실천원리

원리	세부지표
청소년 중심	청소년에 대한 체계적인 요구분석 청소년의 요구에 대한 서비스 제공 청소년 강점을 촉진하는 서비스 제공 청소년이 참여하는 서비스의 기획, 제공 및 평가, 자발적인 참여의 진행
안전과 안녕감의 촉진 및 보장	청소년에게 지원적인 환경과 프로그램의 제공 청소년 보호의 정책과 절차 청소년 건강과 안전의 절차 청소년을 위한 적절한 보장의 확보 관련된 법령의 제정과 적용
교육 및 개발	청소년에 대한 이론적이며 실제적인 기초 효과적인 청소년지도 방법의 범위 청소년에 관련되는 다양한 프로그램 및 교과과정의 제공 청소년에게 의도적 학습 및 비의도적 학습의 제시 개인적이며 사회적 능력과 역량의 개발
평등과 포괄의 촉진 및 보장	접근가능하고 포괄적이며 통합된 서비스 평등의 법령에 부합되는 정책, 프로그램 및 실천 다양성, 평등 및 포괄성을 촉진하는 정책, 프로그램 및 실천
질적 청소년지도의 제공 및 향상	청소년지도사의 문화, 혁신의 실천 및 비판적 성찰. 청소년지도의 모범적인 실천원리에 기초한 서비스의 제공 지속적인 개발과 질적 보장의 실천 효과적인 자원의 실천

자료 : NQSF for Youthwork in Ireland(2011)

넷째, 모든 청소년과 어른에게 평등과 포괄(inclusiveness)을 촉진하고 보장하는 실천이다. 구체적인 지표로는 접근가능하고 포괄적이며 통합된 서비스, 청소년과 어른을 대상으로 평등의 법령에 부합되는 정책, 프로그램 및 실천, 청소년과 어른을 대상으로 다양성, 평등 및 포괄성을 촉진하는 정책, 프로그램 및 실천이다. 다섯째,

질적 수준높은 청소년지도의 제공과 지속적인 향상을 위한 헌신이다. 구체적인 지표로는 청소년지도사의 문화, 혁신의 실천 및 비판적 성찰이다. 청소년지도의 모범적인 실천원리에 기초한 서비스의 제공, 청소년지도의 지속적인 개발과 질적 보장의 실천, 효과적인 자원의 실천이다.

Ⅱ. 청소년지도와 청소년지도자의 역량

1. 청소년지도자의 개념 및 역할

청소년지도자는 청소년기본법에 의해 청소년지도사 및 청소년상담사와 청소년시설·청소년단체·청소년관련기관 등에서 청소년육성 및 지도업무에 종사하는 자를 총칭한다. 청소년지도에 대한 대표적인 국가자격증은 청소년지도사와 청소년상담사가 있다. 청소년지도사는 청소년활동의 프로그램과 사업을 전담하여 청소년의 수련활동, 지역·국가 간 교류활동, 동아리활동, 봉사활동, 예술활동 등을 지도한다. 청소년상담사는 청소년상담의 전문화와 상담자의 자질 향상하여 국가, 교육 및 민간차원의 청소년상담을 담당한다.

청소년지도를 담당하는 청소년지도자는 우리 사회의 다양한 영역에서 활동하고 있기에 청소년지도사, 청소년지도자, 청소년사업가, 청소년상담가, 청소년전문가 등으로 불리워진다. 외국에서도 나라별 역사와 여건에 따라 다르며, 청소년지도자는 youth leader, youth worker, youth service agent, youth counselor, youth professional 등이 해당한다.

청소년지도자는 개인적, 조직적 및 국가적 수준에서 다양한 역할을 수행하게 된다. 역할은 어떤 지위에 있는 개인이 지위에 부과된 기대에 따라 수행하는 개인의 행동이다. 지위는 위치에 부여된 일반적인 기대를 뜻하고, 특정 지위를 차지하는 특정인에게 기대하는 것이 역할이다(Brookover, 1964). 제도 내의 어떤 특정한 역할을 수행하는 동안 역할 담당자가 다양한 상황에서 해야 할 일과 해서는 안되는 일을 규정하는 권리와 의무이다. 역할기대의 견지에서 역할의 특성에 대해 정의하고 역할의 특성을 보면 다음과 같다(Lipham, 1974). 첫째, 역할은 상호보완적이며 연쇄적이다. 둘째, 역할은 제도상으로 주어진 것인지 명령하기 위한 것이 아니다. 셋째, 역할은 해서는 안 되는 행동에서부터 필수적으로 해야 할 행동까지의 범위로 된 연속체로 이루어져 있어 다소 유동적이다. 넷째, 역할의 범위는 특정한 것에서 산만한 것까지 다양하다. 다섯째, 역할 수행자의 효과성은 특정 역할에 대한 다른 사람들의 그의 실제행동이 만족시켜주는 정도에 의해 측정될 수 있다.

청소년지도자의 역할을 보면 Jeff(1987)는 청소년지도자의 역할을 지도업무 내용과 관련하여 사회사업가로서의 역할, 교육자로서의 역할, 지역사회 지도자로서의 역할, 사업가로서의 역할로 규정하였다. Wison & Ryland(1949)은 청소년지도 업무영역과 관련하여 청소년 봉사업무를 담당하는 역할, 기관간의 조정 업무와 관련된 역할을 제안하기도 하였다. 그리고 청소년지도자의 역할에 대해 조직자로서의 역할, 정향자로서의 역할, 교사로서의 역할, 활동모델로서의 역할, 동반자로서의 역할, 정신적 지주자로서의 역할, 환경조성자로서의 역할, 가정·학교·사회와의 교량역할 등으로 제시되고 있다. 또한 청소년 지도의 기본원리인 개별성, 자율성, 창의성, 다양성에 기초하여 청소년지도자의 역할을 전문가(professional)로서의 역할, 촉진자(facilitator)로서의 역할, 비판적 분석가(critical analyst)로서의 역할, 예술가(artist)로서의 역할, 교육자(educator)로서의 역할, 변화촉진자(change agent)로서의 역할, 취업 및 사회생활의 적응을 위한 상담자(counselor)로서의 역할 등으로 구분되었다(권일남, 1998). 청소년지도자는 전문가로서의 역할, 프로그램 설계자 및 운영자로서의 역할, 촉진자로서의 역할, 지역사회 지도자로서의 역할, 과학자 및 예술가로서의 역할 등으로 제시하였다(한상철, 1998).

김진화(1999)는 청소년지도사의 역할을 청소년 단체(기관)의 이념 및 목적 실현가로서의 역할, 회원인 청소년의 인권 옹호 및 운동가로서의 역할, 타 단체(기관)과 관계형성 및 파트너십(협력)조성자로서의 역할, 청소년의 조직행동 촉진자로서 역할, 청소년의 자발적 행동유발과 동기화를 위한 리더십 발휘자로서의 역할, 청소년 잠재능력 개발을 위한 교육자로서의 역할, 청소년수련활동 및 프로그램 기획 및 설계자로서의 역할, 청소년 활동 정보제공자 및 커뮤니케이터로서의 역할, 청소년수련활동 및 프로그램운영(진행)관리자로서의 역할, 청소년을 위한 가이드 및 상담자로서의 역할, 청소년수련활동에 대한 평가자 및 모니터링 요원으로서 역할, 청소년 집단역동 지도자로서의 역할, 활동에 필요한 시설 및 인적자원관리자 및 동원자로서 역할, 청소년지도를 위한 특정분야 전문가로서의 역할, 청소년의 유익환경 조성자로서 역할, 청소년의 국내 및 국제 교류촉진자로서의 역할 등으로 유형을 제시하였다.

2. 청소년지도자의 역량개발

역량은 사전적 의미로 적절하거나 뛰어난 능력을 갖춘 상태나 질적수준이다(정채창 등, 1998). 역량은 주어진 역할이나 과업을 수행함에 있어 효과적이며 우수한 산출을 하는 개인의 잠재적인 특성(Klemp, 1990)이며 성공적인 직무수행에 필요한 동기, 기술, 자아상, 사회적 역할의 한 부분 또는 지식체계이다(Boyatzis, 1982). 역량은 특정한 상황이나 직무에서 준거에 따른 효과적이고 우수한 수행의 원인이 되는 내적 특성(Spencer & Spencer, 1993)에 관련된다(장정훈·정재삼, 1999). 역량은 다양한 상황에서 개인의 행동을 예측할 수 있도록 해주는 개인 성격의 심층적이고 지속적인 것이다. 역량은 행동이나 수행의 원인이 되므로 특정인의 행동과 수행을 예측할 수 있다. Herringer(2002)은 역량은 지식, 교육, 기술(skill), 경험을 사용하여 부여된 과업을 수행하는 개인적인 능력으로 정의하였다. 특히 역량은 주어진 지위에서 성공적으로 수행되어야 할 구체적 과업과 연관되어 이해되어진다. 주요 역량의 개인이나 조직의 성장을 제공하며, 조직이 미래적 요구에 부응하도록 만든다. 조직의 효율성을 위한 역량의 설정은 특정 지위에서 필요한 구체적 기술(skill)인지를 명확하게 만들어준다. 기술(skill)은 태어나면서부터 타고났거나 잠재적인 것으로만 존재하는 것이 아니라 수행이나 실천을 통해서 개발되어진 능력이다. 청소년지도자의 역량은 청소년지도자로서 역할수행과 과업을 성공적으로 수행하기 위해 요구되는 개인의 잠재적인 특성과 기술, 자아상 등의 종합적 체계라고 할 수 있다. 청소년지도자의 역량개발은 청소년들이 개인적, 사회적, 교육적 발달을 촉진할 수 있도록, 그들의 목소리와 영향력, 사회적 지위를 발전시킬 수 있도록, 그들의 최대 잠재력에 도달 할 수 있도록 그들과 함께 작업함으로써 청소년들의 전인적인 발달을 촉진하게 된다.

NCY(National Collaboration for Youth)에서 제시한 청소년지도자의 역량은 기초적인 청소년발달원리의 이해와 적용, 청소년과의 긍정적인 관계 및 의사소통, 집단의 연령의 적정성을 고려하여 적용하고, 촉진하고, 평가, 문화적이며 인간의 다양성을 존중하고 존경, 청소년에 참여하고 강화, 잠재적인 위험요소를 명확하게 하고 위험을 줄이기 위한 실천, 가족이나 지역사회에 관련하여 일하고 참여하고 보살핌, 팀으로 일하며 전문가임을 보임, 긍정적 모델의 질적 및 속성을 나타냄, 자산구축을 지원하기 위한 방식으로 청소년과 상호작용 등의 10가지 영역에서 제시하고 있다.

첫째, 기초적인 청소년발달원리에 대한 이해와 적용이다. 청소년발달의 연령과 단계를 이해한다. 긍정 청소년개발의 기본을 원용한다. 청소년에게 영향을 미칠 수 있는 이슈와 흐름에 대해 고려하도록 한다. 둘째, 청소년과의 긍정적인 관계 및 의사소통을 한다. 비판단적인 방식으로 경청한다. 존중의 언어를 사용한다. 다른 사람의 경험과 느낌에 대한 관심과 안녕에 대한 관심을 보이도록 한다. 셋째, 집단의 연령의 적정성을 고려하여 적용하고, 촉진하고, 평가하도록 한다. 집단에 참여하고 관련되도록 한다. 지속적인 활동이나 프로젝트의 완성을 통해 집단의 상호작용과 관계를 시작하고 유지하고 활성화하도록 한다. 문제해결과 갈등관리에 효과적인 모델을 가르치도록 한다. 연령에 적합한 태도로 집단활동을 지도하도록 한다. 넷째, 문화적이며 인간의 다양성을 존중하고 존경하도록 한다. 성, 연령, 문화, 인종, 계층, 종교 등의 공동성과 차이의 인식을 보이고 다른 재능, 능력, 성적취향 및 종교 등을 존중하도록 한다. 지역사회의 강화를 위해 개인들 사이 다양성을 구축하도록 한다. 다섯째, 청소년에 참여하고 강화하도록 한다. 청소년들이 살고있는 지역사회에 기여하도록 청소년을 격려하기 위해 청소년을 참여시키고 적극적으로 상담하도록 한다. 여섯째, 잠재적인 위험요소를 명확하게 하고 위험을 줄이기 위한 실천이다. 청소년을 위한 환경, 상호작용, 활동의 정서적이며 신체적인 안전한 프로그램을 설계하고 모니터링하도록 하며 안전에 대한 요구가 있으며 개입하도록 한다. 청소년의 자살경향, 약물남용, 아동학대, 폭력경향 등의 기준이나 개입이 요청되는 청소년과 관련되는 잠재적인 이슈를 명확하게 한다. 일곱째, 가족이나 지역사회에 관련하여 일하고 참여하고 보살피도록 한다. 청소년과 가족에 대한 이해하고 보살피도록 한다. 프로그램이나 지역사회에 가족구성원이 능동적으로 참여하도록 한다. 청소년과 가족이 살아가는 지역사회의 맥락을 이해하도록 한다. 청소년과 가족들과 효과적으로 의사소통을 하도록 하며 일대일과 집단상담으로 진행하도록 한다. 여덟째, 팀으로 일하며 전문가임을 보이도록 한다. 청소년개발의 개인적 비전을 명확하게 하도록 하고 비전에 대한 현재 및 잠재적 기여를 표현하도록 한다. 전문가주의 및 윤리규정을 확신성을 유지하고 적정한 경계를 존경하면서 항상 준수하도록 한다. 시기적절하고 적합하며 책임있는 행동으로 행위하도록 한다. 책임성의 수용과 위배에 있어 팀 혹은 독립적으로 타당하도록 한다. 임무에 대한 헌신을 보이도록 한다. 아홉째, 긍정적 모델의 질적 및 속성을 나타내도록 한다. 보살핌, 존경, 존중 및 책임성과 같은 긍정적 가치를 모델화하고 가르치도록 한다. 개인적인 생활양식에 모범적인 실천을 조화하도록 한다. 스트레스 관리와 스트레스 감소를 실천하도록 한다. 열번째, 자산구축을 지원하기 위한 방식으로 청소년과 상호작용하도록 한다. 지원적인 방식으로 청소년의 속성 및 가치를 개발하고 도전해가도록 한다. 자산구축의 증거로서 프로그램 활동, 구조 및 협력을 하도록 한다

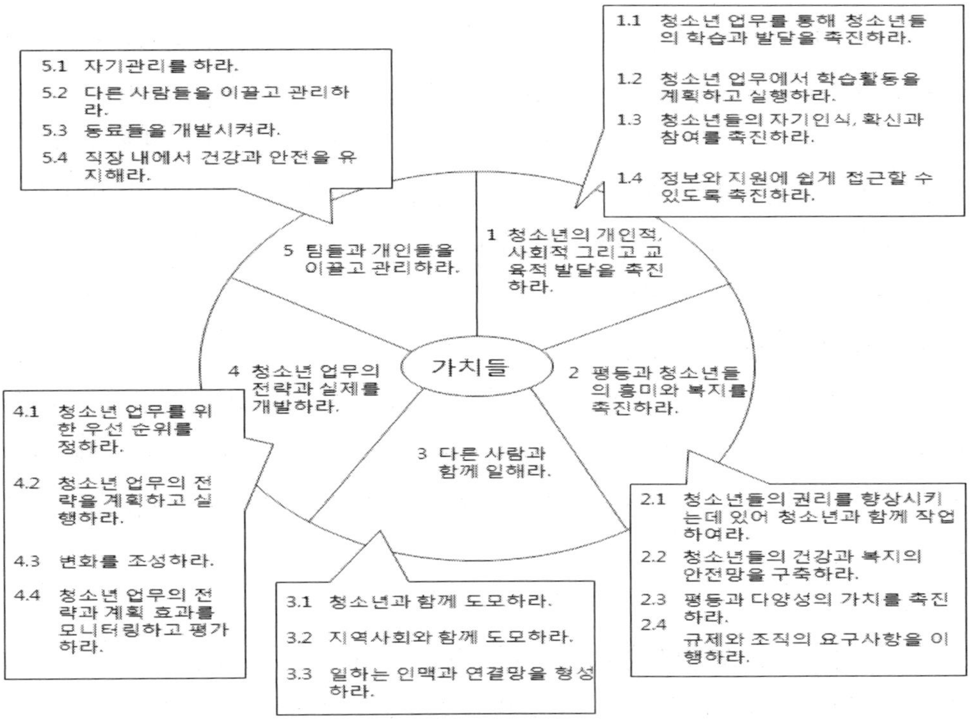

〈그림 1〉 청소년지도의 주요 영역별 역량

청소년지도의 역량 영역을 보면 청소년의 개인적, 사회적 교육적 발달의 촉진, 평등과 청소년의 흥미와 복지를 촉진, 다른 사람과 함께 일하기, 청소년 지도의 전략과 실천 개발, 팀들과 개인들을 이끌고 관리 등으로 유형화할 수 있다(〈그림 1〉). 한가운데 있는 가치들(Values)과 함께 이 도식은 주 목적을 달성하는데 있어 이행되는 1단계 수준의 5개 기능을 구분한다. 번호 순서는 특별한 위계를 나타내는 것이 아니라 편의로 붙여진 것이다.

첫째, 청소년의 개인적, 사회적, 교육적 발달을 촉진하도록 하는 것이다. 1.1 영역은 청소년지도를 통해 청소년들의 학습과 발달을 촉진하도록 한다. 구체적인 지표로는 청소년들이 미래 발달을 강화시킬 수 있도록 학습을 활용할 수 있도록 한다. 청소년들이 그룹으로 효과적으로 활동할 수 있게 한다. 청소년들이 능동적인 시민이 될 수 있도록 관점을 넓히도록 촉진한다. 청소년들의 정신적 발달을 촉진한다. 청소년들이 행동을 취하고 문제에 부딪힐 때 지원해 준다. 위험과 도전에 대한 청소년들의 이해를 도와주도록 한다. 전통적으로 사용된 것들 보다는 다른 배경에서 청소년 지도를 실천하도록 한다. 1.2 영역은 청소년지도에서 학습활동을 계획하고 실행하도록 한다. 구체적인 지표로는 청소년과 함께 집단활동을 계획하고 준비하고 이행한다. 청소년 지도 활동들을 위한 지원들을 관리하기 위해 청소년과 함께 실천한다. 청소년 업무 활동들을 평가 할 때도 청소년들을 지원하도록 한다. 자기 자신의 발달에 대한 청소년 업무의 영향을 평가할 때 청소년들을 지원하도록 한다. 1.3 청소년들 자기인식, 확신과 참여를 촉진하도록 한다. 구체적인 지표로는 청소년들이 가치관과 신념에 대한 탐색 할 수 있도록 조장하도록 한다. 청소년 업무 활동들의 설계시 청소년들의 활동을 권장하며 청소년들이 자기 자신과 또래들을 대표할 수 있도록 한다. 1.4 정보와 지원에 쉽게 접근할 수 있도록 촉진하도록 한다. 구체적으로는 청소년들에게 정보와 지원을 제공하며, 청소년들이 정보접속과 의사결정을 할 수 있도록 한다.

둘째, 평등과 청소년들의 흥미와 복지를 촉진하도록 하는 것이다. 2.1 청소년들의 권리를 향상시키는데 있어 청소년과 함께 작업하도록 한다. 청소년들이 권리가 향상되고 유지된다는 것을 보장한다. 2.2 청소년들의 건강과 복지의 안전망을 구축하도록 한다. 청소년들의 건강과 복지를 건의하며 청소년들이 자신의 복지의 안전망을 구축하는데 있어 청소년들과 함께 하도록 한다. 청소년들의 복지를 보호해 줄 문화를 촉진하며, 청소년 보호를 위한 조작적인 정책을 수립하도록 한다. 2.3 평등과 다양성의 가치를 촉진하도록 한다. 기회의 평등과 책임감 영역에서의 다양성을 촉진하며 평등과 가치관의 다양성을 촉진시킬 문화와 시스템을 개발하며 청소년들에게 중압감을 주는 행동에 이의를 제기하도록 한다. 2.4 규제와 조직의 요구사항을 이행하도록 한다. 청소년 업무에 접합한 합법적이고 규제가 따르는 윤리적인 요구들을 이행하며 청소년 업무 활동들에 합법적이고 규제가 따르는 윤리적인 요구들이 따른다는 것을 확인하도록 한다.

셋째, 다른 사람과 함게 일하는 것이다. 3.1 청소년과 함께 도모하도록 한다. 효과적으로 의사소통하고 청소년들과 신뢰감(라포)를 형성하도록 하며, 청소년들이 표현하고 그들의 목표들을 실현할 수 있도록 돕도록 한다. 3.2 지역사회와 함께 도모하도록 한다. 지역사회와 함께 연계하도록 한다. 3.3 일하는 인맥과 연결망을 형성하도록 한다. 동료와 생산적인 작업 관계를 발달시키며, 동료와 이해관계자들과 생산적인 작업 관계를 발달시킨다. 자원봉사자들을 참여시키고 동기를 부여하고 지원하도록 한다.

넷째, 청소년지도의 전략과 실천을 개발하도록 한다. 4.1 청소년지도를 위한 업무의 우선순위를 정하도록 한다. 청소년들과 관련 있는 지역사회의 욕구를 조사하며, 조직으로 부터 청소년 업무 활동들의 요구사항들을 평가하고 우선순위를 정하도록 한다. 4.2 청소년지도의 전략을 계획하고 실행하도록 한다. 청소년 업무의 전략 개발에 영향력을 행사하고 지원하며 청소년 업무를 위해 전략적인 계획을 개발하고, 새로운 청소년 업무의 기회들을 알아내고 건의하도록 한다. 청소년 업무의 자원들을 알아내고 보호하며 청소년 업무 활동들의 공급자들과 함께 작업하며 청소년들을 전략개발과 청소년 업무 전달에 참여시키도록 한다. 청소년들의 기회를 향상시키기 위해서 여러 기관들과 동반자관계를 형성하도록 한다. 4.3 변화를 조성하고 도전을 이끌도록 한다. 변화를 계획하고 변화를 실행하도록 한다. 4.4 청소년지도의 전략과 계획효과를 모니터링하고 평가하도록 한다. 청소년 업무 활동들의 질을 모니터링하고 평가하며 조직 목표에 자원 봉사자들의 기여를 평가하도록 한다.

다섯째, 팀들과 개인을 이끌고 관리하도록 한다. 5.1 자기관리를 하도록 한다. 효율적이고 사려깊은 전문가(실행가)로 일하도록 하며 자신의 자원과 전문적인 개발을 관리하도록 한다. 5.2 다른 사람을 이끌고 관리하도록 하고 팀에 리더십을 제공한다. 자신이 속한 팀에 일을 배부하고 확인하도록 하며 동료를 채용하고 선택하고 유지하도록 한다. 5.3 동료들을 개발하도록 한다. 다른 동료들을 지원하며 동료들에게 학습기회를 제공하도록 한다. 5.4 직장내에서 건강과 안전을 유지하도록 한다. 자신의 활동이 건강과 안전에 대한 위험을 줄일 수 있으며, 건강과 안전의 요구들은 책임감 분야에 있어서 마주칠 수 있음을 확인하도록 한다.

Ⅲ. 청소년지도의 전문직화 과제

청소년지도자는 우리나라의 표준직업분류에 있어 전문직에 해당한다. 그러나 청소년지도자는 직업으로서 전문직화에 대해 회의적인 경향이 있다. 청소년지도자가 이끄는 활동이나 프로그램에 대한 질적인 측면에서 확인되지 않았으며, 청소년지도를 위한 질적 교육이 체계화가 계속 진행중이다. 일반적으로 전문직은 윤리적 기준과 스스로 실천을 지켜가는 개인들의 훈련된 집단이다. 높은 수준의 연구, 교육, 훈련으로부터 폭넓은 학습과 숙련으로 특정한 지식과 기술을 가진 것으로 사회구성원으로 받아들여지는 된다. 그리고 전문직은 다른 사람을 위해 자신의 지식과 기술들을 적용할 수 있는 준비가 되어있는 사람이다.

청소년지도의 전문성개발은 청소년지도자에게 다양한 교육, 훈련 유용한 지원기회 등을 언급하는 것이다. 전문성개발은 청소년조직에서 많은 관심을 갖고 존재하여 왔다. 청소년지도자가 역량개발을 통해 전문직화가 되기 위해 고려되어야 과제는 다음과 같다.

첫째, 청소년지도자의 전문성에 대한 지표(indicator)와 윤리(ethics)이 마련되어야 한다. 의사는 환자에 대해 헌신하며 치료를 실천한다. 전문직은 현장에서의 만나는 주요 집단에 대한 관계성의 지표를 갖도록 해야 한다. 그리고 명확하게 제한된 범위의 윤리적 관계를 갖도록 해야 한다.

둘째, 전문직이 갖추어야 할 내용은 보다 전문적인 능력의 향상을 위한 기회가 있어야 한다. 다수의 조직되지 않은 사람을 지배하는 조직된 소수로서 효과적인 전문화는 구성원의 관심을 작동시키는 제한된 결합이 작동되어야 한다. 의사협회와 같은 지도사협의회, 청소년지도사의 연합체 모임 청소년지도를 대변할 수 있는 조직체가 조직되어야 한다.

셋째, 청소년지도의 전문직화를 위해 청소년에 대해 비전문적인 사람이나 비양심적인 사람들로부터 청소년을 보호하도록 해야 한다. 청소년지도자는 청소년지도자의 이익과 권리를 향상하기 위해 집합적인 힘을 발휘하도록 해야 한다. 청소년지도자 자격취득의 엄격함, 외부적 비판으로부터 구성원의 보호, 청소년지도와 상담관련 사회비용의 상향조정과 청소년지도자의 처우개선이 이루어져야 한다.

넷째, 청소년지도자가 전문가로서 사회적 인정은 청소년과 청소년 관련된 사람들이 청소년지도자에 갖는 신뢰성에 기초한다. 사회구성원 및 사회제도로서 인정받는 전문가의 권위는 직업적인 부패와 비리에 엄격하게 대처하도록 해야 한다. 부패와 비리는 모든 직업영역에서 나타날 수 있다. 청소년지도자의 비윤리적 실천은 엄격하게 이루어져야 한다.

__Remind (생각다지기)

1. 역량중심의 청소년지도란 무엇인지 알아봅시다.

2. 청소년지도의 주요 영역에 대해 알아봅시다.

3. 청소년지도 실천의 5가지 핵심원리별 청소년지도의 실천 사명에 대해 알아봅시다.

4. 청소년지도자가 갖추어야 할 역량에 대해 알아봅시다.

__Practice & Becoming (내 것으로 만들기)

1. 청소년지도를 하고자 하는 자신의 동기와 목표를 기술해 봅시다.

2. 역량중심의 청소년지도를 위한 자신의 역량을 평가해 봅시다.

3. 청소년지도를 위해 보다 개발하고자 하는 자신의 역량정도를 분석하고, 역량개발을 위한 실천방안을 제시해봅시다.

제2장 청소년지도와 청소년개발

Ⅰ. 서론

'청소년=문제행동'이라는 도식은 미디어와 청소년연구자들에게 중요한 테마이다. 미디어를 통해 널리 퍼지는 청소년의 생활과 삶은 우리 사회의 규범과 가치에 위협적인 존재이며, 청소년은 위험행동을 일으키고 있거나 언젠가는 위험행동 일으킬 청소년을 그리게 된다. 자연스럽게 우리 사회는 청소년은 생활을 중심으로 위험행동을 일으키거나 언제든지 일으킬 수 있다고 이해되어진다. 학교폭력, 흡연과 음주 등 청소년문제가 점차 심각해지고 사회적 결과에 대한 관심이 높아지면서 청소년 문제에 대한 적절한 개입과 처치를 위해 구체적 문제행동이나 사회적 혼란에 관한 광범위한 영역에서 대응해 왔다. 청소년의 문제행동의 감소와 중지는 공공기관과 정치인들에게 맡겨진 것이기에, 관련 예산을 요구시에는 청소년 프로그램이 바람직하지 않은 문제행동을 줄이며 위험행동을 하지않는 청소년을 보호하는 것임을 강조하고 있다. '청소년=위험'은 정치적으로 유용한 것으로, 문제감소와 예방에 대한 주장은 사회적 관심과 예산확보를 할 수 있었다(Peter, 2002). 청소년분야의 정책 및 서비스 확대는 문제청소년의 행동에 대한 표적(target)과 문제행동의 감소를 목적으로 하였다. 청소년문제행동에 대한 처치적 접근의 효과는 다양한 측면에서 연구가 이루어져왔다.

청소년분야는 청소년 문제행동에 대한 예방적 개입에서 점차적인 변화를 모색하고 있다. 지금까지 예방프로그램이 청소년 이론이나 실증적 연구에 기초하지 못하였으며(Catalano et al, 2002), 실천된 예방프로그램이 청소년의 문제행동에 대한 긍정적 효과에도 의문을 던지고 있다. 또한 청소년 문제행동을 해결하는 것은 중요한 영역이지만 그것만으로는 충분하지 않다는 주장이 있어왔다(King et al, 2005). 최근 다양한 분야의 실천가, 정책가, 연구자들의 청소년개발에 대한 관심이 증가하면서 지배적이었던 청소년에 대한 예방적 접근의 한계를 벗어나 전체 청소년에 대해 관심과 접근이 이루어지고 있다(김영한, 2002; 김진호, 2003). 청소년에 대한 예방 중심을 벗어나 긍정적 청소년개발, 보호요인의 향상 및 적응유연성의 촉진은 긍정적 산물을 가져온다고 제안되고 있다. 청소년문제의 예방에서 청소년개발의 촉진으로의 전환은 청소년 프로그램과 정책분야의 개발, 실천 및 평가 등의 여러 영역에 있어 근본적인 변화를 가져오는 것이다.

Ⅱ. 청소년 발달의 이해

청소년 발달에 대한 과학적 연구의 기초(Hall, 1904) 이후에 청소년기의 지배적인 개념은 질풍노도기(storm and stress) 혹은 규범-발달적 혼란의 개체발생기(Freud, 1969)였다. 청소년 특성으로서 결핍모델은 유전적이거나 성숙결정의 생물학적 환원주의자의 모델에 근거를 두고 있다(Erikson, 1958, 1959). 결핍모델은 청소년이 손상되거나(broken) 손상될 위험이 있으며(Benson, Scales, Hamilton, & Sesma, 2006), 위험하거나 이미 위험에 직면해 있으며(Anthony, 1969), 관리되어져야 할 문제들(Roth, Brooks-Gunn, Murray, & Foster, 1998)처럼 묘사되는 결과를 낳게 되었다.

Hall(1904)는 인간의 개체발생이 계통발생으로 바라보는 진화론적 시각을 수용하여 청소년기를 질풍노도의 시기로 보았다. 인간의 진화는 동물적인 것으로부터 문명화된 존재로 변화이며, 청소년기는 이것에 대응하는 시기라고 하였다. Hall의 입장은 청소년기를 대변동과 스트레스의 시기라는 일반적 개념화에 많은 영향을 주었다. 또한 Freud(1969)는 청소년기를 변동의 상태에서, 가족과 친구관계에서, 자아에 있어, 가치와 태도에 있어 대변동에 있는 발달론적 혼란의 보편적 시기라고 보았다. Erikson(1959, 1968)은 청소년을 정체성의 위기의 빠져든 것으로 보았다. 이처럼 연구자들은 과학자들은 청소년을 비문명화되고 문제적 방식을 갖는 위험(at risk)으로 간주하였으며 그들 자신과 다른 사람에게 위험스러운 존재로 규정하였다. 청소년은 태생적으로 야만적이며 비문명화된 행동이 결핍적이므로, 이것은 청소년이 손상되거나 손상될 위험에 처해있는 것을 의미한다.

1960년대 초에 이르러 Hall의 입장이 보편적 사실이 아님을 밝히는 연구가 시작되었다(Bandura, 1964; Douvan & Adelson, 1966; Offer, 1969; Block, 1971). Hall의 주장과는 달리 대부분의 청소년은 청소년기인 10대에 격심한 혼란을 겪지 않는다는 것이다. 청소년이 부모보다는 점차 친구들과 함께 보내는 시간이 증가하였더라도 많은 청소년은 그들의 부모와 친밀하고 상호작용적 관계를 하고 있었다. 청소년은 부모와 유사한 사회적 정의, 삶에 있어 교육의 중요성 등의 핵심 가치를 가지고 있으며, 청소년은 이러한 핵심가치를 공유할 친구를 선택하였다. 청소년은 이 시기동안 다양한 경로를 갖고 있으며 단지 소수의 청소년이 질풍노도적인 변화를 보였다. 그러나 청소년에 대한 이러한 입장은 주류적인 입장을 극복하지 못하고 인지발달, 학습이론, 심리분석 등의 주요한 이론이나 경험적 연구의 형성에 이르지 못하였다(Lerner, 2002).

특정 영역의 발달에 대한 분자적 연구가 이루어졌다. 개인적 발달에 관련하여 자아 정체성발달(Marcia, 1980), 형식조작(Piaget, 1972), 청소년의 자기중심성(Elkind, 1967), 도덕적 발달(Colby et al, 1983) 등이 이루어졌다. 그리고 사회적 발달이나 청소년-맥락적 관계에 있어 청소년발달에 대한 역사적 맥락의 효과(Nesselroade & Baltes, 1974; Elder, 1974), 부모-청소년의 관계(Steinberg, 1988; Steinberg, Mounts, Lamborn & Dormbusch, 1991) 등이 있었다. 이러한 연구들은 10대를 거치는 개인의 발달에 관한 경험적 작업으로 청소년에 대한 연구와 청소년의 생활을 향상시키는 이해와 열정의 증가를 이끌어낼 수 있었다. 청소년기의 연구는 발달과학의 범위에서 중요한 영역으로 자리잡고 대중화되도록 하였으며 청소년의 분야의 성숙을 이끌 수 있었다. 그리고 이 시기에 수행된 청소년연구는 청소년의 긍정적 청소년개발과 인간발달의 발달시스템이론의 정교화를 위한 시너지적 세대의 경험적 기초를 마련할 수 있었다(Lerner & Steinberg, 2004).

청소년발달은 본질적으로 인간생애를 거치는 인간발달의 광범위한 연구에 관한 이론적 발달의 주요한 영역이다. 청소년기인 10대는 기초적 연구와 긍정적 인간발달을 촉진하는 실천을 위한 이론으로 이해될 수 있다. 청소년의 발달은 사춘기, 인지적 정서적 특성, 사회적 기대 등의 자신의 변화와 가족과 또래집단관계, 제도적 변화의 변경에 대한 적응에 관여한다. 모든 청소년들이 동일한 방식, 동일한 속도나 경쟁적인 산물로 이러한 변화를 경험하는 것은 아니다. 개인적 차이는 청소년발달의 중요한 영역이며, 생물학적, 심리학적, 사회적 요인간 연계의 시기적 차이에 의해 발생되어 진다. 발달적 궤적에 있어 다양성의 주요 요소는 가족, 또래집단, 학교, 직장, 이웃, 공동체, 사회, 문화 및 역사 등의 사회적 맥락안에서 청소년이 맺고 있는 핵심인물과 제도의 체계적 관계이다(Lerner, 2002). 개인－맥락적 관계는 청소년기의 복잡한 경로를 가져왔다(Offer, 1969).

긍정적 청소년개발의 관점은 조직화의 생물학적이며 맥락적 단계의 융합(Toubach & Greenberg, 1984)로부터 출발한 발달적 과정의 유연성 연구를 수행하던 심리학자(Gottlieb, 1997; Schneirla, 1957), 생물학자(Novikoff, 1945; Von Bertalanffy, 1933, 1965)에 발견되어 진다. 개체발생적 변화 형성에 통합적 단계에 대한 생각은 1970년대의 인간발달과학에 영향을 미치기 시작하였다(Cairns, 2006; Gottlieb, Wahlsten, & Lickliter, 2006; Lerner, 2002, 2006; Overton, 1998, 2006). 청소년발달에 대한 연구가 청소년분야에 두 번째 국면동안 싹트기 시작하였다. 청소년개발의 생태학적 범위내에서 조직화의 생물학적, 개인적, 맥락적 수준 간의 상호적인 영향력있는 관계, 청소년을 개체발생적 실험으로서 바라보는 발달론자는 청소년연구의 새로운 이론적 프레임을 위해 생물학과 심리학내에서 계속적인 작업의 실천과 적용을 주도하였다. 발달론자는 청소년연구에 관련되는 성인 및 노화 등의 삶의 국면에 이르는 모든 부문에 관심을 두었다.(Lerner, Freund, De Stefanis, & Habermas, 2001). 발달시스템이론은 1)관계적 메타이론, 2)조직화수준의 통합, 3)개체발생에 관한 발달적 규정은 개인과 맥락간의 상호작용으로 영향력을 미치는 것을 포함, 4) 통합적 행위로 개인과 맥락적 관계의 상호작용은 인간발달내의 분석이 기본단위, 5)인간발달에 있어 유연성과 임시성, 6)상대적 유연성, 7)개인적 변화에 있어 개인적 변화와 개인내 차이, 8)발달과학의 실천으로서 낙관주의와 긍정적 인간발달의 촉진, 9)변화–감성적 방법을 위한 다원리적 접근 등을 특징으로 하고 있다. 이러한 발달시스템이론내에서 청소년에 대한 연구는 긍정적 청소년개발의 정교화를 이룰 수 있었다.

Ⅲ. 문제중심접근과 긍정적 청소년개발

1. 문제중심접근

청소년의 문제에 대한 집중과 위험과 위기에 대한 강조는 병리학과 관련 증상에 기초한 결핍과 위험에 대한 생각을 가지고 있기에 일어난다(Benson, 2003). 이러한 사회적 현상의 얽힘은 결핍-환원주의 패러다임의 현재적 지배에 의해 나타난다. 결핍관점하에서, 연구자와 실천가는 가족폭력, 빈곤, 가족해체 등의 환경적 위험, 약물남용, 청소년임신, 대인폭력 등의 건강행위에 관한 명명, 계산 및 감소에 집중하게 된다. 청소년의 전형적 행동으로서 결핍모델은 긍정적 청소년개발을 부정적 행동이 없는 것으로 간주하게 되었다(Pittman & Fleming, 1991).

관리되어져야 할 문제로서 청소년의 특성이나 교정(fixing)이 필요한 존재라는 것은 청소년이 위험이나 부정적 행동에 참여하도록 만드는 인격이나 성격에서 부족한 부분을 전제하는 결핍-토대적 생각을 반영하고 있다. 결핍적 전제하에서 청소년이 고려해야 할 행위는 청소년이 직면하게 될 불가피한 문제의 실천을 예방하는 것이다. 정치가와 실천가는 문제행동을 감소하는 행위에 관련하여 주목한다. 반면, 청소년이 어른들에 의해 자신이나 타인이 문제적 존재로 받아들여지고 있음을 알게되는 것은 청소년을 낙심시키는 것이다. 청소년이 약물이용이나 중독, 법과 질서를 존중하지 않고 위반하는 등의 영역에서 의심의 눈초리를 받고 있음을 알게 될 때 청소년들이 긍정적 생활을 하도록 만드는 것은 정말 어려운 일이다. 학업적 성취, 다른 사람과 원만하게 어울리기, 성공적인 기업가정신을 위한 활동 등의 청소년에 대한 긍정적 행동을 묘사하는 단어가 있다. 그럼에도 개발될 자원으로서 청소년(Ruth et al., 1998)은 문제적 경향의 청소년(King, et al., 2004)의 묘사에 비해 미묘한 차이를 갖고 있다.

예방접근은 문제행동이 만들어진 이후에 다루기보다는 초기에 문제의 발생을 예방하는 것이 비용 - 효과적이며 효율적이라는 가정에서 출발하고 있다. 이미 1900년대 초기부터 청소년에 대한 예방적 접근이 존재하였으나, 근대적 예방접근은 대체로

30년 전에 청소년과 가족의 삶의 질과 관련되어진다(Small, & Memmo, 2004). 예방적 접근은 대중보건과 질병예방의 역학(Bloom, 1996; Leavell & Clark, 1953), 정신분열과 정신질환을 다루는 정신보건분야(Caplan, 1964; Cicchetti & Garmezy, 1993)에서 다뤄진다.

예방적 접근은 기본적, 2차적, 3차적 예방으로 유형화된다. 기본적 예방은 일반 집단에서 초기 문제발생의 예방과 관련되며, 2차적 예방은 조기에 문제행동를 보였으며 보다 심각한 문제가 있는 집단의 개입을 포함하며, 3차적 예방은 이미 문제를 경험한 집단 간에 문제의 환원을 포함하고 있다(Durlak, 1997; Institute of Medicine, 1994; Munoz, Mrazek, & Haggerty, 1996). 각 영역에 따라 예방은 보편적, 선택적, 지시적 영역 등의 세 가지 개입으로 구별되어 진다. 보편적 개입은 모든 청소년이나 전체에 대한 개입을 의미하며, 선택적 예방적 개입은 특정 문제를 현재 보이지는 않지만 위험한 집단으로 보여지는 것에 관련된다. 지시적 예방은 문제의 징후와 사인을 보여주는 고위험 청소년을 대상으로 한다. 예방적 접근은 위험요인을 줄이거나 제거하고 보호요인 촉진하거나 증가시키는데 있다. 또한 예방적 접근은 대상 집단이 미래의 문제행동을 가져오는 도전이나 스트레스에 적응할 수 있는 능력, 기술, 역량을 향상하도록 한다(Durlak, 1997).

현재적 예방은 생태적 프래임에 놓여있다(Coie et al., 1993; Kelly, 1986). 위험과 보호요인은 개인과 가족, 또래, 학교 및 지역사회 등 다양한 환경하에 존재함을 전제한다. 위험요인은 종종 동시적으로 일어나며, 중독적이거나 기하급수적 위험으로 출현하곤 한다(Masten, Morris, Pallegrini, & Tellegen, 1990; Rutter, 1979). 한 두가지 위험요인을 가진 청소년은 위험요인이 없는 집단에 비해 더 위험하지 않다. 청소년들의 위험이 축적될 때, 문제행동의 가능성은 근원적으로 높아지게 된다.

예방적 접근은 청소년 문제행동을 열거하며 개념화하는 언어, 직관적이며, 논리적 작업을 제공한다. 청소년문제에 관한 무수히 많은 위험과 보호요인을 제시하였다(Hawkins, Catalano, Miller, 1992; U.S. Department of Health and Human Services, 2001). 예방적 접근의 제한은 청소년 문제행동을 강조하며(Benson, 1997;

Pittman & Cahill, 1991), 청소년들의 올바른 것보다는 옳지 않은 것에 집중하도록 사람의 관심을 이끄는 결핍-지향적인 경향이다. 이것은 청소년들을 낙인지우며, 참여 및 학습동기를 손상시키고, 프로그램에 참여하지 않도록 하기에 문제적이다. 특히, 예방적 접근의 중요한 한계는 일반 청소년개발의 촉진에 대한 관심부족이다. 긍정적 특성을 강조하는 예방프로그램은 특정한 문제행동의 예방에 전략이 맞춰져있다. 예방의 단점은 다양한 위험과 보호요인의 상대적 중요성에 대한 제한적 관심이다. 예방프로그램은 위험과 보호요인을 균형적으로 영향을 미치는 것으로 간주한다. 일반적 규칙으로, 개인에게 과정이나 영향에 근접할수록 결과는 더욱 강력하다(Bronfenbrenner, 1979). 또한 위험이나 보호메카니즘은 모든 사람에게 동일하게 적용되지 않는다. 위험메카니즘은 유약한 개인에게 적용되며, 보호적 과정은 다른 사람에 비해 특정 개인에게 보다 효과적이다(O'Connor, & Rutter, 1996).

2. 긍정 청소년개발

청소년과 관련한 능력을 강조하는 용어는 발달자산(Benson, 2003), 긍정적 청소년개발(Benson, 1990; Little, 1993), 도덕적 발달과 명성적 목표(Damon, 1990; Damon, Menon, & Bronk, 2003), 시민참여(Flanagan & Faison, 2001; Flanagan & Sherrod, 1998; Youniss, McClellan, & Yates, 1999), 삶의 질(Bornstein, 2003), 번영하는(Dowling, et al, 2004; King, et al., Lerner, 2004; Scales, Benson, Leffert, & Blyth, 2000; Theokas, et al.)등이 있다. 이러한 모든 용어들은 모든 청소년은 성공적인 건강한 개발을 위한 잠재력과 모든 청소년이 긍정적 개발을 위한 능력을 가지고 있음을 담고 있다.

청소년을 위한 비전은 과학적으로 끈기있는 경로의 과정에서 진화되어 왔다(Lerner, 2004; Lerner, et al., 2002). 자신, 가족 및 지역사회의 긍정적 개발을 위한 자원으로서 청소년의 특징에 대한 새로운 개념화는 청소년의 발달과 본능에 대한 반대적 접근이다. 반면, 청소년의 행동이 규범적 발달의 일탈로써 개념화하는 결핍관점에 의해 특징화 되어왔다. 일탈로서 청소년행동의 이해는 기초적 발달과정의 원리를 발견하려는 학자에게 주체와 관련되는 존재로서 보여지지 않는다. 청소년의 특성은 단지 응용적 관심과 이차적 관심에서 이슈로 다뤄진다. 이러한 모델은 실천으로부터 기초과학을 구별할 뿐만 아니라 규범적이거나 건강한 개발의 연구에서 청소년을 분리시키게 된다. 관리되어야 문제로서 청소년의 결핍관점은 긍정적 개발로부터 청소년의 연구를 분리하도록 만든다(Lerner, et al, 2002; Overton, 1998). 그리고 결핍모델에 관련한 발달과정의 개념은 개인과 맥락간, 조직과 환경간, 본능과 양육간의 인과적 분리와 연관되어진다(Gottlieb, 1997; Lerner, 2002; Overton, 1998). 일반적 인간발달에 대한 연구와 구체적 청소년발달에 사용된 모델은 통합적, 관계적, 개발의 특성을 이해하는데 유용하지 않는 것이다(Overton, 1998). 반면에 개인과 맥락의 통합, 기초와 응용의 통합 및 긍정적 개발을 위한 잠재력을 가진 청소년은 개발의 관계적 모델에서 정당화되어진다(Damon, 1998).

긍정적 청소년개발은 표적인 특정 대상이 아니라 모든 청소년을 대상으로 하며, 대중보건, 청소년범죄 보다 포괄적으로 요청되어진다. 청소년에 대한 틀린 것에 대한 동의나 합의보다는 올바른 것에 대해 확인하고 인정하게 된다. 사회적 문제의 존재유무에 대한 동의에 이르는 것은 집중할 가치가 있으며, 정치적으로 복잡하게 이루어진다. 청소년개발에 대해 광범위하며, 능력토대의, 긍정적 집중은 정치적이며 제도적으로 다른 집단, 프로그램과 조직단위에 매력적인 개념화를 제공하게 된다. 자산토대적 프레임은 청소년실천가와 지역사회 리더들에게 유용하다. 청소년 개발프로그램과 정책의 기획과 사고에 대한 프레임을 이해하기 쉽고 공통된 용어로 제공한다.

그러나, 긍정적 청소년개발은 청소년이 직면한 위험의 사실을 간과하기도 한다. 청소년이 갖는 자산의 숫자가 개인에게 점차 많아질수록 문제행동은 안정적으로 줄어들지만, 위험의 존재는 문제행동의 두세배가 될 수도 있다. 예방접근과 같이 특정한 자산의 상대적 중요성에 관해 청소년개발을 촉진하는 사람들 간에 토의가 부족하여 모든 자산은 동일하게 중요한 것으로 비춰진다. 그러나 어떤 자산은 다른 자산에 비해 중요하였으며, 자산의 중요도는 개인과 맥락의 기능에 따라 변화하는 경향이 있었다(Memmo & Small, 2001). 어떤 자산은 변화과정이 보다 이해될 수 있어서 쉽게 촉진되어지는 반면 지역사회자원 및 전문가의 활용이 필요하며, 지역사회의 정치적 여건에서 요인들이 보다 수용적이었다.

〈표 1〉 청소년에 대한 전통적 접근과 긍정적 청소년개발 접근비교

전통적 접근	긍정적 청소년개발
결핍적	능력
문제중심적	긍정적 산출물
반응적	순향적(pro-active)
특정 청소년	모든 청소년
수용자	적극적 참여자
프로그램중심	지역사회 반응시스템변화
전문가중심의	지역사회 구성원

Ⅳ. 청소년개발의 실천으로서 청소년지도

1. 청소년개발의 지도원리 및 구성

청소년개발은 모든 청소년들이 1) 개인적이며 사회적 요구로 안정하며, 보살핌을 받으며, 가치적이며, 유용하며, 정신적으로 충만하며, 2) 청소년의 일상적 생활에 기여하고 기능하도록 만드는 능력과 기술을 배우는 시도에 참여하는 지속적인 성장의 과정이다(Pittman, 1993). 청소년개발을 촉진하는 주요 원리는 다음과 같았다(Pittman, et al, 2003).

첫째, 예방과 학업중심을 극복한 산물의 확장이다. 청소년의 문제예방과 개선은 중요한 영역이지만 청소년의 삶의 질은 학업성적과 문제회피만이 강조되어왔다. 청소년이 하지 말아야 할 것이 아니라 해야 할 것에 대한 기대와 평가의 의도성이 필요하다. 청소년의 문제행동의 감소와 성인역할 및 책임성에 대한 충분한 준비 등이 목적이 되어야 한다.

둘째, 제공된 서비스중심을 극복한 투입의 확장이다. 문제행동에 대한 논의는 청소년을 위해 제공된 서비스를 다루고 있다. 청소년에 대한 복지, 교통, 주택 등은 중요한 사회적 지원과 기회이지만 청소년에게는 함께 귀기울이며 안내할 성인이 필요하다. 청소년에게 경제활동의 기회, 학습, 탐색, 기여의 기회 등이 필요하다. 건강, 경제에 대한 기본적 서비스와 전체적 범위에서 사회적 지원과 기회의 지속적인 투입이 이루어져야 한다.

셋째, 단기 교정중심을 극복한 시간적 프레임의 확대이다. 청소년 문제행동이 교정을 목적으로 한 단기프로그램과 교육과정으로 예방이 처치되어진다. 청소년개발을 위해 지속적인 관계와 지원이 요청된다. 결핍-치료, 위기대응, 문제예방과 청소년개발을 위한 장기적 관심이 집중되어야 한다.

넷째, 학교중심을 극복한 장(setting)의 확대이다. 청소년들이 주로 학교에서 생활하지만 이러한 지원과 기회가 청소년이 살아가고, 배우며, 일하며, 기여하는데 있어 유용한지를 검토해야 한다. 청소년의 모든 생활세계는 청소년개발, 참여와 탈선의 기회이다. 청소년을 위해 학교, 가족은 물론 지역사회센타, 청소년조직, 도서관, 공원, 쇼핑몰, 종교단체와 사업체 등 지역사회의 모든 장이 주어져야 한다.

다섯째, 학교시간을 극복한 시간의 확대이다. 청소년이 학교에서 보내는 시간은 중요하며 방과후시간과 연계되어진다. 청소년은 하루 24시간, 일주일 내내 계속적으로 발달하는 중이다. 청소년이 깨어있는 모든 시간동안 서비스, 지원 및 기회가 주어져야 한다. 학교 일과시간, 공휴일, 주말, 여름방학을 포함하는 방과 전과 방과 후의 모든 24시간과 일주일이 주어져야 한다.

여섯째, 전문가중심을 극복한 행위자의 확대이다. 청소년과 함께하는 자원봉사자들과 참여할 수 있는 사람들이 많이 있다. 그러나 청소년의 가족이 제외되기도 하며, 청소년들이 스스로를 자원으로 인식되지 않는다. 선생님, 청소년지도자, 가족, 지역사회회원, 자원봉사자, 청소년 및 타분야 전문가들이 행위자로서 주어져야 한다.

일곱째, 수용자중심을 극복한 청소년역할의 확대이다. 청소년은 단지 서비스의 수용자가 아니다. 청소년은 기획자와 실천가로서 역할을 할 수 있으며, 다양한 역할은 청소년이 문제대응과 기술(skill)을 기르도록 동기화한다. 청소년 개발, 지역공동체 및 사회개발을 위해 청소년은 수용자이자 주체로서 역할이 주어져야 한다.

여덟째, 분류(labeling)중심을 극복한 대상(target)의 확대이다. 지역사회에서 기회와 지원의 양적분배 및 질적분배는 균형적이지 못하다. 고위험 청소년은 고위험서비스에 집중되어 있으며 저위험 청소년은 저위험 수준의 지원과 기회가 제공된다. 모든 청소년에게 전체 범위의 발달과 참여가 제공되어야 한다. 청소년 문제행동의 고위험지역에서 거주나 특정문제에 대한 제한을 두지않는 모든 청소년을 위한 노력이 주어져야 한다.

아홉째, 시범중심을 극복한 서비스제공의 확대이다. 우리가 청소년에게 제공하는 기회들을 평가해야 한다. 어떠한 조직이나 제도도 청소년을 위한 지원을 충분하게 제공할 수 없다. 조직, 개인적, 제도적 및 기타 영역들 간의 구체적인 연계노력이 요청된다. 시범프로그램은 제한적인 청소년에게 적합하며, 이용가능하며 흥미로운 서비스, 지원 및 기회의 배치는 제한적인 청소년 및 이후의 삶에 있어 영향을 미치게 된다. 모든 청소년을 위한 보편적이고 일상적인 서비스제공이 이루어져야 한다.

1990년대 초기에 시작하여 2000년대를 거치면서 청소년을 논의하는 새로운 비전과 용어가 나타나게 되었다. 이러한 혁신은 발달시스템에서 구성되어졌다. 발달시스템이론에서 유연성에 관심은 개체발생의 과정에서 다양한 시점에서 변화를 위한 잠재성에 관심을 갖게 되었다. 이들의 관심은 관리되어져야 할 문제로서가 아니라 개발될 자원으로서 청소년에 대한 입장의 형성에 집중되었다(Roth & Brooks-Cunn, 2003).

첫째, 청소년-맥락의 연계는 긍정적 청소년개발을 촉진한다. 생애를 거치는 동안 유연성과 같은 시스템의 개인간(intra-individual) 변화에 대한 잠재력을 토대로, 청소년의 능력이 집, 학교, 지역사회 등 청소년발달의 주요한 맥락에서 건강한 성장을 위한 자원들과 협력되고 어느 시점에서 긍정적 기능의 향상된다면(Bornstein, Davidson, Keyes, Moores, & the Center for Child Wellbeing, 2003), 긍정적 개발을 위한 시스템의 촉진이 시간동안 일어난다면(Dowling et al, 2004; Lerner, 2004l Lerner et al, 2005), 인간발달의 기본적 강점은 달성되어 질 수 있다.

둘째, 맥락적 연계는 결합적 발달 자산을 포함한다. 건강한 개발을 위한 개인의 강점과 맥락적 자원의 연계의 개념은 가족, 학교, 지역사회 등 청소년개발의 주요 영역에서 걸쳐 긍정적 청소년개발의 촉진을 위한 최소한 약간의 지원이 존재함을 부가적 전제이다. 발달적 자산(Benson et al, 2006)은 자원은 건강한 청소년의 성장을 위한 사회적이고 생태학으로 영양분으로 구성되어진다(Benson, 2003). 서로 다른 사회적 생태학에 존재하는 발달자산의 숫자는 약간의 논쟁이 존재하고 있다.

〈표 2〉 발달자산의 구성체계

<table>
<tr><th colspan="2">영역</th><th>개별지표</th></tr>
<tr><td rowspan="4">외적
자산</td><td>지지</td><td>가정의 지지, 가족간의 긍정적 의사소통, 다른 성인들과의 관계, 우호적인 이웃, 우호적인 학교환경, 학교생활에 대한 부모참여</td></tr>
<tr><td>권한부여</td><td>청소년을 존중하는 지역사회, 청소년에 대한 역할부여, 청소녀의 지역사회에 대한 봉사, 안전감</td></tr>
<tr><td>행동기준
설정</td><td>분명한 가정규범, 명확한 학교규범, 이웃 청소년에 대한 감독, 성인들의 청소년에 대한 역할모델수행, 긍정적 또래친구의 영향, 높은 기대</td></tr>
<tr><td>건설적
시간사용</td><td>창의적 활동참여, 청소년프로그램의 참가, 종교단체의 활동참여, 가족과 함께하는 시간</td></tr>
<tr><td rowspan="4">내적
자산</td><td>배움에
대한 열의</td><td>성취동기, 학교생활에 대한 적극적 참여, 과제수행, 학교와의 결속력, 즐거움을 위한 자발적 독서</td></tr>
<tr><td>긍정적 가치</td><td>타인을 돕는 일에 가치부여, 사회정의 실현에 대한 가치부여, 자신의 신념에 대한 충실성, 정직성, 책임감, 위험행동의 억제</td></tr>
<tr><td>사회적 능력</td><td>계획수립/의사결정능력, 대인관계능력, 타문화의 수용능력, 위험상황에 대한 저항기술, 평화적인 갈등해결능력</td></tr>
<tr><td>긍정적
자아정체감</td><td>자신의 운명에 대한 통제감, 자아존중감, 목적의식, 자신의 미래에 대한 낙관적인 관점</td></tr>
</table>

출처 : Scale & Leffert, 1999, 발달자산

셋째, 지역사회중심의 프로그램은 발달자산의 중요한 원천이다. 발달자산의 효과, 측정, 원천에 대한 논쟁에도 불구하고 긍정적 청소년개발을 위한 가정, 교실, 지역사회프로그램 등의 결합을 이해하는데 있어 발달자산이 중요하다는 것을 청소년분야의 연구자와 실천가들은 동의하고 있다. 청소년프로그램의 관심은 청소년개발 분야의 실천가에게만 중요한 것이 아니다. 나아가 청소년을 위한 발달적 자산의 원천으로서 청소년 프로그램은 청소년의 건강한 변화과정에 관한 거시수준의 시스템의 역할에 관한 이론적 관심으로부터 도출되어진다(Bronfenbrenner & Morris, 2006). 청소년개발에 집중된 것으로써 청소년프로그램에 연관된 발달적 자산은 긍정적 청소년개발과 관련이 있다

넷째, 긍정적 청소년개발은 5C로 구성되어진다. 청소년발달 분야의 문헌고찰(Eccles & Gootman, 2002; Lerner, 2004, Roth & Brooks-Cunn, 2003)과 실천가의 경험에 토대로, 5C(역량, 확신, 연계, 인격, 보살핌)는 긍정적 청소년개발을 개념화하는 것으로 전제되어진다. 5C는 청소년개발 프로그램의 긍정적 산물들과 관련되어 진다. 또한 5C는 청소년개발 프로그램에 참여한 실천가, 청소년 및 부모에 의해 무럭무럭 자라는 청소년의 특성을 묘사하는 지배적인 용어이다.

1) 역량(competence)

- 시민성/사회적 능력 : 집단/조직의 다른 사람과 협동하여 일하는 능력, 타인과 원만한 관계 및 친구 보살피기를 지속하는 능력
- 문화적 능력 : 다양한 배경, 이해 및 전통을 가진 개인이나 집단에서의 차이를 긍정적으로 반응하고 존경하는 능력/동기
- 신체 건강 : 자신과 타인의 현재와 미래의 신체적 건강을 위해 최고의 방법으로 행동하기
- 정서적 건강 : 긍정적-불리한 상황에 적응하여 적극적으로 대처하는 능력, 자신의 감정 및 주위환경에 대한 성찰적 능력, 여가와 놀이에 참여하기
- 지적능력 : 학교에 다른 장소에서 학습하기, 고등학교를 졸업하기 위한 기본적 지식의 획득, 비판적 사고, 창의적 기술, 문제해결기술 및 표현기술의 능력, 자기주도적 학습의 실천

- 취업능력 : 목적에 도달하기 위한 필요한 단계, 경력 및 선택을 포함해서 취업을 위해 필요한 기능적-조직적 기술의 획득

2) 확신(confidence)

- 미래 및 전문가적 감각 : 삶에 있어 진보의 인지능력, 미래의 계속적 진보에 대한 기대
- 자기효능감 : 기여할 수 있는 존재이자 다른 사람의 기여를 인정하는 능력

3) 인격(character)

- 책임감/ 자율성 : 자신의 실천 및 의무에 대한 책임감, 일상생활의 독립성과 조절능력
- 자기인지 및 정신적 충만감
- 자신의 성격이나 개인에 대한 인지

4) 연계(connection)

- 멤버쉽과 소속감 : 지역사회 회원으로 참여, 다른 사람과 지속적안 관계형성
- 안전과 구성(structure) : 부상과 피해로부터 보호하기 위한 적합한 음식섭취, 휴식처 및 안전 제공되기

5) 보살핌(caring)

- 보살핌

다섯째, 기여는 6C이다. 청소년이 무럭무럭 자라게 되는 시기에 5C를 분명하게 보여주게 될 때, 청소년은 이상화된 성인(idealized adulthood)을 향하는 삶의 궤적에 있게 된다(Csikszentmihalyi & Ruthunde, 1998; Ruthunde & Csikszentmihalyi. 2006). 이론적으로 이상적 인간의 삶은 자신에 대한 기여와 가족, 지역사회 및 시민사회의 제도에 대한 통합적이며 상호적 강화의 기여에 의해 명시될 수 있다(Lerner, 2004).

여섯째, 긍정적 청소년개발과 위험-문제행동은 반대로 관련되어 있다. 발달에 있어 긍정적 청소년개발의 지표와 위험행동의 지표나 내재화와 외재화의 문제 사이에는 반대 관계가 있다. 청소년행동과 개발과 관련한 문제를 예방의 최고의 방법은 긍정적 개발을 촉진하는 것이다(Pittman et al, 2001). 청소년의 결핍적 관점에 대신하여, 긍정적 청소년개발은 모든 청소년을 변화를 위한 잠재력의 강점을 가진 것으로 보고 있다. 삶의 질과 번영의 증가는 사회적, 신체적 생태학의 있는 발달자산과 관련한 청소년의 강점을 연계함으로 통하여 모든 청소년에게 가능하다는 것이다. 상호적 영향력, 개인과 맥락의 관계, 5C의 개발, 자신, 가족, 공동체 및 시민사회에 대한 통합적 기여를 포함한 이상화된 위치의 성인기의 획득 등에 관한 발달적 과정의 모델은 다음과 같이 제시될 수 있다(Lerner, 2004; Lerner et al, 2005).

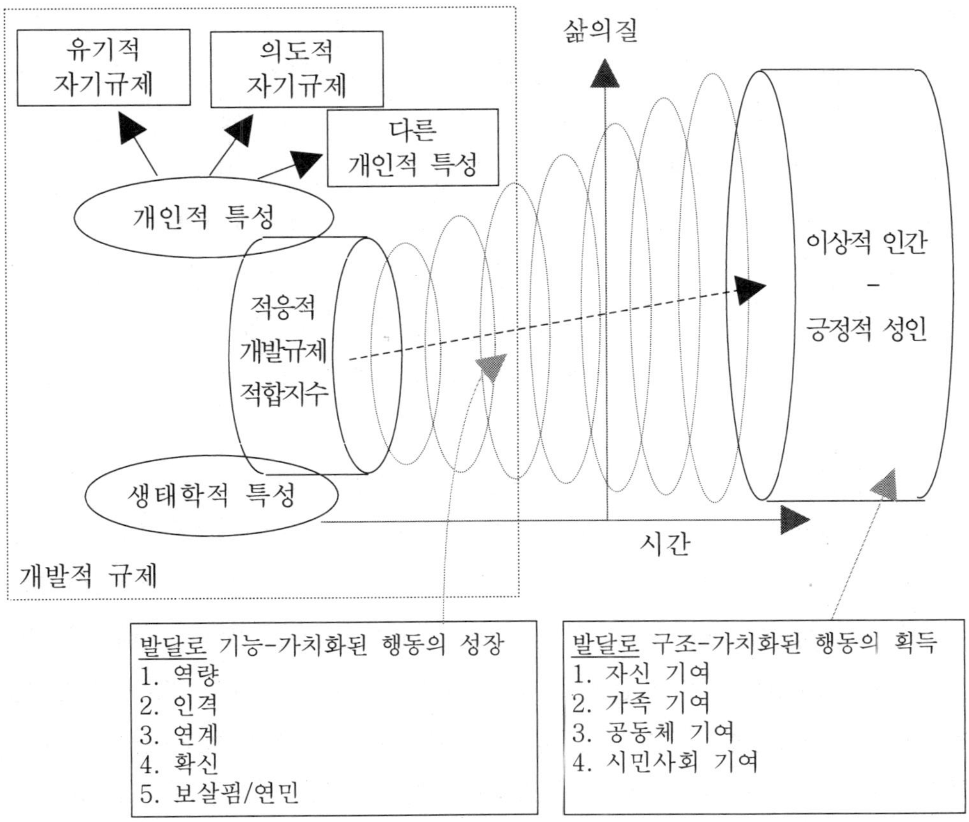

〈그림 1〉 인간자원 : 물리적/제도적 자원 : 집합행동 : 가족-학교-공동체의 접근성

자료 : Theokas(2005)

2. 긍정청소년 개발의 양상

청소년지도를 통한 긍정청소년개발의 양상은 신체적 - 정신적 안전, 적합한 구조, 지원적 관계, 긍정의 사회규범, 효능감과 처리의 지원, 기술구축의 기회, 가정 - 학교 - 공동체의 통합 등의 영역을 통해 살펴볼 수 있다(〈표 3〉). 청소년의 신체적 - 정신적 안전에서 청소년은 신체적 - 건강의 위험에 놓여있으며 공포와 불안감을 느끼거나 성적 - 신체적 학대 및 언어적 학대를 경험하기도 한다. 청소년개발을 통해 청소년을 위한 안전과 건강증진 시설, 안전한 또래집단의 상호작용 증가, 위험하며 대립적인 또래 상호작용의 감소하게 된다.

청소년을 위한 적합한 구조와 관련하여 청소년들은 혼란, 해체된, 엄격한, 지나친 통제를 받거나 반면 무간섭에 놓여지기도 한다. 청소년개발은 제한 설정, 명확하고 지속적인 규칙과 기대, 확고하며 적정한 통제, 지속과 예측가능성, 명확한 경계, 연령에 적합한 모니터링을 이룰 수 있다. 효능감과 처리의 지원에 있어 청소년은 도전하지 않은, 지나친 통제의, 임파워먼트가 없는, 가능성없는, 학습향상보다 현재수준에 과도하게 집중하여 학습욕구와 동기를 저하하는 실천을 하게 되기도 한다. 청소년개발을 통해 청소년 기초의, 자율성을 지원하는 임파워먼트하는, 공동체의 실제적 차이형성, 신중하게 행동, 가능성, 책임성, 허용성 및 의미있는 도전을 포함한 실천, 현재수준의 수행보다 높은 수행을 위한 실천을 하게 된다.

우리 사회는 청소년육성과 보호를 위한 많은 실천을 하고 있다. 청소년문제행동에 대한 처치적 접근의 효과는 다양한 측면에서의 연구가 이루어져왔다. 예방적 접근은 지난 시기동안 지배적인 흐름이었다. 예방적 접근은 청소년의 문제행동이 일어나지 않도록 사전에 가족, 학교, 및 공동체의 지원을 하고자 하였다. 지배적인 예방적 모델은 청소년과 관련된 문제행동의 동시성(co-occurrence)과 복합적 문제행동의 공통적 예측요인을 간과하는 한편 행동변화를 위한 환경적 예측요인들과 개인-환경간의 상호작용을 다루는데 실패하였다. 예방적 모델은 건강한 개발의 촉진보다는 단지 예방행동에 집중하고 있었으며 긍정적 개발을 위한 요인들을 놓치고 있었다. 이러한 비판적 관심은 긍정적 청소년개발의 새로운 접근과 시도를 모색되고 있다. 긍정적 청소년개발은 청소년을 위한 긍정적 산물에 집중할 것을 요청하는 한편 개입은 모든 청소년을 포함할 것을 제안하고 있다.

〈표 3〉 긍정청소년 개발의 양상

	내 용	반대적 양상
신체적-정신적 안전	안전과 건강증진 시설 안전한 또래집단의 상호작용 증가 위험하며 대립적인 또래 상호작용의 감소	신체적-건강의 위험, 공포, 불안감, 성적-신체적 학대, 언어적 학대
적합한 구조	제한 설정, 명확하고 지속적인 규칙과 기대, 확고하며 적정한 통제, 지속과 예측가능성, 명확한 경계, 연령에 적합한 모니터링	혼란, 해체된, 엄격한, 지나친 통제, 무간섭의, 독재의
지원적 관계	온유한, 친밀성, 연계성, 긍정적 의사소통, 보호, 지원, 지침, 안전한 접촉, 반응	냉소적, 거리있는 지나친 통제, 불명확한 지원, 신뢰할 수 없는, 승리에 집착한, 비반응적인, 거부하는
긍정의 사회규범	행동과 기대의 규칙, 연계, 일의 추진방식, 가치와 도덕, 서비스의 임무	무규범의, 아노미, 방임적 실천, 반사회-비도덕적 규범, 폭력유발규범, 경솔한 행동, 소비주의, 부족한 건강실천, 지나친 순종
효능감과 처리의 지원	청소년기초의, 자율성을 지원하는 임파워먼트, 공동체의 실제적 차이형성, 신중하게 행동, 가능성, 책임성, 허용성 및 의미있는 도전을 포함한 실천, 현재수준의 수행보다 높은 수행을 위한 실천	도전하지 않은, 지나친 통제의, 반임파워먼트, 가능성없는, 학습향상보다 현재수준에 과도하게 집중하여 학습욕구와 동기를 저하하는 실천
기술구축의 기회	신체적-지식적-심리적-정서적-사회적 기술의 학습기회, 의도적인 학습기회의 경험, 문화적 문해, 미디어문해, 의사소통기술 및 좋은 습관을 기르는 학습기회, 성인기 고용의 준비, 사회적 문화적 자본의 개발기회	나쁜 신체적-마음의 습관을 기르는 실천, 학교와 학습을 저하하는 교육
가정-학교-공동체의 통합	협조, 협력, 가족-학교-공동체의 시너지	부조화, 의사소통의 부족, 갈등

자료 : National Council and Inistitue Medicine (2002)

청소년 및 청소년분야에 대한 예방적 접근이 확고한 우리 사회에서 긍정적 청소년개발이 자리매김을 하기 위해서 부정적 청소년담론을 생산하는 미디어와 관습적 지식체계에 극복하기 위한 노력이 적극적으로 실천되어야 한다. 아울러 청소년현장에서 긍정적 청소년개발의 관점을 구체적 활동과 프로그램을 조직하는 대안적 실천이 모색되어야 한다.

__Remind (생각다지기)

1. 청소년 발달 연구의 변화과정에 대해 알아봅시다.

2. 문제중심적 접근과 긍정 청소년개발의 공통점과 차이점에 대해 알아봅시다.

3. 발달자산의 출현 배경과 발달자산별 추구하는 목표에 대해 알아봅시다.

4. 긍정청소년 개발을 위해 수반되어야 할 청소년지도자의 역량에 대해 알아봅시다.

__Practice & Becoming (내 것으로 만들기)

1. 청소년지도 현장에서 청소년을 지도할 때 자신은 어떤 관점으로 청소년을 바라볼 것인지를 판단해 보고, 그 이유와 예상되는 결과에 대해 구체적으로 기술해 봅시다.

2. 현재 청소년을 바라보는 관점의 변화에 대해 청소년지도자, 청소년, 교사, 부모는 어떠한 견해를 가지고 있는지를 알아보고 자신의 견해를 밝혀 봅시다.

3. 청소년지도 현장에서 진행되고 있는 청소년활동 프로그램을 조사해 보고, 프로그램별 어떠한 관점으로 청소년들을 바라보았는지를 구분하여 정리하여 봅시다.

제3장 청소년의 일상과 청소년지도

청소년의 생활이나 삶이 사회적 이슈가 되는 것은 주로 특정 사건이 중심이 된다. 매년 고등학교 진학이나 대학진학을 위한 수능시험은 전국민적인 관심사로 등장하게 된다. 그리고 청소년이 학교생활을 하는 동안 따돌림, 학교폭력, 자살, 가출 등의 사건이나 청소년 비행, 성폭력 등의 청소년범죄가 일어나게 되면 각종 언론을 통해 집중적으로 다루어진다. 특히 다른 사회범죄에 비해 청소년에 의한 문제행동이나 범죄행위는 사회적 충격으로 집중적으로 다루어진다. 청소년을 대상으로 한 사회관심이 주로 특정한 사건에 맞추어져 있기에 청소년에 대한 사회담론은 자연스럽게 부정적으로 형성되어지는 경향이 있다. 사회문제로 등장하는 청소년에 관한 이슈들이 다루어지면서 청소년은 아동기를 지났음에도 합리적인 의사결정을 내리지 못하며 책임감이 부족한 미성숙한 존재로 설정되어진다. 청소년에 관한 정책이나 사회적 개입은 청소년이 일으키거나 관련되는 문제들에 대한 대응이나 청소년 문제를 예방하기 위한 제도마련과 대책이 중심이 되고 있다.

청소년이 관련된 특정한 사건들은 결과로 다루어지기보다 사건의 일어나게 된 배경이나 발생과정에 대한 이해가 중요하다. 하나의 사건은 단순히 청소년에 의한 미성숙한 결과가 아닌 특정한 사회구조 혹은 사회맥락에서 사건에 관련되는 다양한 주체들이 서로 상호작용을 하면서 일어나게 된다. 사건은 해당 주체들의 복잡하게 얽혀있는 이해와 관계로 통해 만들어지는 과정이며 사회적으로 재해석되어지며 확산되어 진다. 사건은 그 자체로 부정적이거나 긍정적인 측면을 갖는 것이라기 보다는 사회구성원들에 의해 끊임없이 재구성되어진다. 청소년이 살아가는 일상생활과 삶이 놓여있는 특정한 맥락과 사회흐름속에서 청소년이나 관련 이해당사자로서 여러 주체들의 상호작용을 이해하지 않고는 청소년 문제를 예방하거나 대응하는 제도와 정책을 마련하는데 한계가 있다. 특히, 청소년지도는 청소년의 일상생활에 가장 가깝게 자리하고 있다. 청소년지도는 청소년의 다양한 발달영역을 조화롭고 균형적인 성장을 돕고 청소년이 건강한 삶을 누릴 수 있도록 촉진하는 과정이다. 청소년지도자는 청소년과 함께 생활하고 긴밀하게 상호작용을 하면서 일상생활에서 청소년지도를 실천해야 한다.

Ⅰ. 시대 흐름과 청소년연구의 접근

청소년에 대한 연구는 청소년의 생활에 대한 관점이나 개발에 대한 담론과 일반이론에 의해 영향을 받아오고 있다. 청소년을 이해하는 것은 근대성과 사회변화에 대한 이해를 보다 분명하게 해야 한다. 이전 사회까지를 근대사회(modern society)로 규정하는 접근은 현재 사회의 특징으로 탈현대사회(postmodern society)로 본다(Morch, 2009). 탈현대사회는 근대사회의 과학주의, 이성주의, 합리성 등의 가치와 지식체계를 비판하면서 문화를 중심으로 한 탈이성주의와 탈합리성의 측면을 집중하고 있다. 또한 근대사회에 대한 비판으로 후기근대사회(late modern society)를 주장하는 접근은 근대사회로 인해 증가된 사회 전반의 위험과 위기의 문제점을 지적하면서 사회위험으로부터의 안전과 대안마련을 모색하고 있다. 그리고 이전 사회를 산업사회(industrial society)로 규정하는 후기산업사회(post industrial society) 혹은 지식사회(knowledge society)로의 접근은 사회구조의 전반적인 변화속에서 교육에 대한 관심을 두고 있다.

근대성의 이론은 개인주의화(individualization)의 변화에 대한 이론이다. 청소년개발은 개인주의화의 과정에 놓여있다. 청소년은 사회속의 사회적 구조, 조건 및 개인주의화의 상태로서 이해되어질 수 있다(Giddens. 1993) 청소년의 생애는 근대성의 영역에서 이해되어질 수 있다. 근대성에서 청소년은 변화의 결과이자 행위의 주체가 된다. 청소년의 개념은 교육적시스템의 발달의 결과로서 이해된다. 따라서 청소년의 이해에 있어 교육적 관점의 변화는 매우 중요하다.

새로운 사회구조의 변화와 탈제도주의화는 사회속의 청소년세대의 통합을 위한 새로운 도전을 요구하고 있다. 청소년개발은 공공정책의 주요한 이슈가 되어왔다.

청소년에 대한 사회관심과 지식체계는 청소년 문제로부터 보호와 함께 사회발전을 위한 청소년의 역할이 중요성을 강조하고 있다. 후기 근대적 교육사회에서 청소년은 미래를 위한 중요한 자원으로 여겨진다. 청소년은 자신의 생애에 있어 개인화(individualize) 되어지는 과정에 놓여있다. 따라서 청소년은 개인화의 과정에서 교육을 통한 성공이나 실패에 직면하게 된다. 청소년은 후기 근대사회의 중요한 구성원이 되었다. 성인기의 실종(Cote, 2000)은 청소년이 어른과 동일하게 되며 중요한 행위자로 만들고 있다.

청소년개발은 유럽에 있어 중요한 이슈가 되고 있다. 청소년개발의 분석은 전통적인 심리학과 사회학적 관점 사이에 놓여있다. 특정한 시간과 장소에서 일어나는 사건이기에 개인의 생애기적 개인화로서 청소년개발은 맥락적 이슈로서 이해되어지거나 다루어져야 한다. 심리학적 청소년의 분석은 생물학이나 개인의 심리학적 갈등에 의해 일어나는 개인의 변화로서 수평적 변화를 만드는데 집중되어 있다. 맥락적인 관점은 존재하지 않는다. 발달은 단지 사회적 조건에 의해 영향을 받는 것이다. 아동기와 성인기 간의 심리적 발달기간이 청소년기로 여겨진다. 반면 사회학에서는 다른 관점이 전개되고 있다. 청소년과 개인화의 개념은 생물학이나 일대기적 변화에 의해 결정되는 것이 아니라 사회적 구조에 의해 이루어지는 사회화 또는 이행기 과정으로 이해되어진다. 청소년은 사회적이거나 문화적인 구성이며 이행기이다. 이해과정은 가정, 학교, 교육 및 직업세계의 맥락에서 청소년문화 혹은 문화의 과정으로 다루어지고 있다.

1950년대 이후부터 사회변화에 따른 청소년연구 접근은 1950-60년대, 1970-80년대, 1990년대, 2000년대로 구분되어 제시될 수 있다(Morch, 2010). 〈표 1〉은 우리와는 다른 역사적 배경과 맥락을 갖고있는 지역의 시대별 청소년연구 접근동향을 소개한 것이다. 우리 사회의 시대변화와 청소년연구의 접근과 일치한다고 보기는 어려우나 전체적인 흐름과 앞으로의 청소년연구 방향을 모색하는데 시사점을 갖게 된다.

1950-60년대는 청소년을 사회문제로 여기고 권위주의적 접근을 통해 청소년은 사회해체의 두려움을 이겨내고 사회적 통합을 위한 가능성으로 평가되어졌다. 연구

들은 주로 심리학, 사회학 및 범죄학에 기초하고 있다. 청소년개발과 문제청소년에 대한 권위주의적 접근은 사회의 중대한 도전으로서 청소년의 일탈과 범죄로 보았으며 사회는 청소년이 근대 민주적 사회의 구성원으로 사회화하는 방법을 찾고자 하였다. Eriksson(1950)의 청소년 자아정체성과 유예(moratorium)은 교육적 작업의 일환이다. 교육적 삶과 민주적 과정에 대한 청소년의 참여는 과학적 학문적 관심이 되었다. 사회화 및 재사회화는 개인화 및 사회 통합의 주요 개념이 되었다.

〈표 1〉 시대별 청소년연구의 접근동향

청소년연구	1950-60년대	1970-1980년대	1990년대	2000년대
관심	문제청소년	자원적 청소년	방황하는 청소년	혁신적 청소년
목적	통합	저항	과도기	참여
관점	가치부여된	반항적	상처받기쉬운	역량있는
접근	권위주의적	연대	안내	지원
교육적관점	형식교육	비형식학습	비(무)형식학습	사례/맥락학습
학문	심리학 범죄학	문화연구 사회심리학	교육학 사회학	교육학 사회심리학
정치적접근	재사회화	문화적 다양성	상담	개인적 다양성

자료 : Morch(2010)

1970-80년대는 청소년은 사회의 비판인이 되었다. 사회는 개인적 정체성과 구성원의 주체성을 억누르는 것으로 여겨졌으며 개인주의화 및 주체성의 재형성은 사회 이슈가 되었다. 청소년연구는 비판적이며 사회에 대한 저항이 관심이었다. 권위주의적 접근에서 청소년의 연대성(solidarity)을 보여주는 것으로 변화하였다. 청소년은 근대의 억압적 사회에 맞서는 저항력이 있는 존재였다. 사회저항의 연구에서 청소년은 저항인으로 여겨졌다. 문화연구와 비판이론이 많았으며, 개인적 심리적 발달과 억압적 사회변화간의 반대편에 집중한 과학담론이었다. 청소년연구는 변화하는 사회에서 청소년이 살아가는 포스트모던 사회 혹은 소비사회를 이해하려는 시도이다. 교육적 요구는 변화하였고 개인적인 선택은 가능하도록 만들어지고 있다. 또래집단의 무형식학습은 특별한 관심을 갖게 되었다. 집단 및 무형식학습의 제도적 교육관점은 중요하게 되었다. 근대의 위험사회에서 청소년의 삶은 어렵게 되어왔으며 개인화는 지원되어지고 있다. 청소년의 개인적인 발달이 이루어지고 동기적이며 예술적으로

세상을 재통합하려는 청소년프로젝트는 유행하게 되었다.

1980-1990년대의 청소년연구는 청소년의 이행기에 관련된다. 청소년은 방황하는 존재로 여겨졌으며 청소년연구는 어른으로의 성공적인 이행기에 영향을 미치는 요인에 맞춰져 있었다. 청소년은 상처받기 쉬우며 이행기에서 도움이 주어져야만 한다. 청소년연구는 사적 아동기에서 근대의 사회적 시민으로의 이행에 집중되어 있다. 포스트모던의 많은 변화는 현실화되고 있다. 새로운 교육적 개발과 학습모델, 새로운 질료화, 형식교육과 비형식교육간 틈새, 컴퓨터와 인터넷의 역할, 이행기에 능동적으로 참여하는 개인의 권리 등이 해당한다. 청소년은 정치적이며 지식을 갖춘 시민이 되며 지속적인 직업에 참여하려고 한다. 청소년정책은 새로운 이행기적 역량, 개인적 지식획득, 취업가능성 및 시민성에 집중되어 있다. 이처럼 청소녀의 관점은 문제 뿐만 아니라 자원까지 포함한다. 사회과학의 담론과 인기있는 이해는 새로운 담론이 출현할 때 사라지지 않는다.

청소년이 이행기는 점차적으로 불명확해지고 있다. 아동기와 성인기로의 이행적인 단계는 변화하고 있다. 다양한 이행기가 존재하고 있다. 때로는 이행기는 교육적 궤적이 직업을 이끌어주지 못하기도 하며 관련 직업이 존재하지 않으며 성적 편견이 직업상황에 존재하기도 하며 청소년의 이행기를 방해하기도 하며 이행기가 주변부에서 일어나는 이유 등으로 인해 잘못 이끌려지기도 한다. 이러한 상황은 청소년의 생활변화, 교육형태의 변화 및 성인과 직업생활의 변화에 의해 일어나고 있다. 청소년 존재 및 성인존재 간의 근대적 이동, 젊은 성인상황 또는 청소년의 삶의 오르내림화는 새롭고 창의적인 이행기이면서 동시에 이행기적 관점의 변화를 의미한다. 청소년기는 20세기 후반에 지속화되었다. 청소년은 교육중이며 청소년은 결혼하기를 기다리며 아이를 갖고 친구들과의 넓은 연결망을 유지해야 한다. 청소년은 다른 상황 및 다른 청소년의 삶의 영역에서 청소년과 성인간을 대체하거나 동요하게 된다. 청소년의 삶은 대형마트와 같다. 청소년은 소비자로 훈련되어지고 청소년은 가게를 배운다. 청소년은 교육 및 성적관계로서 청소년의 삶의 측면에서 가게를 돌아다니게 된다. 이행기의 관점은 규범적 모델이 되어왔으며 이미 시간의 흐름에 뒤떨어져 있다.

Ⅱ. 청소년 일상생활의 특징

일상은 매일 되풀이 되는 삶과 생활이다. 사회적으로 부각되는 특별한 사건은 일상생활의 개념과는 거리가 멀지만 어떠한 사건들도 일상의 바탕없이는 일어나지 않는다. 어떤 의미에 있어서 일상생활처럼 피상적인 것이 없다. 일상은 반복적이며 진부하며 중요하지 않은 사소한 것이다. 그러나 또 다른 의미에서 일상보다 더 심오한 것도 없다(박재환, 1984). 일상은 변화되어야 할 것이지만 또한 일상은 매우 바꾸기 힘든 것이다.

청소년이 살아가는 일상생활의 특징은 무엇보다 공부를 중심으로 매우 바쁘게 살아가고 있다는 것이다. 청소년의 하루 일과는 학교-(학원)-집을 오가는 반복적인 일상성이다. 청소년은 이른 아침 하루 일과를 시작하여 일과의 대부분을 학교에서 수업을 받고 학업수행으로 보내게 된다. 청소년은 학교를 마친 후에도 자율학습, 학원에 참여하게 되며 밤늦게 집으로 귀가한 이후에도 과외나 공부해야 하는 매우 과도한 학업을 중심으로 바쁜 일상을 보내고 있다.

1. 청소년의 일상생활과 학업

1) 청소년의 일상생활

청소년의 생활시간을 교급별로 비교해보면 의무생활시간의 학습에 있어 고등학생의 학습시간이 가장 많았으며 대학생의 학습시간이 가장 적은 것으로 나타났다. 전체적으로 청소년의 여가생활시간이 1999년, 2004년에 비해 감소하였으며, 교급별로 보면 대학생이 가장 많은 반면 고등학생이 가장 적었다.

초등학생의 생활시간을 보면 2009년 필수생활시간은 11시간 43분중 수면은 8시간 56분이며 의무생활시간인 7시간 47분 가운데 학습은 6시간 14분을 차지하고 있다. 여가생활시간은 4시간 30분이며 미디어이용시간은 1시간 36분정도이다. 초등학생은 여가생활시간은 1999년의 5시간 7분에 비해 2009년은 4시간 30분으로 줄어들었으며 취미 및 그 외 시간이 많이 감소한 것으로 나타났다. 중학생의 2009년 생활시간은 10시간 58분으로 수면이 8시간 11분을 차지하고 있으며 의무생활시간은

9시간 1분이며 학습활동이 7시간 24분으로 대부분을 차지한다. 여가생활시간은 4시간 1분이며 미디어이용이 1시간 30분을 차지하고 있다. 고등학생의 생활시간을 보면 2009년 필수생활시간은 10시간 2분이며 수면이 7시간 11분을 차지하고 있다. 의무생활시간은 10시간 49분이며 학습이 9시간 10분이었다. 고등학생의 여가생활시간은 3시간 10분이며 미디어이용시간은 1시간 5분이었다. 고등학생의 여가생활은 1999년에 비해 줄어들었으며 취미 및 그 외시간이 감소하였다. 대학생의 2009년 생활시간은 10시간 50분 가운데 수면은 7시간 48분이며 의무생활시간은 8시간 5분이며 학습은 3시간 47분이었다. 대학생의 여가생활시간은 5시간 5분이며 미디어이용은 1시간 47분을 차지하고 있었다.

〈표 2〉 청소년의 생활시간

	초등학생			중학생			고등학생			대학생		
	2009	2004	1999	2009	2004	1999	2009	2004	1999	2009	2004	1999
• 필수생활시간	11:43	11:19	11:16	10:58	10:39	10:27	10:02	9:48	9:26	10:50	10:34	10:01
수면	**8:56**	**8:50**	**8:58**	**8:11**	**8:11**	**8:11**	**7:11**	**7:16**	**7:07**	**7:48**	**7:51**	**7:31**
식사 및 간식	1:36	1:29	1:28	1:31	1:25	1:22	1:33	1:26	1:23	1:40	1:31	1:30
기타	1:11	1:00	0:50	1:17	1:04	0:54	1:18	1:07	0:56	1:23	1:11	1:01
• 의무생활시간	7:47	7:45	7:37	9:01	8:55	9:07	10:49	10:42	10:58	8:05	7:41	8:49
일(수입노동)	-	-	0:01	0:00	0:00	0:02	0:03	0:08	0:18	1:12	1:29	1:23
가사노동	0:13	0:12	0:14	0:13	0:12	0:14	0:10	0:10	0:12	0:44	0:36	0:34
학습	**6:14**	**6:14**	**6:11**	**7:24**	**7:19**	**7:29**	**9:10**	**8:52**	**8:51**	**3:47**	**3:14**	**4:28**
이동	1:21	1:19	1:11	1:24	1:24	1:21	1:25	1:32	1:38	2:22	2:23	2:24
• 여가생활시간	4:30	4:56	5:07	4:01	4:25	4:26	3:10	3:30	3:36	5:05	5:45	5:09
미디어이용	**1:36**	**1:48**	**2:14**	**1:30**	**1:41**	**2:14**	**1:05**	**1:16**	**1:43**	**1:47**	**2:08**	**2:04**
교제	0:36	0:30	0:33	0:43	0:42	0:36	0:45	0:45	0:41	0:58	1:04	1:02
취미 및 그외	1:08	2:02	1:41	1:11	1:32	1:05	0:46	1:01	0:45	1:06	1:19	1:02
기타	-	0:35	0:39	-	0:31	0:30	-	0:28	0:28	-	1:13	1:02

자료 : 통계청, 생활시간조사 각 연도

초등학교 5학년 청소년이 보내는 하루 일과를 사례로 보면 7시에 일어나 식사, 등교준비를 하고 8시에 등교한 후 오전수업과 점심식사를 하고 3시까지 오후수업을 하고 하교하게 된다. 하교 후 집에서 1시간여를 쉬고 학원을 가기도 하며 바로 학원으로 가는 경우도 있다. 4시부터 대략 2-3시간 정도의 학원에서 공부를 한 후 귀가하여 7시경에 저녁식사를 한 후 다시 학원에서 공부를 하며 시간을 보낸 후 9시에 귀가하여 여러 학원의 숙제를 한 후 대략 11시경에 잠자리에 들게 된다. 이러한 사례에서 초등학교 청소년의 학습활동은 보면 대체로 학교에서 시간을 보내는 수업, 교과 및 예체능 관련 학원교육, 집에서 교과관련 과외를 하거나 학원숙제 및 교과관련 자율학습이 이루어지고 있었다.

고등학교 청소년이 보내는 하루 일과를 사례로 보면 6시에 일어나 식사를 한 후 7시 30분에 등교를 한 후 오전수업과 점심식사를 하고 4시 30분경까지 오후수업을 하게 된다. 오후수업을 마치고 6시까지 보충수업을 받게 된다. 저녁식사를 마친 후 7시부 터 2시간정도의 야간 자율학습을 한 후 학원으로 이동하여 11시까지 공부하게 된다. 학원공부를 대신하여 독서실에서 공부를 하기도 한다. 11시 이후에 귀가하여 집에서 새벽 1시정도까지 공부하다가 잠자리에 들게 된다. 고등학생의 하루 일과는 초등학생과 비슷한 유형이지만 일반적인 경우 예체능분야의 학습활동이 사라지고 교과관련 학교에서의 수업, 방과후 보충수업 및 야간 자율학습, 교과관련 학원에서의 수업 및 집에서의 과외, 학원숙제 및 교과관련 자율학습 등이 이루어지고 있었다.

〈표 3〉 고등학생의 하루일과

시간	일정	시간	일정
6:00~7:10	기상 및 세수	14:50~15:10	청소시간
7:10~7:20	아침식사	15:10~16:00	7교시
7:20~7:40	학교등교	16:00~18:00	보충1,2교시
7:40~8:00	영어듣기방송	18:00~19:00	저녁식사
8:00~8:20	아침조회	19:00~22:00	야간자율학습
8:20~13:10	1~5교시수업	22:00~01:20	독서실
13:10~14:00	점심시간	01:20~01:40	귀가
14:00~14:50	6교시	01:40~02:40	세면,TV시청,취침

2) 청소년의 스트레스 인지

청소년의 스트레스 인지율은 전반적인 생활에서 높아진 것으로 나타나고 있다. 2008년 15-24세 청소년의 56.5%가 전반적인 생활에서 스트레스를 받고 있는 것으로 나타났다. 15-19세 청소년은 10명 중 7명이 학교생활에서스트레스를 느낀다고 하였다. 2010년 15-24세 청소년의 69.6%가 전반적인 생활에서 스트레스를 받고 있다고 하여 2008년과 비교하면 13.1%p 증가하였다. 15-19세 청소년은 10명 중 7명이 전반적인 생활과 학교생활에서 스트레스를 느낀다고 하였다.

〈표 4〉 청소년의 스트레스 인지율

(단위 : %)

	가정생활		학교생활		전반적인 생활	
	2008	2010	2008	2010	2008	2010
15~24세	41.4	42.3	64.4	66.9	56.5	69.6
15~19세	44.7	45.6	68.8	68.2	60.0	70.3
20~24세	37.4	38.3	54.1	63.7	52.4	68.7

자료 : 통계청, 「사회조사」 각년도

주 : 스트레스 인지율 : 평소 스트레스를 느끼는 사람('매우 많이 느낌'과 '느끼는 편임')의 비율

〈표 5〉 청소년이 행복하지 않은 이유(2009)

(단위 : %)

	계	학업부담 때문에	가정이 화목하지 않아서	친구와의 관계가 좋지 않아서	가정의 경제적인 어려움 때문에	외모나 신체가 마음에 안들어서	진로에 대한 불안 때문에	나와 가족의 건강문제 때문에	선생님 등 학교생활 문제	특별한 이유 없음	기 타
고1	100.0	25.7	12.5	9.1	9.1	4.3	31.3	1.1	0.9	3.8	2.1
고2	100.0	34.8	10.2	4.2	11.7	4.8	22.9	1.6	0.8	3.5	5.6
고3	100.0	41.1	5.0	4.4	3.7	6.6	34.6	0.6	0.6	2.1	1.4

자료 : 한국청소년정책연구원, 「2009 한국 아동·청소년 인권실태조사」

청소년이 행복하지 않은 이유로는 고1학생은 학업부담 때문에 25.7%, 진로에 대한 불안 때문에 31.3%이었으며, 고2학생은 학업부담 때문에 34.8%, 진로에 대한

불안 때문에 22.9%이었다. 고3학생은 학업부담 때문에 41.1%으로 상대적으로 높게 나타났으며 진로에 대한 불안은 34.6%였다.

3) 학교교육과 청소년

학교생활만족을 보면 2004년 중·고·대학생들의 전반적인 학교생활 만족비율은 46.5%, 보통은 42.0%, 불만족 11.5%로 2000년에 비해 만족비율은 증가하였고, 불만족비율은 감소하였다. 교우관계 만족도가 66.6%로 가장 높았고, 교사관계 42.6%, 교육내용 35.7% 순으로 높게 나타났다. 불만족은 학교시설(30.6%), 학교주변환경(26.9%), 교육방법(25.2%)이 많았다. 2010년 15-24세 청소년의 학교생활에 대한 만족도를 보면 교육내용에 만족(44.4%), 교육방법에 만족(36.8%), 교사(교수)와의 관계에 만족(43.5%) 등이 나타났다. 학교급별로 보면, 교육내용이나 교육방법 등에 대한 중·고등학생의 만족도가 대학생보다 낮았다.

〈표 6〉 학생의 학교생활만족도(2010)

(단위 : %)

	계	교육내용			교육방법			교사(교수)와의 관계		
		만족	보통	불만족	만족	보통	불만족	만족	보통	불만족
15 -24세	100.0	44.4	44.7	10.8	36.8	45.6	17.6	43.5	47.2	9.3
15-19세	100.0	41.2	46.8	12.0	34.2	46.3	19.5	43.2	47.4	9.4
20-24세	100.0	52.6	39.5	7.9	43.4	43.8	12.9	44.3	46.7	8.9
중·고등학생	100.0	40.1	47.6	12.3	33.6	46.3	20.1	43.2	47.3	9.5
대학생	100.0	50.1	40.9	8.9	40.7	44.8	14.5	43.5	47.5	9.0

자료 : 통계청, 「사회조사」 2010

사교육 참여현황을 조사한 결과를 보면(〈표 7〉), 2007년도의 1인당 월평균 사교육비는 22.2만원, 사교육 참여율은 77.0%이었으며 주 평균사교육 참여시간은 7.8시간이었다. 2009년의 1인당 월평균 사교육비는 24.2만원, 사교육 참여율은 75.0%이었으며, 주 평균 사교육 참여시간은 7.4시간으로 나타났다. 학교급별로 보면, 초등학생은 87.4%, 중학생은 74.3%이었으며 고등학생 53.8%순으로 참여하고 있었다.

2012년도의 1이당 월평균 사교육비는 19.0만원, 사교육참여율은 69.4%이었다. 1인당 월평균 사교육비는 2011년부터 조금씩 줄어들고 있으며, 학생청소년의 사교육 참여율은 10명중 7명은 참여하고 있음을 알 수 있다.

〈표 7〉 사교육 참여현황

구 분	2007	2009	2011	2012
사교육비 총액(억원, %)	200,400	216,259	201,266	190,395
1인당 월평균 사교육비(만원, %)	22.2	24.2	24.0	23.6
사교육 참여학생 수	-	7,447천	6,987천	6,721천
사교육 참여율(%, %p)	77.0	75.0	71.7	69.4

자료 : 통계청, 사교육비조사 결과 각 연도

2. 청소년의 일상생활과 고민

1) 청소년의 고민과 상담

청소년이 고민하는 문제로는 공부, 외모와 건강 및 직업 등으로 나타나고 있다. 2002년 청소년은 공부(39.8%), 외모와 건강(19.7%)에 대해 가장 많이 고민하였으며, 20-24세의 청소년은 직업의 고민인 8.6%에 이었다. 2006년 청소년이 가장 고민하는 문제는 15-19세 청소년은 공부(56.5%)가 가장 많고, 신체·용모 및 건강(15.0%), 직업(10.2%) 등이었다. 20-24세 청소년은 직업(49.5%)로 가장 많고, 신체·용모 및 건강(13.5%), 공부(13.0%)등으로 나타났다. 직업의 고민은 2002년에 비해 40%이상 증가한 결과이다. 2010년 15-24세 청소년이 가장 고민하는 문제는 공부(38.6%), 직업(22.9%)으로 나타났다. 특히 20-24세 청소년은 고민하는 문제로 직업이 38.5%로 나타나 10명중 4명 정도의 20-24세 청소년이 직업에 대한 고민이 많은 것으로 나타났다.

〈표 8〉 청소년(15-24세)이 고민하는 문제

(단위 : %)

		외모/건강	가정[1] 환경	용돈 부족	공부 (성적, 적성)	직업	친구 (우정)	이성 교제	기타[2]	고민 없음
2002	15~24세	19.7	8.9	5.4	39.8	6.9	3.3	7.8	4.2	0.3
	15~19세	18.4	6.8	5.7	48.9	5.2	3.3	5.5	3.1	0.4
	20~24세	21.0	10.9	5.0	30.8	8.6	3.3	10.2	5.3	0.2
2006	15~24세	14.3	6.0	4.6	35.0	29.6	1.3	2.9	0.6	5.0
	15~19세	15.0	5.1	5.2	56.5	10.2	1.9	1.4	0.5	3.4
	20~24세	13.5	6.9	4.0	13.0	49.5	0.8	4.4	0.9	6.7
2010	15~24세	16.4	9.1	4.3	38.6	22.9	1.6	1.7	0.7	4.5
	15~19세	16.6	6.8	4.1	55.3	10.2	2.2	1.0	0.6	3.0
	20~24세	16.3	11.8	4.6	18.1	38.5	0.8	2.4	0.8	6.4

자료 : 통계청, 「사회조사」 각년도

주 : 1) '가계경제의 어려움(2010년 신규항목)' 포함, 2) '인터넷 중독' 포함

청소년의 고민상담 대상으로 보면 1998년의 청소년 고민상담 대상을 보면 친구·동료(56.48%), 부모(12.0%), 스스로 해결(16.87%) 순으로 나타났다. 2002년 청소년의 고민상담 대상은 15-19세 청소년은 친구(61.5%), 부모(4.7%), 스스로 해결(13.5%) 순으로 나타났다. 20-24세 청소년은 친구(58.1%), 스스로 해결(17.0%)로 나타났다. 2006년 청소년의 고민상담 대상을 보면 15-19세 청소년은 친구·동료(48.8%), 부모(22.6%), 스스로 해결(17.7%) 순으로 나타났다. 20-24세 청소년은 친구·동료(51.0%), 부모(13.3%), 스스로 해결(16.6%)로 15-19세 청소년에 비해 부모와의 상담 비중은 낮았다. 2008년 청소년의 고민상담 대상은 친구·동료(53.6%), 부모(21.9%), 스스로 해결(13.9%) 순으로 나타났다.

〈표 9〉 청소년의 고민상담 대상

(단위 : %)

		고민 있음	부모	형제, 자매	친구, 동료	선 후배	스승	청소년 상담가	스스로 해 결	기타	고민 없음
1998		98.5	12.0	7.3	56.4	4.1	0.7	0.3	16.8	0.8	1.5
	15~24세	98.5	11.9	6.2	59.8	3.7	0.6	0.2	15.2	0.9	1.5
2002	15~19세	98.2	14.7	4.6	61.5	2.1	1.1	0.2	13.5	0.5	1.8
	20~24세	98.9	9.1	7.8	58.1	5.2	0.2	0.1	17.0	1.3	1.1
	15~24세	95.0	18.0	5.6	49.9	2.3	1.0	0.1	17.2	0.8	5.0
2006	15~19세	96.6	22.6	4.3	48.8	1.0	1.4	0.2	17.7	0.6	3.4
	20~24세	93.3	13.3	7.0	51.0	3.7	0.6	0.1	16.6	1.0	6.7
2008		99.5	21.9	4.8	53.6	3.5	1.2	0.1	13.9	0.5	-

자료 : 통계청, 「사회통계조사보고서」 각년도

청소년의 부모님과 활동 및 대화의 시간을 보면 2011년 청소년은 최근 1년간 부모님과의 활동은 저녁식사, 학교생활에 대한 대화순으로 나타났다. 부모님과의 활동 중 주1회 이상은 저녁식사(75.8%), 학교생활에 대한 대화(48.4%)가 많았으며 책, TV, 영화에 대한 대화(35.9%), 나의 고민에 관한 대화(31.0%)등으로 나타났다. 부모님과의 1일 평균 대화시간은 아버지와는 30분 미만이 가장 높았으며, 어머니와는 2시간 이상이 가장 많았다.

〈표 10〉 부모님과 함께하는 활동(2011)

(단위 : %)

	거의 하지 않는다	월 1~3회	주 1~3회	주 4~6회	매일 한다	해당 없음
나의 고민에 대한 대화	34.3	32.8	18.2	4.8	8.0	1.9
학교생활에 대한 대화	13.9	23.7	24.1	8.7	15.6	14.0
책, TV, 영화에 대한 대화	31.2	31.6	22.4	7.1	6.4	1.3
정치,사회,문화적 주제에 대한 대화	49.1	27.7	14.2	3.3	3.0	2.6
여가활동(영화, 운동, 외식, 여행 등)	20.9	43.4	22.6	6.7	5.4	1.1
저녁식사	9.0	14.5	27.0	15.4	33.4	0.7

자료 : 여성가족부, 「청소년종합실태조사」 2011

Ⅲ. 청소년 일상생활에서의 청소년지도 방향

1. 역경대응과 청소년개발

일상생활은 청소년이 살아가면서 직접 겪거나 듣게 되는 여러 사건들의 연속이다. 청소년들은 일상생활에서 과도한 학업수행으로 인한 많은 고민과 스트레스를 안고 살아가고 있다. 청소년은 학년이 올라갈수록 학업에서의 실패와 좌절을 부정적인 사건의 경험을 갖기도 한다. 청소년들은 자신의 고민을 부모 혹은 교사와 함께 풀어가지 못하고 친구들과 해결하거나 스스로 해결하는 방식을 취하고 있다. 청소년이 일상생활을 하는 동안 역경을 이겨내고 보다 건강한 생활을 이루어내기 위해 많은 노력과 지원이 필요한다.

삶의 사건들은 청소년의 개발에 많은 영향을 미칠 수 있다. 사람은 자신을 둘러싼 환경에 반응으로서 환경에 순응하거나 또는 환경에 대한 능동적 전환을 하는 양면성을 갖는다. 유기체가 환경에 적응할 수 있는 능력이 습관이 된다. 환경에 대한 순응은 습관을 구성하지 않으며, 습관은 유기체가 자신의 목적을 위해 환경을 수정할 수 있는 힘이다(Dewey, 1924). 학교현장에서 청소년이 다른 청소년과 살아가면서 영향을 주고받게 된다. 다른 청소년의 행동(action)에 따라 청소년은 환경의 반응으로서 행동(reaction)을 하거나 혹은 스스로의 주체적인 행동(proaction)을 할 수 있다.

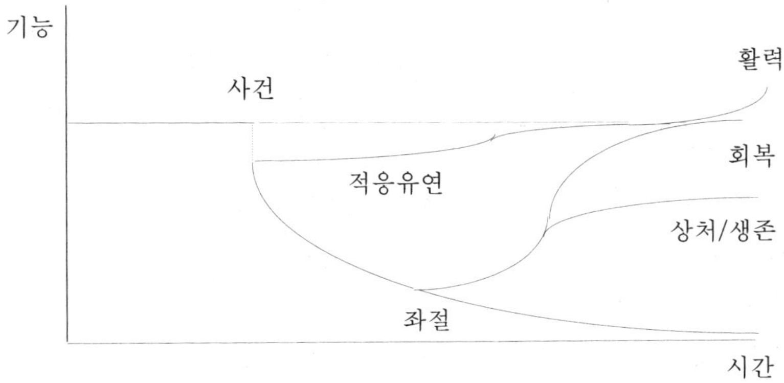

〈그림 1〉 사건(역경)에 대한 대응방식
출처 : OLeary & Ickovies(1995)를 토대로 보완한 것임

청소년이 겪는 사건으로서 역경(adverse)에 대한 대응방식으로는 좌절, 상처의 생존, 회복, 적응유연, 활력 등 여러 가지가 제시될 수 있다(OLeary & Ickovies, 1995). 첫째, 역경에 의해 빚어진 초기의 해로운 결과가 개인의 좌절이나 굴복으로 이어지는 것이다. 둘째, 개인이 상처와 피해를 갖고 있는 생존상태에 해당한다. 셋째, 급격하거나 점차적으로 원래의 기능이 회복되도록 하는 적응유연적 상태이다. 회복은 나쁜 경험 이후의 대응으로 감기에 걸리면 회복의 시간이 필요하듯이 일시적으로 기능이 저하된 상태에서 점차적으로 일상적인 기능으로 돌아가거나 회복하는 것이다. 회복은 일상적인 기능수준으로 올라가기 위해 치료와 강화의 과정이 필요하다.

한편 적응유연은 역경에 직면하여 상대적으로 안정적인 균형을 유지하는 능력정도를 나타낸다. 적응유연은 회복과 구별되며 대부분의 사람들에게 일반적이다. 적응유연은 간혹 예상치 못한 경우도 있으나 명료한 방법으로 이루어진다. 적응유연적인 사람은 의도적인 행위를 위해 다른 사람들과의 만남이나 조언 등의 다양한 기회를 이용하거나 인식할 수 있다. 다른 사람과의 연계는 회복이나 적응유연성에 있어 중요하다. 적응유연성은 희귀하거나 특별한 것이 아니라 일상적인 가족이나 친구관계를 통해 규범적이며, 인간 자원들, 청소년의 신체나 두뇌활동 등으로 이루어진다. 넷째, 기능의 회복을 넘어 활력적인 성장을 갖는 것이다. 역경에 대한 잠재성의 발현으로서 활력(thriving)은 역경이 회복을 너머 이익(benefit)을 가져오는 것으로 이해된다. 활력은 주위 환경이 긍정적이며, 일어난 일에 대한 이해를 통해 능동적인 개발을 모색하며, 자신이 보다 나아지도록 하는 효과적인 방식을 발견하고자 할 때, 치료의 과정 이후 일어나는 보다 나은 도약이다. 치료는 특별한 과정에서 오는 것이 아니라 일상적으로 지속되는 다른 사람의 보살핌을 통해서이다.

2. 청소년학습과 청소년지도

산업사회의 사회화 및 인력양성에 중심적인 위치를 차지하던 학교교육은 지식기반사회에서 새롭게 요구하는 변화를 이루지 못한 가운데 많은 한계점을 노출하고 있으며 여러 가지 문제를 경험하고 있다. 새로운 사회로 변화하는 우리 사회에서 학교는 교육위기의 중심에 서 있으며 새로운 사회변화에 맞는 교육의 전환이 요청된다. 학습자와 삶을 중심으로 한 학습문화의 활성화를 위한 청소년지도의 과제를 제시하면 다음과 같다.

첫째, 교육은 이제 학습자중심의 보다 다양한 교육활동이 형식교육, 비형식교육 및 무형식교육의 전체적인 영역에서 활발하게 촉진될 수 있도록 제도화하며 청소년의 참여를 보장할 수 있도록 해야 한다. 이를 위해 지금까지의 학교교육에서 교육목적, 교육목표, 교육내용, 교육방법을 및 교사와 학습자간의 관계 및 역할 등에 대한 성찰적인 논의와 새로운 질적 성격을 강화하도록 해야 한다. 청소년지도자는 보다 적극적으로 학습자중심의 청소년지도를 촉진해야 한다.

둘째, 새로운 사회의 교육은 학습자의 학습을 촉진하기 위해 학교 혹은 학원교육 등의 독점적이거나 하나의 지배적인 교육기관보다는 청소년의 삶의 세계에 있는 다양한 장소와 공간에서 상호보완적으로 이루어지도록 해야 한다. 학습주의적 관점에서 청소년의 학습은 형식교육, 비형식교육 및 무형식교육의 다양한 형태로 청소년의 생활세계와 연관된 경험위주의 학습으로 확대되어야 한다. 이를 위해 교사와 청소년지도자는 단순한 전달자로서 교육자이기 보다는 스스로 끊임없이 배우고 발전해나가는 또 하나의 학습자로서 모습을 갖추도록 해야 한다. 청소년지도는 학교교육과 유기적인 상호작용과 관계를 형성해야 한다.

셋째, 학교밖 교육기관으로 청소년시설을 활용한 청소년의 학습활동이 적극적으로 촉진되어야 한다. 청소년수련관, 청소년문화의집, 청소년수련원, 방과후아카데미 등의 주요 청소년 시설을 이용한 교육활동은 입시위주의 교육과 교과중심의 무한경쟁에 지쳐있는 청소년들이 균형적인 발달을 촉진하는 장이다. 특히 청소년시설의 청소년지도자는 다양한 청소년활동이나 프로그램을 실천하면서 청소년들의 관심과 요구에 적극적이며 반응하는 한편 긍정적인 상호작용을 형성하고 있다. 이것은 새로운 사회변화에서 교수자와 학습자간의 새로운 관계방식으로 제시할 수 있다. 청소년시설이 청소년교육을 위한 주요한 교육영역으로 자리매김할 수 있도록 보다 많은 노력과 실천이 있어야 한다.

__Remind (생각다지기)

1. 교급별 청소년들의 일상생활에 대해 알아보고 표 형식으로 정리해 봅시다.

2. 교급별 청소년들이 가장 고민하는 것과 이유에 대해 알아봅시다.

3. 교급별 청소년들의 고민 해결을 도와주는 제도적 장치들에 대해 알아봅시다.

4. 사건(역경)에 대한 청소년들의 대응방식을 살펴보고 각 대응방식이 의미하는 것을 알아봅시다.

__Practice & Becoming (내 것으로 만들기)

1. 일상생활에서 청소년이 겪는 고민과 스트레스 상황이 청소년들의 학교생활에 미치는 영향은 어떤 것인지를 논의해 봅시다.

2. 청소년의 일상생활 만족도를 높여주기 위해 요구되는 청소년 자신의 역할, 부모의 역할, 교사의 역할, 지역사회의 역할에 대해 살펴보고 정리해 봅시다.

3. 청소년이 일상생활의 역경에 현명하게 대처할 수 있도록 하기 위해 청소년지도사가 노력해야 할 요소와 관련 역량에 대해 살펴보고 정리해 봅시다.

제4장 청소년역량개발과 청소년지도

청소년=학생이라는 설정은 청소년은 하루 일과의 대부분을 학교에서 보내며 학업에 매달리게 된다. 학교는 청소년의 배움터이자 사회화를 이루는 대표적인 장이며, 청소년을 사회적으로 선발하고 배치하는 기능을 갖고 있다. 교육은 교사는 가르치고 학생은 배우게 되므로 교사주도적인 권위체계가 강조되었다. 청소년은 세상에 살아가는데 필요한 지식, 태도 및 기술 등을 익혀야만 하며, 교육시스템하에서 서로 경쟁을 해야 한다. 근대화의 여정에서 교육을 통한 성공신화는 과도한 교육열과 왜곡된 학력주의로 자리잡으면서 학교와 교육은 여러 가지 문제와 혼란에 직면해 있다. 대학진학 중심의 입시위주 교육은 교과지식에 대한 반복과 암기식 교육이 강조되어지면서 청소년의 올바른 인성함양이나 균형적인 발달이 위협받고 있다. 또한 성적에 의한 차별이나 체벌, 학생간 갈등, 학교폭력, 학교부적응 등은 사회문제로 등장하였다. 이러한 학교교육의 위기와 사회문제화는 청소년지도가 학교교육과 파트너십을형성하고 새로운 대안으로서 자리매김하도록 요구하고 있다.

교육과 청소년지도는 사회와 상호작용하면서 이루어지는 것이다. 변화하는 사회의 특성과 흐름을 고려하여 교육은 새롭게 이루어져야 한다. 우리 사회가 산업사회를 거쳐 지식기반사회로 본격적으로 접어들면서 교육은 과거와는 질적으로 다른 새로운 변화를 요구하고 있다. 사회구조 및 토대의 변화에 따라 기존의 지식체계, 질서 및 관계규범을 새로운 혁신으로 만들어가야 한다. 지식기반사회는 창의적인 지식을 요구하기에 백과사전적 지식이나 앎의 형태에 머무는 지식으로는 충분하지 않다. 청소년이 스스로 학습하면서 실천으로 전이가능한 핵심역량이 필요하다. 학교교육과 청소년지도는 지식기반사회의 청소년이 자신의 장점과 잠재성을 발휘하는 핵심역량을 개발하고 증진하도록 촉진해야 한다.

Ⅰ. 지식기반사회의 교육패러다임 변화

1. 지식기반사회의 변화

인류는 역사적으로 농경중심사회, 산업중심사회, 지식기반사회의 사회구조적 흐름에 따라 변화해왔다. 농경사회는 가장 오랜 시기동안 유지되어왔으며 농업생산체제에 기반한 사회이다. 근대사회와 흐름을 같이하는 산업사회는 농업중심의 사회에서 본격적인 공업화 및 도시화를 이뤄가는 시기이다. 공업화는 대규모공장의 기계화를 중심으로 한 대량생산과 대량소비가 이루어진다. 공장의 생산방식 대규모화는 교육을 통한 성실하고 반숙련성이 확보된 노동력의 풍부한 확보가 무엇보다 요구되어진다. 청소년의 사회화와 공업화가 요구하는 노동인력의 양성을 담당하는 교육은 표준적인 교육과정에 의거하여 교사들이 계획에 의한 의도적 교육활동이 이루어지게 된다.

〈표 1〉 사회적 변화에 따른 양상들

	농경사회	산업사회	지식/정보사회
주요산업	농업, 어업	공장제	서비스, 지식산업
핵심가치창출	토지, 자연력	자본, 노동	지식
생산형태	소품종소량	소품종대량	다품종대량/소량
노동	단순노동	숙련노동(skilled)	지식노동(creative)
의사결정	시행착오, 상식	실험, 경험	시스템, 모델
변화속도	아주 느림(3000년)	느림(300년)	빠름(3-30년)
주요역량	R	3R	3C+4C+3I
인재상	근면, 체력	근면성실, 모범생	창조인
교육	가정	학교교육	평생학습

3R (reading, writing, arithmatic), 3I (information, intelligence, innovation)
3C (change, customer, competition), 4C (computer, communication, creation, collaboration)
※ 출처 : 삼성, 벨, 토플러, 드러거 등의 논의를 종합하여 정리한 것임

산업사회에서 학교는 안정적이고 체계화된 교육기관으로 중심적인 자리를 잡게 된다. 교사는 미리 정해진 교육과정과 교육계획에 따라 청소년들을 가르치고 지도하는 역할을 담당하게 된다. 청소년들은 산업사회가 요구하는 자질과 능력을 길러가야

하는 존재이며, 교사의 가르침에 충실하게 따르며 반복적인 노력을 통해 배우고 익히도록 해나가야 한다. 가르치는 일은 교사의 전유물이며 청소년은 오직 배우는 역할만을 부여받게 된다. 이 과정에서 교사는 완전한 형태이며 객관적인 것을 가르치는 것으로 설정된다. 이러한 학교교육의 방식이 갖는 여러 문제점에도 불구하고 산업사회의 요구를 충실하게 수행하며 교육받은 청소년들의 안정적인 직업세계로의 이동을 준비하는데 효과적인 측면이 강조되어 왔다.

우리 사회가 본격적으로 맞이한 지식정보사회는 선진국으로 도약을 이루기 가는 시기이다. 지식기반사회(knowledge based society)는 과학기술발전 및 자동화를 중심으로 대량생산과 병행되어 고품질의 소량생산과 소량소비가 일어나는 사회이다. 지식기반사회는 무엇보다 지식의 정보화가 이루어진 사회로 교육측면에서 지식의 정보화 보다 정보의 지식화가 더 중요하다. 지식을 정보화하는 것은 지식의 확산에 기여하지만 정보를 지식화 하는 것은 보다 높은 사회적 가치를 창출할 수 있는 지식의 습득과정을 강조한다. 지식정보사회의 사회화 및 인력양성을 담당하는 교육은 다양화고 전문화된 교육과정에 의거하여 학습자들의 학습활동을 촉진하기 위한 교사의 교육활동을 중점에 둔다. 이제 학교교육은 청소년들이 배우거나 알아야 할 지식이나 정보의 유일한 원천이 될 수 없다. 학교는 과거와 달리 지식이나 정보전달에 주력할 것이 아니라 청소년들이 획득한 정보를 바탕으로 한 지식의 구성에 초점을 맞추어야 한다. 그러나 학교교육은 변화에 대응하기 위한 여러 노력에도 불구하고 산업사회에 체계화 된 교육목표 및 교육과정을 유지하고 있으며, 교사는 가르치고 학생은 배운다는 설정속에서 머물게 됨으로써 과거와는 달리 학교교육의 위기와 붕괴를 경험하기도 한다.

교육붕괴, 학교위기, 학급붕괴, 교실붕괴 등의 위험성을 나타내는 연구들은 공통적으로 지금까지의 학교교육이 새롭게 질적으로 변화해야 함을 강조하고 있다. 지금의 교육현장은 21세기 학생을 대상으로, 20세기 학교에서, 19세기 교사들이 가르치고 있다는 표현처럼 지식기반사회의 새로운 교육에 대한 변화를 이루는데 실패하고 있음을 의미한다. 지식기반사회에서 학교교육의 위기를 살펴보면 다음과 같다. 첫째, 학교교육은 여전히 암기위주의 입시교육으로 청소년들이 단편적인 지식만을 암기하도록 하고 있다는 것이다. 지식기반사회에서 청소년은 지식의 정보화를 넘어 정보의 지식화를 이룰 수 있도록 다양한 능력과 적성을 계발하고 창의성을 신장시키도록 해야 한다. 둘째, 학교교육은 보다 권위적이며 지배적이다. 청소년들의 다양한 관심이나 요구를 수렴하기보다는 기존의 학교틀이나 교육제도에 맞추어 청소년을 관리하거나 억압하려고 한다. 지식기반사회의 교육은 다양한 경로를 통하여 이루어지며 교사와 청소년간의 수평적인 상호작용이 촉진되어야 한다. 셋째, 획일적인 교육행정으로 교사의 자율성이 보장받지 못하고 있다. 교사는 단지 정해진 교과나 지식을 청소년에게 전달하는 전달자의 역할이 이루어지고 있다. 지식기반사회에서 교사는 전달자를 넘어서 청소년들이 지식을 수용하고 변용하여 새롭게 창조할 수 있도록 촉진자의 역할을 수행할 수 있어야 한다. 넷째, 이름있는 대학진학과 성공을 위한 지나친 교육열과 입시위주의 교육은 청소년의 균형적인 발달과 성장을 위협하고 있다. 과도한 성적중심과 결과중심의 학교교육 분위기에서 청소년들은 지·덕·체의 불균형적인 발달에 놓여지게 된다.

2. 교육중심에서 학습중심으로 확대

지식기반사회에서 교육은 학교라는 장소와 시간에 갇혀있는 교육을 열고 해방시켜 학습자의 삶의 양식으로서 교육적 관계를 복원하며 교육에 대한 새로운 패러다임으로 전환하려는 시도이다. 학교라는 제도교육안에 갇혀있던 학습의 존재가 사회적 실천성 안으로 들어오게 된다(한숭희, 2002). 학습중심은 청소년의 학습능력과 학습자발성을 신뢰하고 존중하며 주체적 학습활동을 정당화하는 철학이다. 학습활동은 교사에 의하여 촉진될 수 있지만 무엇보다 청소년학습자 자신의 적극적 학습활동에 의하며 학습이 이루어지는 것이지 교사가 가르친다고 학습이 이루어지는 것이 아니라고 제시한다. 청소년의 학습을 돕기 위하여 교육이 필요한 것이지 교사를 위하여 청소년이 존재하는 것이 아니다. 청소년의 학습은 특별한 장으로서 학교에서만 이루어지는 것이 아니라 학교안팎을 포함하는 삶의 세계에서 이루어지는 것이다(김신일, 1995). 교사는 청소년들에게 지식을 전달하는 기능을 통해 교육하는 것이 아니라 교사 스스로가 학습하고 발전하는 모습을 학생들과 함께 하는 가운데 청소년들의 지적이며 정의적 성장을 간접적으로 촉진할 수 있다. 학습하기를 멈춘 교사를 통해 청소년들의 학습을 기대하기 어렵다.

청소년지도에서 교과과정적인 형식교육에 의해 조절되어지는 비형식교육이 존재하여 왔으나 비형식교육적인 방법은 점차 약화된 측면이 있다. 비형식교육적 전통이 강한 청소년지도는 현실에서 적지 않은 어려움에 놓여있다. 청소년지도는 교육과정의 실천과 유사한 과정의 교육과정으로 제공되어 지고 있다. 청소년지도의 요구과정은 주제영역의 리스트, 목적이나 목표의 제시가 아닌 유기적 과정이다. 교육과정은 청소년지도의 한 가지 목적을 갖고 있으며 절차 및 결과의 평가를 가능하도록 한다. 청소년지도는 무형식교육으로부터 멀어진 전이와 유용성이 제한된 형식교육에 의해 통제되어지기도 한다. 교육과정에 기초한 청소년지도는 다양성과 차이가 인정되어져야 할 때 청소년을 동질적으로 다루는 형식교육과 동일한 틀에 기초하여 설정되기도 한다. 청소년지도는 측정가능한 결과물에 대한 유혹으로 점차 형식교육에 휩쓸려가기도 한다.

형식교육, 비형식학습 및 무형식학습을 구성하는 합의가 부족한 상황이며, 이러한 방법들 사이에 경계가 명확하지는 않다. 실제 목적, 교과구조, 평가방식 등에 대한 무형식의 형식화를 하려는 경향이 있어왔다. 형식교육은 주로 학교에서 이루어지는 것으로 매우 구조화된 교육과정으로 매우 계획적이며 체계화되어있거나 표준화되어 있다. 형식교육에서 교사는 지시적인 형태를 띠며 학습자에게 요구되는 지식으로 의무적이거나 강제성이 높다. 형식교육은 외적동기화의 성격이 강하고 학습에 대한 평가를 받고 인증적이다.

비형식교육은 주로 학교밖 시설이나 제도를 통해 이루어지며 대체로 구조화되어 있으며 계획적이며 조직화된 교육과정이다. 비형식교육은 다양하며 비체계화된 성격도 띠고 있으며 일부는 확립적으로 마련되어 있으며 일부는 실제적 상황에서 마련된다. 교수자에 의해 대체로 지원적이지만 내적 및 외적동기화된 자발적 학습이 이루어지기도 한다. 비형식교육은 의도적 학습이며 대체로 학습평가가 없으며 비인증적 성격을 띄고 있다. 무형식학습은 청소년이 있는 곳이며 어디에서나 이루어지며 특정한 교육과정이 없이 비계획적이며 비구조화되어 있다. 무형식학습은 다양하게 이루어지며 상황적이며 실제적 운영되며 학습자에 의해 내적동기화된 자발적이며 우발적 학습이다. 무형식학습은 대체로 학습자에 의해 주도되며 학습평가가 없으며 비인증적인 성격이 있다.

〈표 2〉 형식교육, 비형식교육, 무형식교육의 차이

형식교육	비형식교육	무형식교육
주로 학교에서	학교밖 시설/제도	어디에서나
지시적	대체로 지원적	지원적
매우 구조화된	구조화된	비구조화된
교육과정	조직화된 교육과정	교육과정이 없는
매우 계획적	계획적	비계획적
표준화/체계화	다양화/비체계화	다양화/
합리적 인식의	일부 확립적-일부 실제적	상황적-실제적
외적동기화된	내적-외적 동기화된	내적 동기화된
의무/강제적	자발적	자발적
요구되는 지식	자기결정된 관심	자기 의도적
의도적 학습	의도적 학습	우발적 학습
교사주도적	교사주도/안내되는	대체로 학습자주도
학습평가 받는	대체로 학습평가 없는	학습평가 없는
인증적	대체로 비인증적	비인증적
연속적	대체로 비연속적	비연속적

출처 : Eshach(2006), Eraut(2000), Livingstone(2001) 등을 토대로 구성

학습중심으로 확대한 청소년의 학습행위는 형식교육, 비형식교육, 무형식교육 등 3가지 유형별로 나타날 수 있다(Coombs & Ahmed, 1974; Eshach, 2006). 비형식교육은 기존교육과는 다르며 새로운 학교밖 대응의 일환으로 시도되었다. 이미 학교밖 교육과 교수-학습을 위한 지역사회자원의 중요성에 대한 여러 관심이 있었으며, 비형식교육은 이러한 노력을 관심을 보다 체계화시키고 있다. 이러한 학습주의는 가르쳐서 배운 것만을 교육이나 학습이라고 보는 관점에서 벗어나 가르치지 않고 배우는 것, 배우지 않도록 방치하거나 오히려 배우지 못하도록 방해하는 가운데 습득된 것, 학습을 거부하는 것 자체도 학습에 포함하고 있다(한숭희, 2002).

Ⅱ. 청소년역량개발

1. 학교교육의 역량개발

2009 개정 교육과정에서는 지식기반사회의 요구를 반영하고 있다. 우리나라의 교육은 홍익인간의 이념 아래 모든 국민으로 하여금 인격을 도야하고, 자주적 생활능력과 민주 시민으로서 필요한 자질을 갖추게 하여 인간다운 삶을 영위하게 하고, 민주 국가의 발전과 인류 공영의 이상을 실현하는 데 이바지하게 함을 목적으로 하고 있다. 개정 교육과정에서 추구하는 인간상은 미래 사회가 요구하는 창의적인 인재이다. 창의적 인재는 자신의 창의성을 길러 개인의 발전과 사회에 공헌하는 사람으로 창의적으로 사고하고 창의적인 문제해결능력이 있고 효과적인 새로운 산출을 해낼 수 있는 사람이다. 창의적 인재는 창의성을 발휘하여 새롭고, 가치있는, 어떤 것을 산출해 내는 능력을 갖춘 사람이다(조연순, 2011). 교육과정의 교육적 인간상은 자주인, 창의인, 문화인, 세계인 등이다. 자주인은 지덕체의 고른 발달, 개성의 발휘, 진로개척, 자기주도성 등을 포함한다. 창의인은 기초능력 구비, 확산적 사고, 문제해결능력, 독창성, 새로운 가치 창출능력 등이다. 문화인 다양한 문화적 소양, 다원적 가치에 대한 이해, 삶의 질 추구 등이다. 세계인은 의사소통능력, 세계시민의식, 지구공동체 문제해결능력, 인류공영, 배려와 나눔 등을 함의하고 있다.

교육목표를 교급별로 보면 다음과 같다. 첫째, 초등학교의 교육목표는 학생의 학습과 일상생활에 필요한 기초 능력 배양과 기본 생활 습관을 형성하는 데 중점을 둔다. (1) 풍부한 학습 경험을 통해 몸과 마음이 건강하고 균형 있게 자랄 수 있도록 하며, 다양한 일의 세계에 대한 기초적인 이해를 한다. (2) 학습과 생활에서 문제를 인식하고 해결하는 기초 능력을 기르고, 이를 새롭게 경험할 수 있는 상상력을 키운다. (3) 우리 문화에 대해 이해하고, 문화를 향유하는 올바른 태도를 기른다. (4) 자신의 경험과 생각을 다양하게 표현하며 타인과 공감하고 협동하는 태도를 기른다. 둘째, 중학교의 교육목표는 초등학교 교육의 성과를 바탕으로, 학생의 학습과 일상생활에 필요한 기본 능력을 배양하며, 민주시민의 자질 함양에 중점을 둔다. (1) 심신의 건강하고 조화로운 발달을 추구하며, 다양한 분야의 경험과 지식을 익혀 적극적으로 진로를 탐색한다. (2) 학습과 생활에 필요한 기초 능력과 문제 해결력을 바탕으로 창의적 사고력을 기른다. (3) 자신을 둘러싼 세계에 대한 경험을 토대로 다양한 문화와 가치에 대한 이해를 넓힌다. (4) 다양한 소통능력을 기르고 민주시민으로서의 자질과 태도를 갖춘다. 셋째, 고등학교의 교육목표는 중학교 교육의 성과를 바탕으로, 학생의 적성과 소질에 맞는 진로개척 능력과 세계 시민으로서의 자질을 함양하는데 중점을 둔다. (1) 성숙한 자아의식을 토대로 다양한 분야의 지식과 기능을 익혀 진로를 개척하며 평생학습의 기본 역량과 태도를 갖춘다. (2) 학습과 생활에서 새로운 이해와 가치를 창출할 수 있는 비판적, 창의적 사고력과 태도를 익힌다. (3) 우리의 문화를 향유하고 다양한 문화와 가치를 수용할 수 있는 자질과 태도를 갖춘다. (4) 국가 공동체의 발전을 위해 노력하며, 세계 시민으로서의 자질과 태도를 기른다.

지식기반 사회에서 일상생활은 물론 직업생활을 성공적으로 수행하기 위해서는 읽고 쓰고 말하는 기초능력 뿐만 아니라 문제의 원인을 규명하고 비판적으로 사고하며 다른 사람을 설득하고 갈등을 해결하는 등 생애에 걸쳐 요구되는 역량이 중요하다. 지식기반 사회에서는 기존에 존재하는 사실이나 지식에 대한 단순한 수용이나 암기보다는 창의력과 같이 새로운 지식을 창출하거나 기존의 지식들을 종합하는 능력으로 핵심역량이 강조된다(김기헌외, 2009).

핵심역량이란 학습될 수 있는 것으로, 지적능력, 인성(태도),기술 등을 포괄하는 다차원적(multidimensional) 개념이다. 향후 직업세계를 포함한 미래의 삶에 성공적으로 대처하기 위해 필수적으로 요청되는 능력이다. 핵심역량이란 올바르게 인지하고 판단하고 그것을 행동으로 옮길 수 있는 능력으로 구성된다. 따라서 불가피하게 가장 중요한 사실들을 이해할 수 있는 능력을 전제로 하는 복합적인 능력이다(윤현진 외, 2007). 핵심역량은 세계를 이해하는데 필수적인 지식, 기본적인 교과내용 지식을 전제로 하고 있다.

핵심역량의 특징을 살펴보면 다음과 같다. 핵심역량은 선천적으로 타고나거나 결정되는 것이 아니라 학습될 수 있다. 비정규 교육은 물론 학교교육의 역량기반 교육과정을 통해 길러질 수 있음을 전제로 한다. 핵심역량은 개인으로서 또는 사회인으로서 성공적이고 행복한 삶을 유지하기 위해 기본적으로 갖추어야 할 보편적 능력을 가리킨다(이광우 외, 2009). 직업적이고 사회적인 삶을 영위할 수 있는 능력뿐만 아니라, 인간적이고 개인적인 측면에서도 유의미한 삶을 살아나가기 위해 필수적인 능력을 포괄하여 핵심역량이라고 규정한 것이다. 학교교육의 역할을 미래 직업세계나 경제 발전에 복무할 수 있는 역량을 양성하는 것으로 한정하기보다는(전효선 외, 2011), 21세기 미래 정보화 사회에서 특정 개인이 타인과 더불어 온전한 삶을 영위할 수 있도록 개인의 역량을 강화(empowerment)하는 것으로 재해석되어야 한다.

핵심역량은 특정한 사회맥락에 따른 사회적 요청과 학습자들의 주체적인 실천과정을 종합적으로 고려하여 다양하게 제시될 수 있다. 미래 한국인의 핵심 역량 증진을 위해 초중등학교 교육에서 강조해야 하는 핵심역량으로 창의력, 문제해결능력, 의사소통능력, 정보처리능력, 대인관계능력, 자기관리능력, 기초학습능력, 시민의식, 국제감각, 진로개발능력 등이 제시되었다(김경훈외, 20123). 첫째, 창의력은 사고기능과 사고성향으로 구분되며 사고기능은 유창성, 융통성, 독창성, 정교성, 유추성이 해당되며 사고성향은 민감성, 개방성, 독립성, 과제집착력, 자발성 등이다. 둘째, 문제해결능력은 문제의 발견, 문제의 명료화, 해결대안의 탐색, 대안의 실행과 효과검증 등이다. 셋째, 의사소통능력은 경청(듣기) 및 공감, 이해 및 반응, 다양한 상호작용 기술이다. 넷째, 정보처리능력은 정보수집 분석 평가, 정보전달 공유, 정보활용, 정보윤리 등이다. 다섯째, 대인관계능력은 인내력(타인이해 및 존중태도), 정서적 표현능력, 타인과의 협동 및 정적 관계유지, 갈등의 조정 및 해결 등이다. 여섯째, 자기관리능력은 자아정체성, 긍정적 사고(태도), 실행력, 기본생활태도, 자기주도적 학습능력, 여가선용, 건강관리 등이다. 일곱째, 기초학습능력은 읽기, 쓰기, 셈하기가 해당하며 여덟째 시민의식은 공동체의식, 신뢰감 및 책무성, 민주적 생활방식, 준법정신, 환경의식 등이다. 아홉째, 국제감각은 자문화계승 발전, 다문화이해, 국어 소양, 문화감수성 등이며 열번째, 진로개발능력은 진로인식, 진로탐색, 진로개척이 해당한다.

〈표 3〉초중등학교 교육에서 강조해야 하는 핵심역량(안)

핵심역량	요 소(내 용)
창의력	사고기능: 유창성, 융통성, 독창성, 정교성, 유추성 사고성향: 민감성, 개방성, 독립성, 과제집착력, 자발성
문제해결능력	문제의 발견, 문제의 명료화, 해결대안의 탐색, 대안의 실행과 효과검증
의사소통능력	경청(듣기) 및 공감, 이해 및 반응, 다양한 상호작용 기술
정보처리능력	정보수집 분석 평가, 정보전달 공유, 정보활용, 정보윤리
대인관계능력	인내력(타인이해 및 존중태도), 정서적 표현능력, 타인과의 협동 및 정적 관계유지, 갈등의 조정 및 해결
자기관리능력	자아정체성, 긍정적 사고(태도), 실행력, 기본생활태도, 자기주도적 학습 능력, 여가선용, 건강관리
기초학습능력	읽기, 쓰기, 셈하기
시민의식	공동체의식, 신뢰감 및 책무성, 민주적 생활방식, 준법정신, 환경의식
국제감각	자문화계승 발전 다문화이해 국어 소양 문화감수성
진로개발능력	진로인식 진로탐색 진로개척

출처 : 김경훈외. 2012

핵심역량은 인성역량, 지적역량 및 사회적역량으로 구분될 수 있다. 첫째, 인성역량은 인간 성품 계발과 관련된 역량이다. 자기 존중과 수용, 잠재력 개발, 자기통제와 조절능력 등 개인 차원이나 개인 자격으로 타인을 만나 발생하는 관계 속에서 필요한 역량이다. 인성 역량은 그 정의에서부터 자신에 대한 올바른 이해를 토대로 스스로를 존중하고 수용하며, 자기 통제와 조절능을 함양하고, 나아가 올바른 현실감각을 토대로 공감적 이해능력을 갖추고 타인을 존중하는 태도 등을 포괄한다(한국교육학회, 1998; 안범희, 2004).

〈표 4〉 핵심역량별 구성요소

주요 역량	교육요구	역량의 구성요소
인성 역량	삶의 질을 높이는 교육 과학기술 발달로 인한 인간 소외를 해소하는 교육 교육대상자의 다원화: 외국인(아시아권) 학생들 및 다문화가정 출신학생 급증- 다문화 교육: 세계 시민, 국제이해 교육, 학교와 지역사회의 연계 강화	(1) 도덕적 역량(도덕의식, 도덕적 감수성 등) (2) 자아정체성 (3) 개인적·사회적 책무성 (4) 대인관계 능력 (5) 시민의식(공공의식, 참여와 공헌 등) (6) 개방성 및 유연성(타인에 대한 배려와 관용 등) (7) 의사소통능력 (8) 자기관리능력 등
지적 역량	- 학습코칭, 자기주도적 학습 - 평생학습기반 구축 - 삶과 교육·문화의 연계 - 진로교육 활성화 - 학교학습과 직업간 연계성강화/평생직업능력개발 - 삶의 질을 높이는 교육 - 교육체제의 유연화 - 가상현실을 이용한 학습환경/사이버 학습 - 지능형 학습로봇 개발 - 해외 이러닝 콘텐츠 - 디지털 교과서 - 스마트러닝/u러닝 - 평생 학습 사회 - 간학문적, 범교과적, 융합학문적 교육 - 고급융합기술 인력양성 - 통섭형 인재양성 - 학제간 통합교육	(1) 자기주도적 학습능력(자기관리 능력 포함) (2) 문제해결력 (3) 비판적/창의적 사고력 (4) 기초학습능력 (5) 정보활용능력(정보 진위 및 가치 판단능력, ICT소양/정보문해력 등) (6) 의사소통능력 등
사회 역량	- 교육대상자의 다원화: 외국인(아시아권) 학생들 및 다문화가정 출신학생 급증 - 세계화 확대에 따른 교육경쟁 심화 - 세계 시민 교육 - 국제이해 교육 - 학교와 지역사회 연계 강화 - 다문화이해교육 - 교육 양극화에 대한 개선 요구/교육격차 해소 요구 - 교육기회의 형평성/교육복지증진 요구 친환경 교육/인간중심 사고를 벗어난 생태 중심 사고 - 지속가능발전교육	(1) 대인관계 능력 (2) 개인적·사회적 책무성 (3) 의사소통능력 (4) 시민성(지역/글로벌 시민성, 민주시민의식 등) (5) 참여와 공헌 (6) 도덕적 역량 (7) 비판적 사고력 등

자료 : 곽영순외(2012)

둘째, 지적역량은 학습역량과 창의적 사고능력 등을 포괄하는 것이다. 기본소양 준비를 기초로 문제를 해결하고 그 과정 속에서 비판적·창의적 사고를 발휘하는데 필요한 역량이다. 지적역량에는 학습역량(이광우 등, 2009)과 창의적 사고능력이 포함된다. 학습역량에는 자기를 실현하기 위한 기초능력의 일환인 기초학습능력과 자기주도적 학습능력이 포함되며, 궁극적으로 이러한 학습역량을 토대로 창의적 인재로서 각 개인의 잠재력을 계발할 필요가 있다. 셋째, 사회적 역량은 시민으로서 사회생활을 해나가기 위해 요구되는 역량이다. 사회에서의 생존 능력 및 지역이나 글로벌 공동체 등 공동체내에서 사회생활을 영위하기 위한 역량이다. 사회생활 능력과 직무수행능력을 포괄하며, 사회적 소통을 중시하고 참여를 통해 문제를 인식하고 사회생활 속에서 자신의 위치나 진로를 개척한다. 사회적 역량은 공동체에서 성공적으로 살아가기 위해 지역과 지구촌의 시민교육과 인적자원으로서의 직무수행역량으로 구성된다.

2. 청소년지도의 역량개발

청소년활동 혹은 청소년지도에서 청소년의 역량개발을 위한 논의들이 있어왔다. 청소년분야에서 청소년역량은 청소년기에 갖추어야 할 보편적인 능력이다. 학생의 본분으로서 학업수행능력, 생활에 도움이 되는 자질과 도덕적 기준과 가치관, 태도 등 청소년의 성장과 발달과정에서 부족한 점을 반드시 충족해야 하는 생애역량의 개념과 맥을 같이 한다. 청소년기의 역량은 청소년들이 해당 시기에 보편적으로 가져야 할 모든 능력을 의미하게 된다.

청소년활동의 역량군에는 자아역량, 갈등조절역량, 문제해결역량, 성취동기역량, 대인관계역량, 리더십역량, 신체역량, 시민성역량 등 8개 역량군으로 나뉘어진다(권일남·최창욱, 2011). 자아역량군은 인간의 내면적 잠재성을 구성하는 요소로 자아정체감, 자아존중감, 가치관, 행복추구, 자기통제 및 조절 등이 해당한다. 갈등조절역량군은 청소년기의 신체적이며 정신적 변화속에서 관계형성과 유지에 영향을 미치는 갈등을 효과적으로 다루어 친구를 사귀고 친구관계를 유지하게 하거나 자신과 관련된 사람과의 긍정적 관계를 형성하고 계발해 나가도록 하는 능력으로 가족이해,

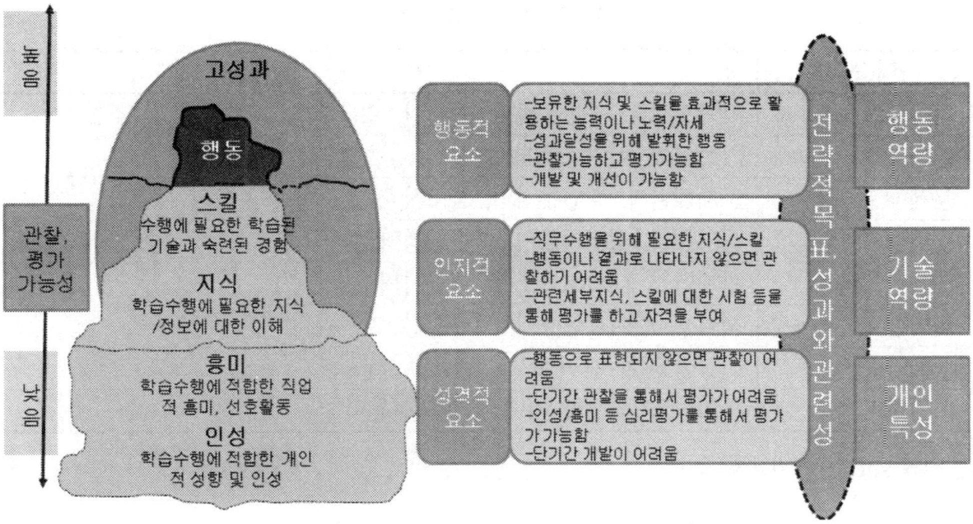

〈그림 1〉 청소년활동의 역량요소

자료 : 권일남·최창욱, 2011

학업스트레스 등이다. 문제해결역량군은 자신에게 주어진 상황이나 현상을 적극적으로 해결해 내는 힘으로서 단순한 문제를 파악하는 것에서부터 인지적이고 심리적 연속선상에서 주어진 문제의 연결을 할 수 있는 힘을 보완해 내는 능력으로 문제해결력, 원인분석력, 창조적 사고, 설득, 종합적 사고력 등이다. 성취동기역량군은 훌륭한 과업을 달성하는 과정에서 만족을 느끼고 지속적으로 성취 목표를 달성하기 위하여 노력하는 내적 의욕 또는 내적 성향으로 동기유발, 성취지향성, 학습실행력 등이 해당한다.

대인관계역량군은 서로의 관계를 원활하고 긍정적인 관계로 형성하도록 유지하며 타인과의 간극을 좁히기 위한 개인의 적응력으로 관계형성, 대인의사소통, 대인이해 등이다. 리더십역량군은 구성원으로서의 자신의 역할과 책임을 충분히 인식하고 최선을 다해 해야 할일을 수행하며 책임회피와 전가를 하지 않고 끝까지 목표를 완수하는 능력으로 책임성, 언어표현능력, 의사결정, 자신감 등이 해당한다. 시민성역량은 민주시민으로서의 자질과 능력을 바탕으로 청소년으로서의 권리의식과 사회참여를 위해 노력하며 이타성과 봉사적 감각을 수반하고 지역사회에 건전한 사회인으로 성장할 수 있는 능력으로 사회성, 지역사회 기여, 참여의식능력 등이 해당한다.

〈표 5〉 청소년활동의 역량

역량군	역　　량
자아역량	자아정체감, 자아존중감, 가치관, 행복추구, 자기통제 및 조절
갈등조절	가족이해, 학업스트레스
문제해결역량	문제해결력, 원인분석력, 창조적 사고, 설득, 종합적 사고력
성취동기역량	동기유발, 성취지향성, 학습실행력
대인관계역량	관계형성, 대인의사소통, 대인이해
리더십	책임성, 언어표현능력, 의사결정, 자신감
신체역량	건강한 신체/관리능력
시민성역량	사회성, 지역사회 기여, 참여의식능력

자료 : 권일남·최창욱, 2011

〈표 6〉 도구 활용 관련 청소년 생애핵심역량

영역	구성요소	핵심역량
지적도구 활용	언어, 상징, 문자를 상호적 사용	읽기 능력, 쓰기 능력, 말하기 능력, 듣기 능력, 외국어 능력
	지식과 정보를 상호적으로 사용	수리 능력, 과학 능력
	기술을 상호적으로 사용	정보 활용 능력, 기술 활용 능력, 기타능력
사회적 상호작용	관계지향성	적극적 경청, 사람 신뢰, 주변 사람과의 접촉과 질의 양, 공공에 대한 신뢰
	사회적 협력(협동)	시민의식, 소속감, 만족감
	갈등관리	문제인식해결, 이민자에 대한 태도, 다양한 가치의 수용 정도, 다수 정당 존재이유
자율적 행동	거시적 맥락속에서 행동	패턴이해, 체계이해, 행동의 결과 인지, 행동의 선택
	목표 및 과제를 수립하고 실천	목표 및 과제설정, 계획수립, 수행, 평가
	권리, 이익의 한계를 알고 요구	흥미 이해, 규칙과 원리 이해, 욕구·권리, 대안 제시
사고력	비판적 사고기술	해석, 추론, 분석, 평가, 설명
	비판적 사고성향	진실추구성, 개방성, 탐구성, 객관성, 체계성, 자기신뢰성

자료 : 김기헌외, 2010

청소년 핵심역량은 OECD의 DeSeCo프로젝트에서 제시한 핵심역량을 토대로 하여 제시될 수 있다(김기헌외, 2010) OECD는 핵심역량을 지식기반 사회에서 필요로 하는 능력으로 단순한 수용이나 암기보다는 창의력과 같이 새로운 지식을 창출하거나 기존의 지식들을 종합하는 능력으로 정의하고 있다. 청소년 핵심역량은 DeSeCo의 지적도구 활용, 사회적 상호작용, 자율적 행동, 사고력 등 4가지 영역으로 구분된다. 첫째, 지적도구활용은 언어, 상징, 문자를 상호적 사용, 지식과 정보를 상호적으로 사용, 기술을 상호적으로 사용 등이 해당한다. 둘째, 사회적 상호작용은 관계지향성, 사회적 협력(협동), 갈등관리 등이 해당하며 셋째, 자율적 행동은 거시적 맥락속에서 행동, 목표 및 과제를 수립하고 실천, 권리, 이익의 한계를 알고 요구 등이다. 사고력은 비판적 사고기술, 비판적 사고성향 등이다.

청소년의 생활역량은 개인적 측면과 사회적 측면으로 구분된 6가지 하위생활역량으로 제시될 수 있다(윤명희·김진화, 2006). 생활역량은 개인적 측면인 자기조절역량, 자기성취역량이 있으며, 사회적 측면인 대인관계역량, 공동체역량, 창의성역량, 상황대처역량 등이 있다. 자기조절역량은 다양한 상황에 따라 감정과 신체를 조절할 수 있고, 시간 및 소비행위를 합리적으로 관리하고 통제할 수 있는 능력이다. 자기성취역량은 자발적인 성취동기를 형성하여 목표를 설정하고 진로를 탐색할 수 있는 능력이다. 대인관계역량은 자신의 의사를 표현하고 타인의 감정과 의도를 이해하며, 원만한 관계를 형성·유지하고 갈등을 조절할 수 있는 능력이다. 공동체역량은 공동체 구성원으로서 매너를 갖추고 봉사·참여·협력하여 리더십을 발휘할 수 있는 능력이다. 창의성역량은 주어진 과제와 직면한 문제를 창의적이고 합리적으로 결정하고 해결할 수 있는 능력이다. 상황대처역량은 문제 상황에서 합리적으로 판단하고 적절히 대처할 수 있는 능력이다.

〈표 7〉 청소년 생활역량의 영역체계

역량	생활기술	정 의
자기 조절 역량	감정조절기술	개인의 성향과 외부환경의 인식과 자신의 감정을 다스리는 기술
	신체관리기술	자신의 신체를 단련하고 관리하는 기술
	시간활용기술	시간을 계획하고 효율적으로 활용·관리하는 기술
	합리적소비기술	소비욕구를 조절하고 건전한 경제습관을 형성하는 기술
자기 성취 역량	동기형성기술	자발적인 동기를 형성하고 적극적인 행동을 결심하는 기술
	목표성취기술	비전을 가지고 구체적인 목표를 설정하고 계획하는 기술
	진로탐색기술	자신의 적성/흥미 이해와 진로 및 직업을 탐색·준비하는 기술
대인 관계 역량	표현기술	자신의 감정이나 의사를 타인에게 효과적으로 표현하는 기술
	경청기술	타인의 감정이나 의도를 정확히 파악하고 정리하는 기술
	관계형성기술	타인과 폭넓고 친밀한 관계를 형성하고 유지하는 기술
	갈등조절기술	자신과 타인의 갈등을 조절하고 제3자간의 갈등을 중재하는 기술
공동체 역량	매너기술	구성원으로서 예의를 갖추고 규칙을 준수하는 기술
	봉사참여기술	타인과 사회를 위해 봉사활동에 참여하여 헌신하는 기술
	협력기술	공동의 목표를 위해 협력하고 실천하는 기술
	리더십기술	구성원의 자발적인 행동을 이끌어 내는 리더십을 발휘하는 기술
창의성 역량	창의적기획기술	창의적인 사고를 통해 실현가능한 방법과 절차를 계획하는 기술
	의사결정기술	일상생활에서 적극적이 합리적으로 의사결정을 하는 기술
	문제해결기술	일상생활에서 주어진 과제나 문제를 체계적으로 해결하는 기술
상황 대처 역량	휴대폰중독대처기술	과도한 휴대폰사용의 병리적 생활습관을 극복하고 대처하는 기술
	인터넷중독대처기술	과도한 인터넷사용의 병리적 생활습관을 극복하고 대처하는 기술
	유해물질대처기술	흡연·음주·약물의 유해성을 인식하고 유혹에 대처하는 기술
	폭력대처기술	신체 및 정신적 위협에 대해 신속하게 대처하는 기술

출처: 윤명희·김진화, 2007

Ⅲ. 청소년역량개발을 위한 청소년지도의 과제

청소년역량은 사회변화에 따른 사회적 요구를 청소년이 적극적이며 능동적으로 실현하기 위해 개발되어야 하는 능력이다. 청소년역량은 지식기반사회의 인재상으로 제시되고 있는 창의적 지식인 혹은 창의적 인재를 학교교육 또는 청소년지도의 목적과 비전에 따라 다양하게 마련될 수 있다. 창의적 인재로서 청소년의 역량개발을 위한 청소년지도의 과제로 청소년학습의 원리 및 청소년개발의 전략을 제시하면 다음과 같다.

1. 청소년학습을 위한 원리

청소년역량개발을 위한 청소년학습의 원리는 8가지 살펴볼 수 있다. 학습원리는 학습환경을 구조화하는 광범위한 지침을 제공하며 청소년들의 학습을 촉진하도록 한다. 학습원리는 전달의 원리와 고차원학습을 위한 기술의 원리이다.

전달의 원리로는 첫째, 청소년이 살아가는 생활세계의 균형을 촉진하도록 한다. 청소년을 위한 학습프로그램의 설계는 청소년의 학습에 영향을 미치거나 청소년과 상호작용을 하는 생활세계를 범위로 고려해야 한다. 형식학습은 청소년의 생활세계에 균형을 촉진하며 유지하는 수단의 하나이다. 공식적 학습조직의 밖에서 일어나는 관련경험들의 통합은 선행학습 과정의 인식을 통해 이루어지게 된다. 둘째, 청소년의 학습에 있어 관계와 적용이다. 청소년들이 학습해야 할 것에 대한 관련성과 즉시적인 적용은 청소년들에게 명확하게 제시되어질 필요가 있다. 청소년 학습프로그램의 내용은 청소년들과 관련되어져야 하며 직업적 결과와 평가요구 등은 명확하게 제시되어야 한다. 셋째, 내부적이며 외부적인 보상이다. 형식학습의 보상은 청소년의 내부적이며 외부적인 목적에 부합되어야 한다. 청소년의 관심이나 동기가 유지되도록 누적되어야한다. 넷째, 내용물의 보완이다. 청소년이 학습할 필요가 있는 내용물은 적정한 시간성을 고려하여 줄이거나 증가하도록 보완되어야 한다.

고등교육을 위한 원리로는 다섯째, 학습에 대한 지향이다. 청소년학습의 촉진은 점차적으로 성인교육(andragogy)적 측면이 증가하는 가운데 아동교육(pedagogy) 실천이 조화될 수 있어야 한다. 청소년학습은 교육자에 의한 직접적이며 높은 지원적 접근이 이루어져야 한다. 청소년은 교수와 학습과정에 있어 보다 능동적인 역할이 이루어지도록 지지되어야 하며, 성인들처럼 청소년들이 자신의 학습에 책임감을 증가하도록 해야한다. 청소년학습에서 학습계약의 이용, 능동적인 학습상황 및 상호협의적 학습의 형태는 권장되어진다. 여섯째, 학습자의 책임성이다. 청소년은 자신의 학습에 대해 보다 많은 책임성을 갖도록 해야 한다. 학습자의 역할과 책임성은 학습자에게 분명하게 제시되어야 하며 청소년들에게 관련되는 특성이나 기술들을 체득할 수 있도록 지도되어야 한다. 일곱째, 평가이다. 자기주도학습, 비판적 사고 및 성찰적 학습은 청소년들이 생애학습의 중요성을 연속적으로 인지하기 위한 특성이나 기술들을 개발하도록 과업평가들이 이루어져야 한다. 여덟째, 자아개념이다. 학습에 있어 청소년이 자기 확신감을 갖고 자신의 역량에 대한 자기 인식을 갖도록 하는 프로그램이 개발되고 조직되어야 한다.

2. 역량 있는 청소년 개발의 전략

청소년지도는 역량을 갖춘 청소년개발과 육성에 보다 노력해야 한다. 역량있는 청소년개발의 전략은 다음과 같이 제시될 수 있다. 첫째 지식, 기술, 그리고 삶의 방식이 변화해나가는 속도와 강도가 탄성회복력과 개인이 자원들이 효과적인 삶과 학습에 결정적인 조건을 생성해 낸다는 것을 인식하도록 한다. 둘째, 탄력적이고 역량 있는 사람의 주요 자원을 개발하도록 촉진한다. 자신의 능력들에 대한 인식, 자기 존재의 중요성에 대한 인식, 일생을 통한 개인의 영향력에 대한 인식, 자기 평가, 자기 조절, 자기 수양을 통한 개인의 감정을 다루는 역량으로 개인 내적 기술들, 의사소통, 협력, 협상, 공유, 공감, 경청 그리고 사람들과 함께 효율적으로 일 할 수 있는 역량 등의 대인 기술들, 책임감, 적응력, 유연성, 청렴함을 가지고 일상생활을 함에 있어 결과와 한계에 반응하는 역량의 조직 기술, 도덕적이고 윤리적인 원리들과 지혜와 이해에 기반을 둔 의사결정 능력으로 판단 기술들이 주요 자원에 해당한다. 셋째, 청소년들이 주요 자원을 개발할 수 있도록 가정과 학급에서 기회를 제공하도록 한다. 넷째, 종교의식, 전통, 봉사 업무 등을 청소년이 성장하고 권한부여를 위한 기회로 만들고 활용하도록 한다. 다섯째, 대화가 의미 있는 생각과 아이디어의 상호교환하는 친밀감, 신뢰 및 학습을 장려하는 중요한 과정으로서의 활용하도록 한다. 여섯째, 청소년과 친밀감과 신뢰를 쌓도록 한다. 일곱째, 대인관계를 향상시키도록 한다.

_Remind (생각다지기)

1. 지식기반사회에서 변화해 온 교육패러다임에 대해 알아봅시다.

2. 핵심역량은 어떤 특징을 가지고 있는지 알아봅시다.

3. 학교교육의 장에서 초중등학교 청소년들이 반드시 함양해야 할 핵심역량은 무엇인지 알아봅시다.

4. 청소년지도 현장에서 청소년들의 능력개발과 잠재성개발을 하기위해 촉진해야 하는 역량요소는 무엇인지 알아봅시다.

_Practice & Becoming (내 것으로 만들기)

1. 청소년을 지도함에 있어서 자신의 교육패러다임을 생각해 보고, 이유와 청소년에게 미칠 영향에 대해 기술해 봅시다.

2. 학교의 장에서 청소년들이 갖추어야 할 핵심역량의 개발을 위해 청소년지도자와 학교교사가 노력해야 할 점에 대해 기술해 봅시다.

3. 청소년현장에서 청소년지도자가 청소년의 역량개발을 촉진하기 위한 방법에 대해 기술해 봅시다.

• 제 2 부 •

역량중심의 청소년지도방법

제5장 개인중심 청소년지도방법

청소년지도방법론은 청소년들의 건전한 성장을 위한 활동 현장에서 효율적인 지도를 위한 지도방법을 연구하고 실행하기 위한 학문 분야이다. 즉, 교육목적을 달성하기 위하여 사전에 준비된 프로그램을 구체적으로 실천하는 전략과 방법으로 '어떻게 가르칠 것인가'와 '어떻게 학습을 지원하고 전개할 것인가'를 포함하는 개념이다. 우리나라에서 청소년지도의 역사가 아직 길지 못하고 학문적 체계를 갖추었다고 보기 어려운 상황에서 청소년지도를 연구하는 학자나 실천가들의 일치된 견해를 담은 교재의 출간이 쉽지 않은 상황이다. 그렇지만 아직은 완전하지 못하더라도 청소년지도현장에서 교육방법론에 대한 논의와 체계를 구축하는 작업은 계속되어야 할 것이다.

이 장에서는 청소년지도방법 중 개인중심의 청소년지도방법에 대해 설명하고 있다. 청소년지도의 궁극적인 목적은 청소년들로 하여금 그들의 잠재력을 개발하고 성장과 발전을 위한 다양한 개입을 통해 바람직하고 건전한 방향으로 성장할 수 있도록 조력하고 지원하는 일련의 과정이다. 청소년지도방법의 목적도 청소년지도의 목적을 달성하기 위한 실천적인 과정으로 보아야 할 것이다. 즉 청소년지도방법은 청소년들이 자신과 타인에 대한 이해를 바탕으로 자아존중감을 고양하고, 생활에서 겪게 되는 발달과업과 문제해결능력을 함양하도록 돕는 구체적 실천이 강조되는 학문 영역이라 할 수 있다.

개인중심청소년지도방법은 매우 다양한 형태로 이루어질 수 있는데, 크게 청소년 개인이 지도자의 지원과 도움을 받는 활동 및 학습형태와 개별적인 활동 및 학습형태로 구분할 수 있다. 본 장에서는 현재 청소년지도활동에서 많이 이루어지고 있는 멘토링, 인턴십에 대한 개념과 방법에 대해 설명하고 있으며, 청소년개인이 자기주도적으로 학습하는 형태에 대한 설명을 덧붙이고 있다.

Ⅰ. 개인중심 청소년지도방법의 필요성

아동들이 청소년기를 거치면서 다음 단계로의 전이가 자연스럽게 나타나게 된다. 아동이 청소년기를 거치면서 급격한 신체적 변화 못지않게 겪는 것이 정신적 변화이다. 이를 심리학적 측면에서 인성의 변화를 말하고 노력, 사고의 구분, 감정, 행동으로 개개인들이 보여주는 성격이 변화하게 된다. 피아제(Piaget, 1970)에 의하면 초등학교 시기에 해당하는 7-11세 동안 구체적 조작기의 특성을 나타낸다고 하였다. 이 시기 아동은 조작이 가능한데, 조작은 정보의 전환을 이해하는 정신능력으로 가역적 정신활동을 의미한다. 그러나 이 시기의 조작은 어디까지나 구체적 현실과 연결되어 있으므로 그들은 직접적으로 그리고 개인적으로 경험한 사물에 대해서만 추론할 수 있을 뿐 가설적 혹은 사실과 반대되는 명제를 추론하는 데는 어려움을 겪는다(장휘숙, 2007).

이후 청소년들은 아동과는 다른 방식으로 세계에 대한 개념을 형성하기 시작한다. 청소년들은 아동보다 더 많은 것을 알고 있을 뿐만 아니라 더 진보되고 더 유능하며 더 효과적으로 사고할 수 있다. 이 시기에 청소년들은 추상적 개념에 대한 사고와 가능성에 대한 사고가 가능하게 된다. 추상적 사고란 감각을 통해 직접적으로 경험할 수 없는 사고로서 아동기에는 가능하지 않던 사고이다. 즉, 청소년들은 사물이 눈앞에 존재하든 그렇지 않든 그 사물에 대해 머릿속으로 생각할 수 있으며 논리적으로 추론할 수 있게 된다. 가능성에 대한 사고란 실제로 존재하는 것은 가능한 것의 단지 하나의 하위요인에 지나지 않는다고 생각한다. 즉, 그들은 자신의 성격이 미래에 어떻게 변화할 것이며, 미래의 직업선택에 의해 어떤 일이 일어날 것인지를 미리 생각할 수 있다. 그런데 이러한 형식적 조작사고는 환경조건에 의해 촉진될 수 있으며, 청소년들에게 적절한 교육 프로그램을 제공하는 것은 인지발달에 매우 긍정적인 영향을 미칠 수 있다.

형식적·논리적 사고는 문제해결력과 협상 기술의 발달과 추상적인 사고를 요구하는 학문적 상황에서의 수행 능력 측면에서 중요할 뿐만 아니라, 유능감, 유대감, 통제성, 정체감의 발달 측면에서도 중요하다. 따라서 이러한 독특한 성향을 보이는 대상을 위해서는 이들에게 적합한 지도방법의 성향을 제시하여 성취동기를 제시하고 학습효과를 통한 몰입과 동기유발이 이루어져야 한다(한국청소년개발원, 2006).

청소년기는 감수성이 예민하고, 외부의 요인에 의해 영향을 많이 받는 시기이다. 그렇지만 청소년의 욕구에 비해 개인들의 욕구를 충족시켜 줄 수 있는 집단교육 프로그램의 개발은 매우 어렵다. 따라서 청소년들에게 자신의 책임과 노력을 중심으로 한 개인학습을 통해 청소년 개개인의 욕구를 충족시킬 수 있는 프로그램의 개발과 운영이 필요하다고 할 수 있다.

Ⅱ. 개인중심 청소년지도방법의 목표

청소년기는 지식의 습득뿐만 아니라 인성함양과 생활기술의 터득을 통해 향후 성인이 되었을 때 건전한 시민으로 성장하게 하는 유일하면서도 매우 중요한 시기이다. 따라서 청소년지도방법의 목적도 개인의 인성개발을 우선해야 한다. 자칫 청소년기를 잘 못 보내게 되면 형식적 사고의 인지과정을 지각하면서 개인의 인성변화의 과정을 획득할 수 있는 기회를 놓치는 우를 범할 수도 있다. 그렇지만 개인의 인성개발은 짧은 시간내에 달성되기 어려운 과제이기도 하다. 이러한 점에서 청소년기에 청소년의 개인적 특성을 변화시키기 위한 필요는 다음과 같은 점들 때문에 더욱 중요하다고 할 수 있다.

1. 자신에 대한 이해

청소년기에는 전생애 어떤 시기보다 발달이 중요시 되는 시기이다. 형식적 조작 능력의 발달과 함께 청소년들은 자신이 어떤 사람인지에 관심을 갖게 된다. 청소년기의 지적 성장은 자신에 대해 세련되고 분화된 방식으로 생각할 수 있도록 하며, 추상적이며 심리적인 특성을 갖는 존재로서의 자신을 기술할 수 있도록 하는 것이 중요하다. 이 시기를 통해 청소년들에게 자신의 흥미, 가치 혹은 기술을 검토해 볼 수 있는 기회를 제공하여야 한다. 자신에 대한 이해는 모든 지적, 행동적 특성의 기본이며, 자신에 대한 이해를 통해 여타 다른 교육 프로그램의 선택과 참여도 가능해 진다. 여기에 덧붙여 현재 자기에 대한 지각인 실제적 자기(actual self)와 미래에 되기를 원하는 이상적 가치(ideal self)간의 차이를 구분하고, 현재의 자기와 미래의 자기를 연결시킬 수 있는 다양한 교육이나 활동에 대한 인식도 가능해 진다.

2. 자아존중감과 관계 능력의 개발

청소년기에 있어 자신에 대한 이해와 자아존중감을 고양하는 것은 매우 중요한 과제이다. 자신이 존재로운 사람이라고 느낄 때 청소년들은 타인과 융통성 있고 적응적인 관계를 형성할 수 있다. 자아존중감에 영향을 미칠 수 있는 요인들은 다양한데, 특히 청소년들은 성인들에 의해 영향을 많이 받게 된다. 우선 가정에서 부모와 조화롭고 행복한 생활을 할 때, 부모나 성인들이 청소년들에게 애정적이고 많은 관심을 보일 때, 학교에서 교장선생님이나 교사로가 많은 지지를 보내줄 때, 성인들이 자신들의 문제에 대해 함께 고민하고 논의할 때, 또래의 청소년들이 자신을 높게 평가해 줄 때 청소년들은 높은 자아존중감을 가질 수 있다. 그리고 청소년기에 높은 자아존중감을 획득하고 있는 청소년들은 성인이 되었을 때도 높은 자아존중감을 유지할 가능성이 높은 특성을 가지고 있다. 우리나라의 경우 초등학교에서 중학교에 진학하면서 많은 청소년들이 자신에 대한 자아존중감이 낮게 측정되고 있다(권일남, 2012). 이는 우리나라 청소년들이 초등학교에서 중학교에 진학하면서 학교생활에서 매우 큰 변화를 겪게 되며, 일반적으로 규율과 통제가 엄격해지는 학교의 제도적 특징과 지식향상의 교육적 목표가 청소년들에게 중압감으로 작용하고 있는 것으로 이해할 수 있다. 자아존중감의 향상은 상담이나 개별교습을 통해서 이루어지는 것이 바람직하며, 이때 청소년지도자의 세심한 관심과 노력이 요구된다고 하겠다.

3. 청소년의 자율성 확립

청소년기동안 자율성의 확립이라는 의미는 관계 내에서 독립성과 자기주도적인 사람이 되는 것을 의미한다(한국청소년개발원, 2010). 자율적인 청소년은 자신의 문제에 대해 스스로 결정하고 따르는 능력을 가지고 옳고 그름의 원리에 대해 자신이 결정한 대로 삶을 유지하고 부모에게 덜 감정적으로 의존하는 것을 의미한다. 이 자율성은 청소년기뿐만 아니라 전 생애에 걸쳐 생활을 영위하고 의사결정과 행동을 하는 기준점을 제공하기 때문에 청소년기에 자율성의 확립은 중요한 과제중의 하나이다.

4. 친교성의 확립 필요

청소년들은 친구, 부모, 교사 등 여러 사람들과의 관계를 형성하게 된다. 청소년들은 또래집단을 통해 우정을 배우고 점차 이성에 대한 관계도 형성하게 된다. 인간관계를 통해 다른 사람과 관계하는 사회적 기술을 익히게 되고 타인과의 친밀한 관계를 형성하게 된다. 청소년기에는 다른 사람과의 관계를 어떻게 시작하며 유지하며 관계를 통한 긍정적인 효과들을 수용하는 기술을 익히게 된다.

Ⅲ. 개인중심 청소년지도방법의 실제

교육에서의 지도방법론은 크게 개인중심 지도방법과 집단중심 지도방법으로 구분할 수 있다. 그런데 학습의 최종 목표는 개인의 발달과 성장이라고 볼 때 모든 학습이 추구하는 궁극적인 목표는 개인의 성취에 초점이 맞추어져 있다고 할 수 있다.

청소년지도는 학교교육의 범주와는 달리 비범주적, 비형식적 특성이 강하기 때문에 자기주도적 학습형태가 매우 효과적이다. 자기주도학습의 본질은 학습자들이 참여하는 훈련과정에서의 의욕을 고취시킨다. 개인적 훈련의 필요성을 발견해 내는 기회를 제공하고, 훈련을 가장 적절히 수행할 수 있는 방법을 선택하도록 한다(정지웅, 김지자 역, 1995).

개인중심 학습은 교사나 지도자 중심의 학습과는 대조적인 형태이므로 다음의 4가지 가정이 충족되어야 한다(한국청소년개발원, 2010)

① 개인의 성숙에 있어서 필수적 요소인 자기주도성과 자발성을 가지기 위한 능

력과 욕구 안에서 성장되어져야 하며, 그 능력은 가능한 한 빨리 개발되어지고 양육되어질 필요가 있다.

② 학습자의 경험이 이를 지원하는 지도자의 전문성과 결합되어 향후의 풍부한 학습자원이 될 수 있도록 개발되어져야 한다.

③ 개인이 일상생활을 수행하고 또는 그들의 삶의 문제를 보다 적절하게 해결해야 할 필요에 의해 제시되어야 한다. 교과지식을 축적하는 식의 학교교육에서 조건화된 결과라면 청소년들에게는 경험을 통해 일을 성취하거나 문제를 풀어나가는 학습과제 중심으로 조직화되어야 한다.

④ 개인중심의 학습은 학습자들이 자기존중에 대한 필요, 성취에 대한 갈망, 성장에 대한 강력한 욕구, 성취만족, 호기심 등과 같은 내적 자극에 의한 동기화가 형성되어져야 한다.

개인중심 청소년지도방법에 있어서도 학습의 형태에 따라 첫째, 지도자와 청소년이 개별적인 과정을 통해 지도하는 형태와 둘째, 청소년이 주도적으로 학습의 전 과정에 대해 자율과 책임을 가지고 진행하는 방법이 있다.

1. 개별적 지도방법

개별적 지도방법은 청소년지도자가 개인 혹은 소수의 청소년들에게 개인적으로 실시하는 교육방법을 의미한다. 개별적 지도방법은 멘토링, 코칭, 인턴십 등을 들 수 있다.

1) 멘토링

가. 멘토링의 개념과 특성

멘토(mentor)의 기원은 고대 그리스의 신화에서 비롯된 것으로 알려져 있다. 멘토는 나이가 많고 세상사에 대한 경험이나 지식이 많은 사람이 자기보다 나이가 어린 청소년이나 성인들에게 잠재력을 충분히 개발할 수 있도록 도와주는 사람을 의미하였다. 과거에는 아버지의 친구나 친척들이 멘토로서의 역할을 하였으며, 멘티의 지식, 기술, 비전을 개발하고, 멘티를 위해 헌신을 다하는 사람이다. 멘토와 멘티의 관계에서 교육적 과정을 통해 멘티의 잠재력과 능력을 개발하여 생활에 활용함으로써 삶을 풍요롭게 해 나가는 과정이 멘토링이다. 현대사회에서 멘토링은 일반적으로 기업체, 학교 등에서 우수한 경력과 풍부한 경험을 가진 선배가 후배나 신입사원들의 능률과 적응력의 향상을 돕기 위해 활용되고 있다. 학교에서 멘토링도 이와 유사하며 우수한 능력을 소유한 선배 교사가 교육계에 새로 발을 디딘 후배 교사나 대학에서 교사 교육을 받고 있는 학생(예비교사)들을 돕는 것에 활용될 수 있다. 현대 사회에서는 의미가 많이 포괄적으로 변하여 단지 1:1로 지도하고 조언하는 것이 아니어도 선배가 후배에게 조언을 하는 자리나 행사, 프로젝트 등에 모두 멘토링이란 용어를 사용하고 있다.

크람(Kram)과 노에(Noe)는 멘토의 기능을 '개인적 도움'과 '경력개발'이라는 두 가지 측면에서의 기능을 주장하고 있다.

① 개인적인 도움 기능 : 청소년에게 심리, 정신적인 측면에서 도움을 제공하는 기능이다. 청소년들은 학교 및 가정에서의 인간관계, 학업에 대한 스트레스, 진로에 대한 고민 등 여러 가지 형태의 고민거리를 가지고 있다. 평소 고민에 대한 적절한 관리가 잘 안되면 심한 스트레스나 우울상태를 경험하게 된다. 이러한 경우 교사 혹은 청소년지도자로부터 카운슬링 및 상담을 통해 정신적 지원과 격려를 받게 되고 문제를 스스로 극복하도록 도와줌으로써 자신감을 제고시킬 수 있다.

② 경력개발 기능 : 청소년의 경력개발을 지원해 주는 기능이다. 청소년기에는 미래 직업세계에 대해 탐색하고 이를 준비하는 시기이기도 하다. 중고등학교 재학시에는 다양한 경험을 통해 자신을 이해하고, 직업세계에 대해 직·간접적으로 경험하면서 미래의 직업을 준비하는 시기이다. 청소년지도자는 일과 직업과 관련해 청소년들이 다양한 경험을 할 수 있도록 기회를 제공하고, 특정 분야의 일에 대해서는 전문적 지식을 가진 사람이 멘토로서 청소년을 지도할 수 있는 기회를 제공하여 청소년의 경력개발을 지원하는 것이 바람직하다.

나. 멘토링의 과정

일반적으로 멘토링은 '멘토와 멘티를 연결하는 과정', '멘토가 멘토링 활동을 전개하는 과정', 멘토링 활동성과에 대해 평가하는 과정으로 구분된다(최병권, 2004).

① 멘토와 멘티를 연결하는 과정

멘토와 멘티를 연결하는 과정은 멘토링에 있어서 가장 중요한 요소로 볼 수 있다. 멘티의 필요와 요구를 파악하고, 청소년을 지도할 수 있는 멘토를 찾아내어 연결시켜 주어야 한다. 도움을 필요로 하는 청소년에게 적절한 도움을 줄 수 있는 전문적인 지식과 청소년에 대한 열정과 애착을 가진 지도자를 발굴하고, 멘토와 청소년 멘티를 연결시켜 주어야 한다. 개인적인 도움을 필요로 하는 경우에는 청소년 상담에 대한 전문적인 지식과 기술을 갖추고 있어야 하며, 경력개발을 위한 멘토링의 경우는 직업에 대한 지식과 기술뿐만 아니라 청소년에 대한 애착과 열정을 갖추어야 한다.

② 멘토링 활동을 전개하는 과정

멘토링은 여러 가지 형태로 진행될 수 있다. 멘토와 멘티가 정기적인 만남을 통해 이루어지는 경우도 있고, 멘토의 일터 혹은 거주지에서 멘티가 함께 생활하면서 이루어질 수도 있다. 어떠한 경우이든 멘티가 필요로 하는 것이 무엇이며, 개발되어야 할 지식이나 기술은 무엇인지, 그리고 청소년의 요구에 부응하고 발전을 돕기 위한 최적의 방법은 무엇인지 충분히 검토 후 활동이 전개되어야 한다. 멘토는 멘티의 배경을 숙지하고 면담을 통해 활동방법을 함께 결정하는 것이 성공적인 멘토링을 위해 필요하다.

③ 멘토링 활동의 평가

멘토링에 대한 성과평가는 멘토링 과정의 전반적인 분석을 통해 당초 목표했던 멘토링의 목적을 달성하였는지를 평가하는 과정이다. 멘토링 활동 계획시 세웠던 멘토링의 목적을 달성하였는지, 과정은 적절하였는지를 평가하고, 평가 결과 부족한 부분이 있었다면 어떻게 보충할 것인지를 판단하여야 한다. 멘토링의 성과를 판단하기 위해서는 멘토링에 대한 성과지표를 명확히 설정하는 것이 중요하다. 성과지표에 따른 멘토링 사후 모니터링은 목표달성을 위한 평가기준이 되고, 차후 개선된 멘토링 활동 진행을 위한 자료로 활용될 수 있다.

2) 인턴십

가. 인턴십의 개념과 특성

인턴십은 청소년들이 기업이나 일터에서 일정기간 현장체험을 중심으로 이루어지는 교육방법을 의미한다. 청소년들은 현장경험을 통해 직업세계와 미래 희망 직업에 대해 현장감 있는 경험을 해 봄으로써 지식과 기술을 습득함과 더불어 특정한 일에 대해 직업으로서의 의미를 느끼고, 미래 직업으로서의 선호정도와 가능성 등을 탐색해 볼 수 있는 기회를 갖게 된다. 인턴십은 직장내 교육이라는 점에서 OJT(직장내 교육)과 유사한 특징을 가지고 있으나, OJT가 이미 채용된 직원에 대해 교육과 훈련을 통해 업무습득과 직장 적응을 효과적으로 달성하기 위한 교육방법이라면, 청소년에 대한 인턴십은 일과 직업에 대한 이해와 미래 직업을 현장에서 체험해 보는 교육적 과정으로서 의미를 갖는다.

최근 마이스터고등학교와 전문계 고등학교들에서 산업체에 1주일~6개월간의 인턴십 과정을 운영하는 예가 많이 늘고 있으며, 인턴십 과정을 통해 졸업 후 취업을 하게 되는 경우도 쉽게 찾아볼 수 있다.

나. 인턴십의 과정

① 사전 준비 단계

인턴십을 통한 청소년들에 대한 교육은 무엇보다도 청소년들이 느끼는 현실적인 문제를 해결하는데 초점이 맞추어져야 한다. 따라서 지도자는 청소년들과 함께 정보탐색과 토론을 통해 청소년들의 관심과 흥미를 파악하도록 하여야 한다. 다음은 인턴십을 수행하기 위한 기업이나 단체, 개인을 섭외하여야 한다. 인턴십 대상 집단 및 개인의 선정은 무엇보다 청소년들이 교육적으로 효과적이며 자기 성장에 도움이 될 수 있는 대상을 선정하는 것이 중요하다. 청소년지도자는 미리 대상 기관이나 단체, 개인에 대해 다양한 경로를 통해 정보를 수집하고 개별 청소년들에게 가장 적합한 곳을 선정하여야 한다. 따라서 인턴십 시작 전에 청소년과 함께 실습지도자를 방문하여 인턴십의 방법과 내용에 대해 협의하는 것이 좋다. 이 경우 실습기간 중 상호 지켜야 할 규칙 등을 계약서 형태로 작성하는 것도 바람직하다. 인턴십에 참여하는 청소년과 지도자가 다수일 경우에는 워크숍 등을 통하여 지도방법과 내용에 대해 공유할 수 있는 기회를 갖도록 한다.

② 실시 단계

인턴십이 실시되는 기간 중에서 사전에 협의된 사항에 대해 지도자와 실습생간 상호 존중의 바탕에서 교육의 목적을 달성해 나가도록 한다. 이 때 실습을 지도하는 지도자나 실습생들 모두에게 정확한 정보가 수록된 매뉴얼을 제공하여 교육의 원만한 진행을 돕도록 한다. 그리고 청소년들은 실습이 진행되는 기간 동안 자신의 활동내역이나 소감 등을 기록할 수 있는 실습일지를 작성하도록 한다.

③ 평가 단계

인턴십을 마친 후에는 교육효과의 측정, 평가와 피드백을 제공해야 한다. 실시한 결과에 대해 교육의 효과를 판정하고 여기에서 인지된 사항을 다음 목표의 설정에 반영하도록 한다. 당초에 제시한 목표를 성취할 수 없었을 때는 어디에 어떤 문제가 있었는지, 그것을 보충하기 위한 대안은 무엇인지, 그리고 다음에 인턴십 프로그램을 진행할 때 참고할 자료는 무엇인지 등을 따져볼 수 있다. 교육의 효과측정과 평가가 적절히 시행되어야 청소년에 대한 새로운 능력개발 기회를 부여하고, 프로그램 자체에 대한 검토와 개선이 이루어질 수 있다.

2. 자기주도적 개인학습 방법

자기주도학습이란 학습자가 주체가 되어 학습과정을 스스로 이끌어 나가는 학습활동을 의미한다. 쉽게 말해서 '내가 내 학습의 주인이 되는 것'으로, 언제 어떤 학습을 어떤 방법으로 어떻게 할 것인지를 스스로 결정하고 그대로 실천하는 것이다.

근래에는 인터넷 기반 학습프로그램들이 많이 개발되어 운영되고 있는데, 인터넷 공부만으로 학위를 따거나 자격증을 취득하는 경우도 많다. 현대 사회가 정보화, 세계화 되고, 지식과 정보의 양은 폭증하고 그 생산과 소멸의 주기도 매우 짧아지고 있는데, 이러한 경우 외부에서 제공되는 교육 프로그램만으로 변화무쌍한 미래 사회를 능동적으로 대처하기에는 부족함이 있다.

컴퓨터를 이용한 학습방법(CBE, Computer Based Education)은 컴퓨터를 이용하여 교수-학습과정을 프로그램화하여 교수자는 학습 내용을 제시하고, 학습과정을 상호 작용할 수 있도록 지도하고 통제하며 학습결과를 평가한다. 청소년들이 교육방송에서 방송되는 내용을 본인의 사정에 맞게 학습내용과 시간을 선정해 계획한 목적을 달성해 가는 경우가 이에 해당한다. 우리나라에서는 학점은행제를 통해 수강한 학습과목이 누적되면 대학 학위를 취득하는 과정도 운영되고 있다.

청소년들이 자기 주도적으로 학습을 할 때에도 사전에 교사나 지도자와의 상담을 통해 학습과정을 선택하는 것이 바람직하다. 교과내용이 부족할 경우는 자신이 부족한 부분과 필요한 학습내용에 대해 신중한 검토 후 가용한 시간을 감안하여 학습하는 것이 바람직하다. 자기주도적 이란 용어는 흔히 '스스로' 하는 학습을 의미한다. 그렇지만 사고능력이 미숙하고 스스로 학습에 익숙치 않은 청소년들에게는 교사나 성인들과 충분한 상의 후 학습방법과 내용을 선정하는 것이 필요하다.

__Remind (생각다지기)

1. 개인중심 청소년지도방법을 50자 내의 한 문장으로 정의해 봅시다.

2. 개인중심 청소년지도방법을 실시해야 할 이유에 대해 알아봅시다.

3. 개별적 지도방법과 자기주도적 개인학습 방법의 공통점과 차이점에 대해 알아봅시다.

4. 멘토링 지도방법과 인턴십 지도방법의 장, 단점에 대해 알아봅시다.

__Practice & Becoming (내 것으로 만들기)

1. 개별적 지도방법에서 멘토링 방법과 인턴십 방법의 지도 절차에 대해 알아보고 기술해 봅시다.

2. 개인중심 청소년지도방법 중 자기에게 맞는 지도방법을 선택하고 그 이유와 적용대상에 대하여 기술에 봅시다.

3. 멘토링 지도방법과 인턴십 지도방법이 현대사회에 적용되는 사례를 찾아보고 함께 논의해 봅시다.

제6장 집단중심 청소년지도방법

청소년지도현장에서 실질적으로 행해지는 교육방법은 대체로 집단을 대상으로 하고 있다. 개인중심청소년지도가 개별 청소년의 발달과 성장을 위한 더 나은 방법으로 볼 수도 있지만, 비용과 시간, 노력면에서 효율성이 떨어지는 단점을 가지고 있다. 청소년 지도의 과정이 기존의 학교교육에서 주로 사용되어 왔던 교사주도적, 교실학습 중심, 그리고 경쟁학습과는 달리 청소년들이 다른 사람과 더불어 함께 주어진 공동의 목표를 해결해 나아가는 청소년 중심 및 협동학습과 청소년들이 직접 체험하고 활동하는 현장학습 및 경험학습이 주로 활용된다. 따라서 청소년지도자는 지도활동의 내용에 대한 해박한 지식과 더불어 청소년들과 함께 하며 그들이 건강한 성인으로 성장할 수 있도록 보다 효과적으로 지도하고 조력해 나아갈 수 있는 청소년지도방법론에 대해 전문직인 지식과 능력을 가지고 있어야 할 것이다.

이 장에서는 가장 일반적인 교육방법인 강의식 수업과 더불어 청소년들의 참여를 활성화하고 바람직한 방향으로의 태도와 행동의 변화, 고차원적인 사고능력을 함양하기 위한 다양한 토의식 수업과 체험학습 방법에 대해 설명하고 있다. 청소년지도의 방법은 대상자의 특성, 집단의 크기, 청소년지도의 목적, 활동 및 학습장소, 학습기간 등에 따라 가장 효과적인 방법을 선택해야 한다. 그리고 한가지 교육방법만을 적용하기 보다는 하나 이상의 방법을 복합적으로 적용하는 것이 효율적이다.

강의식 수업에서 특정한 이슈에 대해 강의 중간에 토의법이나 시범식 수업을 통해 청소년들의 이해를 돕고 폭넓은 안목을 기를 수 있도록 유도하는 것이 바람직하다. 본 단원에서는 가장 일반적인 형태인 강의식 수업과 방법, 다양한 토론식 수업과 체험학습의 개념과 방법에 대한 설명을 싣고 있다.

Ⅰ. 집단중심 청소년지도방법의 필요성

대부분의 청소년지도 프로그램은 집단의 규모 차이는 있지만 집단적으로 이루어지는 것이 일반적이다. 가장 일반적인 교육방법인 강의나 수업에서는 전문적인 지식과 기술을 가진 강사가 그 지식과 기술을 필요로 하는 학습자에게 태도의 변화나 지식의 전수를 목적으로 이루어진다. 이러한 강의는 가장 보편적인 교육방법으로 청소년지도에 있어서도 활용범위가 매우 넓다. 그렇지만 청소년들의 참여를 활성화하고, 특히 청소년들의 태도 개선과 고차원적인 사고능력을 함양하기 위한 여러 가지 토의법이나 체험학습 방법을 적용하기도 한다. 집단중심 청소년지도방법은 학습에 있어 집단시너지 효과를 발휘하여 교육효과를 제고하는 효과도 기대할 수 있다. 일반적으로 개인중심 청소년지도방법은 시간과 노력이 많이 소요되고, 개별적인 청소년들의 요구를 해결하기 위한 맞춤형 교육을 진행해야 하는 어려움이 있다.

Ⅱ. 집단중심 청소년지도방법의 목적

집단중심 청소년지도방법의 목적은 궁극적으로는 개인중심 청소년지도방법에서와 마찬가지로 청소년 개인의 성장과 발전을 도모하는 과정이다. 따라서 집단지도의 목표도 앞에서 제시한 자신에 대한 이해, 자아존중감과 관계능력 개발, 청소년의 자율성 확립이라는 목표를 가지고 있다. 청소년들이 자신에 대해 가치 있는 존재로 인식하며, 타인과의 원만한 관계를 형성하고 책임감 있고 자율적인 인간으로 성장하는데 도움을 주기 위함이다. 즉, 현대사회에서 온전한 사고와 행동을 할 수 있는 개인의 성장을 도모하는 과정으로 볼 수 있는데, 이것은 민주시민의식 함양의 내용과 일맥상통한다.

교육과학기술부가 2009년에 개정 고시한 사회과 교육과정 문서에서는 시민을 "사회생활을 영위하는데 필요한 지식을 바탕으로 인권 존중, 관용과 타협의 정신, 사회정의의 실현, 공동체 의식, 참여와 책임 의식 등의 민주적 가치와 태도를 함양하고 나아가 개인적, 사회적 문제를 합리적으로 해결하는 능력을 길러 개인의 발전은 물론, 사회, 국가, 인류의 발전에 기여할 수 있는 자질을 갖춘 사람"으로 정의하고 있다. 이를 근거로 할 때, 시민의식은 인간과 사회에 대한 기본적인 지식과 민주 사회 구성원에게 요구되는 가치와 태도를 바탕으로 다양한 차원의 문제를 합리적으로 해결하며 다양한 수준의 공동체 발전에 기여할 수 있는 사람들의 인식 또는 의식이라고 이해할 수 있다. 지식기반사회가 요구하는 시민성의 핵심역량에 대한 논의를 진행하고 있는 OECD(2005)는 현 사회가 개인에게 요구하는 시민의 핵심역량으로 '도구를 상호적으로 사용하기'(Use tools interactively), '자율적으로 행동하기'(Act autonomously), '이질적 집단과 상호작용하기'(Interact in heterogeneous groups)의 중요성을 강조하고 있다.

〈표 1〉 시민의 핵심역량(OECD)

핵심역량	정 의
지적도구 활용하기	• 언어, 상징, 문자, 지식과 정보, 기술을 상호적으로 사용하는 것으로, 개인이 세상과 적극적으로 대화하며 개인의 목적에 맞게 변화를 유도하고, 기술 변화에 적응하기 위한 도구로서 언어, 상징, 문자, 지식과 정보, 기술을 사용할 수 있는 것을 의미
이질적인 집단과 상호작용하기	• 다원화된 사회에서 타인과 공감하며 연대하고 살아가기 위하여 타인과 관계를 원만하게 맺고, 협력하여 일할 수 있으며, 갈등을 관리하고 해결하는 것을 의미
자율적으로 행동하기	• 다원화되고 변화가 급격한 사회에서 개인은 스스로 정체감을 확립하고 목표를 수립하며, 자신의 권리를 행사하고 의무를 수행할 수 있어야 함. 이를 위해 보다 큰 맥락에서 행동하며, 생애계획을 수립하고 실천하며, 권리와 이익의 한계를 알고 요구할 수 있는 능력

이상에서 볼 때 청소년지도는 청소년들이 올바른 '민주시민의식' 함양을 목적으로 하는 활동이며, 민주시민의식은 청소년기에 발달시키거나 함양해야 할 개인의 성장과 지적능력개발, 사회성 함양 등이 포함되어 전인적인 인간 성장을 도모하는 것이다.

Ⅲ. 집단중심 청소년지도방법의 실제

청소년 지도에 있어 집단의 규모에는 차이가 있으나 대부분 한 명 혹은 소수의 지도자와 다수의 청소년간의 상호작용에 의해 교육적 활동이 진행된다. 강의나 시범식교육방법은 주로 지식이나 기술을 청소년들에게 교육하기 위한 방법으로 지도자가 강사의 역할을 수행하게 되며, 필요에 따라 보조교사를 활용하기도 한다. 토론식 수업방법은 청소년들에게 지식의 습득이나 사고능력을 배양하고 태도의 변화를 이끌어내는데 좋은 학습방법으로 널리 알려져 있다. 이 외에도 체험을 통한 학습방법으로 역할연기, 사례연구, 실습, 현장견학 등의 방법이 있다.

집단중심 청소년지도를 구분해 보면 다음과 같다.

〈표 2〉 집단중심 청소년지도방법의 분류

구　분	교육방법
교수자 중심 교육방법	강의, 강연, 시범학습, 질의법 등
토의식 교육방법	소집단 토론(원탁회의), 패널토의, 브레인스토밍, 심포지움, 포럼, 세미나, 콜리키엄 등
체험 중심 교육방법	현장학습, 체험학습, 역할연기, 학습여행, 실험실습학습 등

〈표 2〉에서 다양한 학습방법이 제시되어 있는데, 이중 강의법, 소집단토론, 패널토의, 브레인스토밍, 역할연기, 현장학습 등에 대해 자세히 제시하면 다음과 같다.

1. 강의식 수업

1) 강의식 수업의 개념과 장단점

강의식 수업이란 구두로 정보, 아이디어, 사실, 개념 등을 제공하는 수업방법을 말한다. 이 방법은 교육방법에서 가장 많이 사용되는 수업방법이며, 가장 보편적인 교육방법이다. 강의식 수업은 학습내용이 비교적 단순한 경우, 전체적인 전망을 제시하거나 단원을 요약하는 경우, 시간에 비해 가르쳐야 할 내용이 많은 경우, 수강생이 많은 경우에 적절한 수업방법이다. 일반적으로 학교에서 교사가 학생들을 교육할 때 강의식 수업으로 진행하는 경우가 대부분이다. 그렇지만 강의식 수업은 학습자의 능동적인 참여가 제한되고, 정보가 매우 복잡하고 추상적이거나 세부적인 경우에는 적절하지 않을 수 있다. 일반적으로 청소년지도현장에서는 청소년들에 대한 지식 전달보다는 지도자, 혹은 또래 청소년들과의 상호작용을 통한 사고능력 개발이나 태도 개선을 목적으로 하는 경우가 많기 때문에 강의식 수업이 바람직하지 않은 경우가 많다.

〈표 3〉 강의식 수업의 장단점

장점	단점
- 한사람의 교수가 많은 학습자들을 동시에 가르칠 수 있다. - 학습자들이 학습하게 될 지식의 범주를 교수가 완전히 통제할 수 있다. - 전문적인 식견을 갖춘 교수를 통하여 광범위한 분야의 지식들을 폭넓게, 그리고 조리있게 제공해 줄 수 있다. - 내용전달에 있어서 융통성을 가질 수 있다. - 교수가 자기주도적으로 수업을 진행해 나갈 수 있다.	- 교수의 경험과 강의속도에 맞추어 학습해야 한다. - 개별적 지도, 조언 등을 제공받기 힘들다 - 학습자들이 능동적이고 창의적인 사고를 하도록 하지 못한다. - 지적 활동을 촉진시켜 주는 자극이나 참여의 과정이 제한을 받는다. - 언어적인 의사소통 능력을 충분히 길러주지 못한다. - 수업에 대한 학습자의 이해수준을 판단하기가 쉽지 않다.

2) 강의식 수업의 준비

강의식 수업은 청소년들의 활동이 수동적인 수업방법이므로 청소년들의 동기유발이나 학습의욕 고취를 위하여 특별히 신경을 쓰고 준비를 해야 한다. 강의식 수업을 위해 지도자는 다음 사항을 유의하여 준비한다.

① 청소년에 대한 정보를 수집한다.

강의식 수업에 참여하는 청소년들의 참여 목적, 요구, 선행학습 수준 등 학습자들에 대한 분석을 실시한다. 이렇게 수집된 정보는 학습목표의 수립, 학습 방법의 선택, 학습자료의 선정, 평가의 기준과 방법을 위한 자료로 활용한다. 청소년들에게 교육 전에 청소년들이 교육을 통해 얻고자 하는 바를 질문지나 면담을 통해 사전에 파악하고, 이를 교육계획수립에 반영하여야 한다.

② 수업목적과 청소년 수준에 맞는 학습방법을 선택한다.

강의식 수업이라고 해서 전적으로 지도자가 설명을 하고, 청소년들은 수동적으로 수용하는 형태만을 의미하지는 않는다. 강의 중간 중간에 다른 학습방법을 활용하여 청소년들의 관심을 끌고, 참여할 수 있는 기회를 제공하는 방법을 활용하는 것이 바람직하다. 예를 들면 강의 중간에 분임토의를 할 수 있도록 사전에 계획하거나, 실물이나 모형, 미디어 자료들을 활용하여 청소년들의 관심을 유도하기도 한다.

③ 수업시간을 고려하여 수업자료를 준비한다.

때때로 수업시간 내에 다 소화하기 어려운 많은 양의 교육내용을 계획하거나 수업 중 수업목표에서 벗어난 다른 이야기로 시간을 보내는 경우가 많다. 일반적으로 청소년지도 프로그램들은 일정한 시간이 주어져서 진행되기 때문에 강의가 길어질 경우 다른 프로그램 진행에 차질을 줄 수도 있으며, 전체적인 교육목적을 달성하는데 장애요소가 될 수 있다. 따라서 청소년지도자는 미리 교안을 준비하고, 사전 연습을 통해 내실있는 강의가 진행될 수 있도록 준비한다.

④ 교수매체를 준비한다.

청소년지도 프로그램에는 다양한 형태의 정보를 제공하고, 기능을 익히게 된다. 즉, 지도자의 설명만으로는 청소년들이 모두를 이해하는데 어려움이 있을 수 밖에 없다. 따라서 청소년지도자는 수업에 도움이 될 수 있는 다양한 문서, 미디어, 모형, 실물 등 자료를 준비해야 하며, 빔 프로젝터나 영상매체를 활용하여 청소년들이 수업내용을 쉽게 이해할 수 있도록 배려해야 하며, 청소년들의 흥미를 유발하고, 주의를 집중시키기 위해 노력해야 한다.

3) 강의식 수업의 진행

강의식 수업에도 절차가 필요하다. 대체로 강의식 수업의 경우, 교수자에 의해 수업내용이 설계되는데, 종종 교수자들은 수업의 처음부터 끝까지 수업내용의 전달만을 의식한 채 진행하는 경우가 있다. 그러나 교수자가 강의식 수업 방법을 사용하더라도 학습자에게 보다 효과적인 수업을 진행하기 위해서는 주요 내용을 학습하기 전에 청소년들의 주의를 집중시키고, 수업을 통해 무엇을 배워야 하는지를 알려 주어야 한다. 이런 과정을 통해 청소년들의 학습에 대한 동기유발이 이루어졌다면, 청소년들이 이해하기 쉬운 설명방법이나 교수매체를 활용하여 조직적이고 논리적으로 수업을 전개해야 한다. 그리고 수업의 마무리 단계에서 수업내용의 정리 및 평가가 이루어져야 한다. 이 내용에 대해 좀 더 자세히 살펴보면 다음과 같다.

① 도입단계

수업에 있어 청소년들이 그 수업에 집중하느냐 그렇지 않느냐는 교육목적 달성에 직접적인 영향을 미치게 된다. 아무리 좋은 내용의 수업이라도 수강자가 관심을 갖지 않는다면 교육의 효과를 기대하기 어렵다. 도입단계에 있어서는 청소년들이 수업에 대해 관심을 갖고, 이 수업을 통해 유익한 무엇인가를 얻을 수 있다는 확신을 심어주어야 한다.

〈표 4〉 도입단계의 구성

구 분	내 용
주의집중	• 주의를 집중시킬 수 있는 소재 발굴 • 교사와 청소년간 교류의 첫걸음 • 청소년들에게 편안한 분위기를 만들어 주고 지도자도 긴장 해소
동기부여	• 교육 주제의 중요성 강조 • 강의 내용을 학습함으로써 청소년들이 어떤 이점을 얻을 수 있는지를 설명함 • 청소년들의 흥미 자극
학습개요 소개	• 수업의 목적, 목표, 범위 및 방법을 알려줌 • 사전 커뮤니케이션에 의해 탐구현상 촉발

이 경우에는 청소년들이 공감할 수 있는 일화를 소개하거나, 최근에 이슈가 되고 있는 사건 등의 예시를 제시하거나 짧막한 질문을 통해 청소년들의 관심을 끄는 것도 좋은 방법이다. 그리고, 청소년들이 무엇을 학습할 것이며, 무엇을 할 수 있어야 하는지를 알려주어 전체적인 수업에 대한 전개방향을 인지할 수 있도록 한다.

② 전개단계

일반적으로 강의식 수업에서 전개 단계는 전체 수업시간의 70~80%를 차지하며, 수업 내용에 대해 청소년들이 숙지하거나 이해하도록 하는 단계이다. 그리고 강의 대상이 청소년 개개인임을 명심하고, 강의하는 도중에는 일부 청소년에게만 관심을 갖는 태도는 자제해야 하며 시선이 골고루 분산될 수 있도록 신경써야 한다. 강의식 수업의 진행 요령에는 다음과 같은 것이 있다.

- 새로운 정보를 학습자의 사전 지식과 관련시킨다.
- 학습자가 이해하기 쉽도록 내용을 논리적, 체계적으로 구성한다.
- 학습자를 압도하지 않도록 한다.
- 중간에 확인질문을 통해 학습자의 이해정도를 파악한다.
- 중요한 부분들을 강조한다.
- 주의집중을 유지하기 위해 다양한 보조자료를 활용한다.
- 질문과 답변을 위한 시간을 미리 배정한다.

③ 마무리 단계

강의식 수업에서 마무리 단계를 생략하는 경우가 많다. 그렇지만 마무리 단계를 전반적인 학습내용을 재확인하는 과정은 반드시 필요한 과정이다. 마무리 단계에서는 학습내용의 확인, 학습내용의 요약, 재동기 부여를 통해 학습자들에게 학습내용에 대한 의미를 부여하는 것은 매우 중요하다. 그리고 필요시 학습자들의 학업성취 수준을 파악하기 위해 학습결과를 평가할 수도 있다.

〈표 5〉 마무리 단계의 구성

구 분	주요 내용
확인 및 요약	• 학습정도를 확인할 질문을 함 • 전개된 내용의 요점을 간추림 • 특히 중요한 사항은 다시한번 강조함
재동기 부여	• 청소년들이 학습활동 내용을 실제로 현장에 활용하고 싶도록 독려함
맺는 말	• 인사말이나 치하, 격려

2. 토의식 수업

1) 토의식 수업의 개념 및 장단점

토의식 수업은 토의의 장점을 학습활동에 활용하기 위한 수업방법이다. 따라서 수업은 어떤 주제에 대하여 지도자와 청소년 간에 또는 청소년들 간에 언어를 매체로 의견을 상호 교환하게 된다. 토의식 수업은 수업에 참여하는 청소년들이 어떤 결론이나 결정을 내려야 하는 경우에 많이 사용되며, 문제해결과 의사결정 능력을 함양하는데 유익한 수업 방법이다. 또한 토의의 과정에서 다른 사람과의 의견교환과 상호작용을 통해 자신이 잘 모르는 것을 새롭게 배우거나 태도를 개선하는데 있어서도 좋은 방법으로 평가된다.

일반적으로 우리 청소년들은 강의식 수업에만 익숙해져 있어, 스스로 문제점을 찾아내거나 정보를 검색하고 자신의 의견을 남들과 비교해 보고 토론할 수 있는 기회를 많이 갖지 못한다. 토의식 수업을 통해 청소년들이 능동적으로 수업에 참여하고, 자신의 의견을 제시하도록 함으로써 다양한 아이디어를 발견할 수 있고, 자신의 의견을 조리 있게 말할 수 있는 논리적인 의사소통 능력을 향상시켜 줄 수도 있다. 토의식 수업을 통해 청소년들은 문제해결 능력, 비판적 사고능력, 창의적 사고 능력, 의사소통 능력을 향상시킬 수 있다.

그렇지만 토의식 수업은 강의식 수업에 비해 사전에 많은 준비를 해야 하고, 시간과 노력이 더 많이 소요된다. 따라서 토의식 수업을 진행하기 위해서는 지도자가 사전에 꼼꼼히 준비해야 하며, 토의에 참여하는 청소년의 수와 주제에 따라 토의식 수업 방법을 결정해야 하고, 토의의 안건에 대해 청소년들에게 사전 준비를 시켜야 할 경우가 많다. 또한 지도자는 토의식 수업을 진행하는 기법에 대해서도 전문적인 기술을 가져야만 원만한 토의를 진행할 수 있다.

〈표 6〉 토의식 수업의 장단점

장 점	단 점
• 전체 학습자가 적극적으로 수업에 참여할 수 있다 • 비판적 사고력을 배양할 수 있다 • 전체 학습자가 제기된 아이디어를 평가할 수 있다 • 자신의 생각을 논리적으로 사고할 수 있으며, 의사소통 능력을 신장시킬 수 있다 • 다른 사람의 의견을 존중하는 민주시민의 자세를 길러준다	• 수업진행 속도라 느리며, 토의의 주제를 잃기 쉽다 • 몇몇 학습자들만 토의에 참여할 수 있다 • 사회자가 토론진행 방법에 능통해야 한다. • 토의를 진행하기 위해 사전에 많은 준비가 필요하다 • 적절한 결론에 도달하지 못하고, 상호 감정을 자극할 우려가 있다

2) 토의식 수업의 실제

가. 소집단 토론

(1) 소집단 토론의 개요

소집단 토론은 가장 일반적인 토론방법으로 청소년들이 일정한 규칙에 의해 자유롭게 자신의 의견을 말하고 타인의 의견을 경청하며 의견을 모아가는 형태의 토론이다. 소집단의 특징으로는 다음과 같은 것들이 있다(이종헌, 1997).

① 면대면 접촉 : 얼굴과 얼굴을 맞대고 연속적인 관계를 유지할 수 있도록 인원을 6-12명으로 제한한다. 인간의 관계는 얼굴과 얼굴을 통한 느낌, 감정, 인

상 등이 가장 기초적이며 중요하다.

② 정적인 관계 : 얼굴과 얼굴이 만남으로써 정적인 결합이 높아지면 집단이 강해진다. 지적인 관계보다 더 강한 역학의 관계를 유지하게 된다.

③ 만남의 체험 : 만남의 기본적인 체험을 하게 된다. 깊은 만남의 장을 열어 주어 만남을 통해서 생겨나는 느낌과 감정으로 인해 자기 감화가 강하게 생겨난다.

④ 상호간의 의사소통 : 일방적인 의사전달이 아니라 상호적·복합적인 의사소통이 일어난다. 상호간의 원만한 의사소통을 통하여 서로의 사상과 경험, 정보, 지도력이 교환되며 참된 자기변화를 가져올 수 있다.

⑤ 지도력 분담 : 지도자를 통해서 지도력을 학습하는 것이 아니라 스스로 집단 안에서의 경험을 교환하고 나누는 동안 지도력이 생긴다.

⑥ 무언의 의사소통 : 소집단에서 말보다 행동이 더욱 강한 자원이 된다. 공동작업을 통해서 상호의 관계가 더욱 깊어지는 것이다.

소집단의 특성은 앞에서 살펴본 바와 같이 각 개인간 친밀하면서도 밀접한 상호관계가 주요하다. 일반적으로 집단은 시간이 지나면서 커뮤니케이션 네트워크를 형성하게 되는데, 처음에는 각 개인들이 독립적으로 존재하다가 집단 내 몇 몇 사람들에 의해 네트워크가 형성되게 된다. 이후 집단 구성원 각자가 집단의 모든 구성들과 네트워크를 형성해 가는 통합적 네트워크를 형성하게 된다.

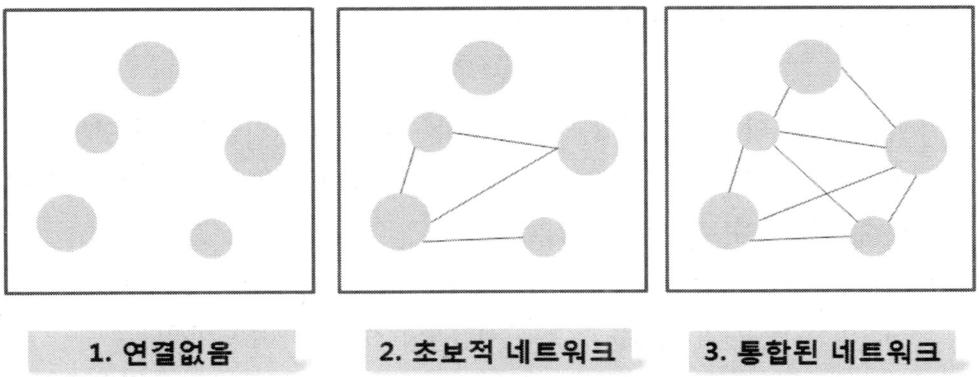

〈그림 1〉 커뮤니케이션 네트워크 형성과정

일반적으로 소집단 토론은 6~12명 정도의 청소년들 중 의장과 서기를 선출하고 미리 정해진 주제에 대해 토론하며, 의견을 모아나가는 과정으로 이루어진다. 토론에 익숙하지 않은 청소년들에게는 지도자가 의장이 되어 진행할 수도 있으나, 청소년들이 토론 분위기에 익숙해지면 청소년들 스스로 의장과 서기를 선출하여 진행하는 것이 바람직하다.

(2) 소집단 토론의 진행

소집단 토론을 진행할 때 청소년들에 대한 교육적 성과는 사회자의 능력에 의해 좌우되는 경우가 많다. 우선 사회자는 각각의 구성원들의 행동, 개인특성을 고려하여야 하며, 소집단 수업의 운영원리와 방법에 대해 잘 알고 있어야 한다. 그리고 토론의 전 진행과정에 있어 토론의 이슈에 대한 정보제공, 참여자에게 질문하기, 토론내용을 요약하거나 명료화하기 등 다양한 역할을 수행해야 한다. 또한 사회자는 참여자 전체가 적극적으로 토의에 임하도록 유도해야 하며, 토론이 건설적으로 진행되도록 하는 등 토론의 효과를 높여 나가도록 노력해야 한다. 지도자가 사회자로서 토의를 진행하는 과정을 통해 청소년들은 자연스럽게 토론진행방법에 익숙해지도록 하고, 청소년들 스스로 토의를 진행해 나가는 능력을 함양할 수 있도록 도와주는 역할도 해야 한다.

소집단 토론의 진행절차는 개회→의제의 제시→토론의 진행→마무리의 순서를 따르는데 이에 대해 자세히 살펴보면 다음과 같다.

① 개회 : 토론의 시작을 의미하며, 사회자는 참가자들이 긴장을 풀어 편안한 마음을 갖도록 신경쓴다. 그리고 토의의 배경과 목적을 설명하고 토의의 방법이나 규칙에 대해 구성원들과 공유한다.
② 의제의 제시 : 의제의 이해를 돕기 위한 실례, 도표, 사진, 기타 자료들을 준비하여 구성원들의 이해를 돕고, 구성원들의 질문에 대해 답변한다.
③ 토의의 진행 : 참가자 전원이 적극적으로 토의에 참가하도록 독려하며, 토의의 주제에서 벗어나지 않도록 통제한다. 구성원들의 발언에 대해 요약하고 내

용을 명확히 하며, 개인적인 감정에 흐르거나 너무 오래 발언하는 사람은 적절한 통제를 가한다.

④ 마무리 : 토의에서 얻은 결론을 요약하고, 이후 실행방안을 확인한다.

나. 브레인스토밍

(1) 브레인스토밍의 개념

브레인스토밍(brain storming)은 1941년 미국 광고대리점의 알렉스 오즈번이 광고관계의 아이디어를 짜내기 위하여 일종의 회의방식을 생각해냈는데, 후에 브레인스토밍이라고 불리게 되었다. 브레인스토밍의 원래 뜻은 정신병 환자의 두뇌의 착란상태를 말하는데, 이후 아이디어를 창출하기 위한 회의방법을 가리키게 되었다. 즉 브레인스토밍은 몇몇 사람들이 모여 어떠한 문제의 해결책이나 아이디어 내는 집단사고의 회의방식이다. 아이디어를 많이 내기 위해서는 개인보다는 집단적 사고가 유리한 경우가 많다. 또한 다른 사람의 아이디어에 본인의 아이디어를 보태 좀 더 개선된 아이디어를 내는데도 유리하다. 이것은 많은 사람이 모이면 각자의 지식이나 경험, 개성 등이 복합되어 광범위하게 나오고, 남의 발언에 대해 연상작용이 활발해져 새로운 아이디어가 떠오르기 때문이다.

(2) 브레인스토밍 진행시 고려사항

브레인스토밍에서 추구하는 것은 되도록 많은 양의 아이디어를 모집하는 것이다. 따라서 구성원들이 자유로운 분위기 속에서 사고하고 발언할 수 있는 여건이 갖추어져야 한다. 딱딱하고 공식적인 회의에서는 자기 자신의 의견을 솔직히 내기가 어려울 수 있으며, 자신의 이야기에 대해서 다른 사람의 비판을 염려하여 발언을 자제할 수도 있다. 특히 토론문화에 익숙하지 않은 청소년들은 자신의 발언이 지도자나 다른 친구들의 비판의 대상이 되는 것에 대해 염려하는 경우가 많다. 따라서 청소년지도의 방법으로서 브레인스토밍을 활용하기 위해서는 무엇보다 자유로운 분위기 조성과 진지한 회의참여 자세가 필요하다. 브레인스토밍 진행시 유의해야 할 사항들은 다음에서 보는 바와 같다.

① 타인의 의견에 대한 비판을 삼간다. 자신의 의견에 대해 다른 사람이 비판을 하게 되면 의기소침해져서 회의에 적극적으로 참여하기 어렵고, 자칫 상대방의 감정을 상하게 할 수 있다
② 자유분방한 분위기를 유지한다. 아이디어를 창출하기 위해서는 화기애애한 분위기를 조성해야 하며, 다른 구성원의 관점에서 사안을 바라보는 관점도 바람직하다.
③ 되도록 많은 아이디어를 모집한다. 브레인스토밍의 목적이 문제해결이나 아이디어를 결정하는 것이 아니므로 다소 엉뚱해 보이거나 기발한 아이디어들에 대해서도 개방적인 태도를 취한다.
④ 남의 아이디어에 개선 및 결합을 추구한다. 다른 구성원들의 의견에 자신의 의견을 덧붙여 좀 더 개선된 아이디어를 제시한다.

브레인스토밍에 있어서도 사회자의 역할이 매우 중요한데 소집단 토론에서와 마찬가지로 청소년들이 회의방식이나 진행에 익숙해지기 전에는 지도자가 회의를 진행하여 청소년들이 부담 없이 회의에서 발언하도록 분위기를 만들어 가야 한다. 브레인스토밍 참여자는 다음과 같은 사항에 유의하여야 한다.

① 참여자의 생각이 터무니없는 것이라 할지라도 자유롭게 사고할 수 있도록 보장한다.
② 긍정적이고 역동적인 생각들은 무조건 받아들여져야 한다.
③ 브레인스토밍은 1시간 내외로 진행하여 참가자들이 지루하지 않도록 한다.
④ 리더는 해결해야 할 문제가 무엇인지 참여자들에게 인식시켜야 한다.
⑤ 서기는 최종적인 평가를 위해 모든 생각들에 대해 기록한다.

다. 브레인스토밍의 추진방법

브레인스토밍은 아이디어의 모집을 위한 회의방식이다. 따라서 창의적인 아이디

를 모집하기 위한 분위기의 조성이 중요한데 다음 사항들에 대해 유의하여야 한다.

① 회의장 준비 : 회의장은 너무 좁거나 넓지 않아야 하며 조명, 온도 등을 적당하도록 조절한다. 책상의 배치는 모든 사람들을 볼 수 있도록 ㄷ자 혹은 V자 형태로 배치한다.

② 회의 리더 및 서기의 선정 : 브레인스토밍은 자유분방한 분위기 조성이 우선되어야 하는데, 리더가 상대하기 부담스러운 경우 회의의 진행이 어려울 수 있다. 지도자가 리더가 되는 경우는 청소년들에게 존경받으면서도 상대하기 편한 지도자를 선정하며, 청소년이 리더가 되는 경우에는 다른 구성원들이 우호적으로 생각하는 구성원을 리더로 선정한다. 서기는 리더의 옆자리에 앉아서 제출된 아이디어를 기록하고, 필요하면 스크린이나 칠판 등을 이용하여 기록한 내용을 참가자들이 모두 볼 수 있도록 배려한다.

③ 회의시간 : 회의는 머리가 맑은 오전에 실시하는 것이 바람직하며 1시간 정도 진행한다.

라. 패널토의

(1) 패널토의의 개념

패널토의는 사람들이 사회자의 미리 준비된 질문들에 대해 패널들이 청중 앞에서 토론하는 형태의 방법이다. 여기서 패널이란 토론에 참가하는 전문가들을 의미하는데, 패널들은 어떤 문제에 대해 풍부한 지식이나 경험을 갖고 있는 사람을 의미한다. 우리가 흔히 TV프로그램에서 보는 토론 프로그램들이 일종의 패널토의라고 볼 수 있다. 최근 청소년 참가자들을 대상으로 하는 토론대회가 자주 개최되고 있는데 주로 어떤 현안이나 이슈들에 대해 상반된 견해를 가진 청소년들이 팀을 구성하여 상대방과 토론하는 형태를 취한다. 패널토의의 형태가 청소년들에 대한 토론방법으로 자주 채택되는 것은 패널토의를 통해 참여자와 관중들의 흥미를 불러일으킬 수 있고, 청소년들에게 다양한 견해를 이해하도록 할 수 있으며, 토론기술의 향상과 학습을 촉진시켜 사고능력개발을 도모할 수 있는 좋은 수단이기 때문이다.

최근 학교 교육과정에서 창의·인성교육이 강화됨에 따라 말하기·쓰기 중심의 토론, 탐구, 실험 활동이 중시되고 있다. 그동안 상대적으로 토론활동이 활발하지 않았던 것이 사실이지만 최근 학교교육현장 곳곳에선 토론교육을 확대하기 위한 움직임을 살펴볼 수 있다. 토론식 수업이 확대되고 교내 토론 동아리가 활발한 활동을 펼치는 것이 대표적 사례로 볼 수 있다.

(2) 패널토의 참여자

청소년 패널토의에서 사회자는 교사나 지도자가 역할을 맡는 것이 일반적이다. 사회자는 토론이 청소년들에게 효과적으로 교육적 목적을 달성할 수 있도록 하는데 있어 가장 중요한 역할을 맞게 된다. 먼저 사회자는 청소년들에게 토의주제에 대해 충분히 설명하고 참여 청소년들이 충분히 정보를 획득할 수 있도록 시간적 여유를 주어야 한다. 사회자는 토론진행에 능통해야 하고 학습을 촉진시킬 수 있는 충분한 지식을 가져야 하며, 요점을 잘 이끌어내고 토의를 활성화할 수 있는 사람이어야 한다.

참여 청소년들은 토론주제에 대해 충분한 준비를 해야 하며 반대편 입장의 주장 등에 대해서 잘 이해하고 있어야 한다. 또한 자신의 생각에 대해 조리 있게 표현할 수 있도록 연습을 하는 것도 중요하다. 토론의 목적이 어떤 현안이나 이슈에 대한 깊이 있는 공부를 하는 것이기도 하지만, 토론기법을 학습하기 위한 목적도 중요하므로 얼마나 상대의 말을 경청하는가와 함께 구체적인 근거를 토대로 자신의 주장을 논리적·체계적으로 펴는가에 초점을 두어야 할 것이다.

토의에 참여하는 또 하나의 주체는 바로 청중이다. 청중으로 참여하는 청소년들도 미리 주제에 대해 미리 공지하여 주제에 대해 토의가 시작되기 전에 자신의 의견을 정리해 두는 것이 좋다.

(3) 패널토의의 진행

패널토의의 진행을 위해서는 토의에 적당한 공간을 확보해야 하며, 실내온도, 좌석, 조명 등이 토론의 진행에 불편이 없도록 준비해야 한다. 그리고 참가자들의 명패를 준비하여 누가 어떤 의견을 제시하고 있는지를 쉽게 파악할 수 있어야 한다.

패널토의가 시작되면 사회자는 청소년 패널들에게 한 사람씩 자기 의견이나 견해를 피력하게 하고 그 후 패널 멤버에 의한 자유 토론을 전개한다. 어느 정도 자유토의가 진행되어 문제점이나 논쟁점이 명백히 나타난 시점에서 일반 참가자 전원에게 참가하게 하여 사회자의 사회하에 전체 토의를 진행한다.

3. 체험식 수업

1) 역할연기

가. 역할연기의 개념

역할연기란 타인의 역할을 연기를 통해 경험해 봄으로써 자신과 타인을 이해하는데 도움을 주고자 하는 교육방법으로 집단 성원들에게 서로 다른 역할을 주고 어떤 가상적 상황에서 서로 협의하여 결정을 내리게 함으로써 다른 역할을 맡은 사람들과 원만한 타협을 보도록 하는 기법이다.

역할연기는 1900년대 초에 미국의 정신과 의사들이 환자들의 정신건강 회복을 위해서 심리극(psychodrama)으로 20세기 이전 수세기 동안 주로 어린이를 대상으로 활용되어 왔다. 1900년대 초에는 환자들의 정신건강을 회복시키기 위하여 정신병리학자들이 활용하였다. 역할연기는 주로 참여자들의 대인관계기술을 학습하는 상황에서 주로 사용된다. 이 기법은 주로 대인관계 기술을 연마할 필요가 있을 때, 타인의 행동이나 감정을 이해할 필요가 있을 때, 실제 문제에 부딪힘으로써 동기유발이 될 수 있다고 판단될 때 사용된다(권대봉, 1999, 한국청소년개발원, 2010). 역할연기는 청소년들이 자신의 감정이나 의견 등을 표현하기를 꺼려할 때나 집단 구성원들 간의 감정을 완화시킬 필요가 있을 때도 효과적인 기법이다. 따라서 역할연기의 주제는 잡단 성원의 실제상황에 적용할 수 있는 것이 좋으며, 집단의 특성과 관계되는 주제를 연극으로 연출함으로써 문제의 관점이 환기되고 해소되는 것이다. 그렇지만 역할연기는 다른 교육방법에 비해 그것을 준비하는 시간이 많이 소요되며, 훈련받은 지도자를 필요로 한다는 제한이 있다.

나. 역할연기의 목적

'역할연기'를 사용하는 목적은 크게 나누어 다음 세 가지라고 할 수 있다(김종표, 2011).

① 원리, 원칙, 방법, 기능을 습득하기 위한 것이다. 역할연기법을 활용하는 목적 중 가장 많은 비중을 차지한다. 예를 들어 면접시험, 전화훈련 등이 그 대표적인 것으로서 '표준적인 역할행동을 취하는 방법을 체험과 모방으로써 몸소 터득하는 방법'이 사용된다.

② 돌발적인 문제나 처리가 곤란한 문제의 해결방법을 연습하기 위한 것이다. 문제해결은 상황이나 상대방의 기분 등이 시시각각으로 변하는 가운데 실시되는 것이다. 그 문제해결을 그 장면이나 상대방의 상황에 맞추어 임기응변으로 대응하기 위해서는 여러 상황을 만들어 내서 여러 상황에서의 문제해결을 연습한다. 청소년들이 학교폭력이나 성범죄 예방을 위한 상황대처 능력의 개발 등에 활용할 수 있다.

③ 심오한 심리적인 체험을 통해서 인간적인 통찰력, 감수성 등을 함양하여 바람직한 태도나 행동의 변화를 도모하는 것이다. 자기 나름의 그 역할에 대한 생각에 입각해서 나름의 독자적 방법으로 자유로운 역할을 연기하게 하고 그 과정 속에서 타인에 대한 이해방법이나 대화방법의 문제점을 깨닫게 하고, 더 나아가서 이질적인 사람을 이해하는 방법이나 대화를 하는 방법, 타인과 관계를 맺는 방법 등을 학습할 수 있다. 청소년들의 경우 자기 생각만을 우선시하는 경우가 많은데, 이러한 훈련을 통해 타인의 생각과 행동을 이해하고 원만한 인간관계를 형성하는 훈련을 할 수 있다.

다. 역할연기의 실시

역할연기를 실행하기 위해서는 ① 주제설정→ ② 시나리오 작성→ ③ 역할결정 → ④ 사전준비 및 지도→ ⑤ 연기실시→ ⑥ 분석 및 피드백의 순서로 진행하되 상황에 맞게 변형할 수도 있다.

① 주제 설정 : 역할연기의 주제는 청소년들이 관심이 있으면서도 실생활과 관련된 주제를 선정하는 것이 좋다. 평소 관심이 있고 실제로 경험할 수 있는 상황을 재연하는 것은 청소년들의 참여동기를 북돋워 주게 된다.

② 도입단계(시나리오 작성) : 청소년들이 저항감 없이 역할연기에 참여할 수 있는 분위기를 조성하고, 시나리오는 제목, 상황설정, 배역, 개략적인 줄거리 등을 작성한다.

③ 역할결정 : 역할에 맞는 배역을 선정하고, 연기에 참여하지 않는 청소년들은 관찰자로서 역할연기의 일원으로 참여하게 된다. 연기자뿐 아니라 관찰자도 연기가 끝난 후 토론이나 강평 등에 자유롭게 참여하여 자신의 의견을 진술할 수 있다.

④ 사전준비 및 지도 : 시나리오와 역할이 정해지면 자신의 역할을 이해하고 간단한 역할연기를 위한 사전 준비와 팀별로 상호간에 연기 지도를 하도록 한다. 또한 역할연기에 필요한 소품과 활용방법 등도 미리 숙지시킨다.

⑤ 연기실시 : 연기자들이 자신의 배역에 맞도록 연기를 하는 과정이다. 청소년들의 역할연기는 10~20분 정도로 하며, 연기자와 관찰자 모두 진지하게 임하도록 분위기를 조성한다. 역할극이 원활히 진행되지 않을 때는 지도자는 연기를 중지시키고 문제점을 해결한 후 다시 시작하도록 지도한다.

⑥ 분석 및 피드백 : 연기를 마친 후 연기자와 관찰자의 느낀 점을 피드백 하도록 한다. 역할연기의 목적을 달성하기 위해서는 이러한 피드백 과정이 매우 중요하다. 최종적으로 지도자는 모든 피드백을 취합하여 코멘트를 한다.

2) 체험활동지도

가. 체험활동의 개념과 필요성

청소년의 체험활동은 아직 여러 면에서 미성숙하고 가치관이 확립되기 이전에 체험을 통해 다양한 문화와 풍물 그리고 자연과 접함으로써 경험과 견문을 넓히고 나 자신만을 이기적으로 생각하지 않고 참여자를 돕고 공동체 의식을 형성시킴으로써 청소년기에 올바른 가치관 형성에 기여할 수 있다는 점에서 매우 교육적인 특성을 갖고 있다(최영창 외, 2012).

Maslow(1971)는 체험활동을 통해 체험자들이 궁극적으로 추구하는 것은 자아실현의 욕구라고 하였는데, 교육에서 추구하는 인격완성이나 자아실현과 일치하며, 체험활동 후 일상생활에서 체험자의 생각과 행동의 변화를 찾을 수 있는 것도 교육의 효과와 비슷하다는 것을 알 수 있다. 체험을 통한 교육이란, 본래 사람이 지니고 있는 여러 소질이나 잠재능력을 어떤 방향 또는 어느 정도까지 계발·발전·신장시킨다는 의미를 가지고 있다. 사회문화를 발전시키는 수단으로 인격완성이나 자아실현이라는 내면적 가치를 추구하는 것으로 인간의 행동을 바람직한 방향으로 변화시키는 의도적이고 체계적인 활동이라고 볼 수 있다.

나. 체험활동의 절차

체험활동은 준비단계, 실시단계, 반성 및 평가 단계로 진행한다.

① 준비단계 : 체험활동의 준비는 먼저 어떤 체험을 할 것인지를 결정하는 것에서부터 출발한다. 참여 청소년들의 요구를 파악하고, 체험교육의 목적에 적합한 주제를 선택한다. 체험활동은 환경탐사, 별자리 관찰, 산악훈련, 농어촌체험, 문화체험 등 그 종류는 매우 다양하다. 주제가 결정되면, 지도자는 체험활동의 일정, 장소, 현장답사, 준비물 준비, 보험가입, 행정적 처리 등을 빠짐없이 챙겨서 체험활동에 차질이 없도록 준비하여야 한다. 또한 체험활동과 관련된 주의사항을 정리하여 청소년들에게 사전 교육을 실시하는 것도 잊지 말아

야 한다.

② 실시단계 : 체험활동의 실시는 청소년들이 소규모 집단으로 조를 나누어 추진하도록 한다. 체험활동과 관련되어 필요한 지도자와 스텝을 적정 장소에 배치하고, 특히 안전사고에 주의하도록 한다. 체험 실시 중에 지도자는 단계별로 사전에 계획된 체험활동의 목적을 달성하기 위해 체험활동이 잘 진행되고 있는지를 체크하여야 하고, 계획에서 벗어난 경우에는 지도자가 개입하여 바로 잡도록 한다. 돌발상황으로 인해 계획된 체험활동 진행이 어려운 경우를 대비하여 대체 프로그램도 준비하도록 한다.

③ 반성 및 평가단계 : 체험활동을 마친 후에는 참여 청소년들과 함께 체험활동에 대한 소감과 평가를 진행한다. 평가는 참여 청소년들이 사전에 계획된 대로 활동하였는지, 체험활동 중 운영상 문제점은 없었는지, 계획된 목표를 달성했는지, 청소년들이 느끼는 감정과 태도의 변화가 있었는지를 종합적으로 판단하도록 한다.

_Remind (생각다지기)

1. 집단중심 청소년지도방법을 50자 내의 한 문장으로 정의해 봅시다.

2. 집단중심 청소년지도방법을 실시해야 할 이유에 대해 알아봅시다.

3. 집단중심 청소년지도방법 3가지의 장, 단점에 대해 알아봅시다.

4. 집단중심 청소년지도방법 별 적용시기와 대상에 대해 알아봅시다.

_Practice & Becoming (내 것으로 만들기)

1. 집단중심 청소년지도방법 3가지의 지도 절차에 대해 알아보고 각각 비교 분석하여 봅시다.

2. 집단중심 청소년지도방법 중 자기에게 맞는 지도방법을 선택하고 그 이유와 적용대상에 대하여 기술에 봅시다.

3. 집단중심 청소년지도방법 분류에 따른 3가지 교육방법을 실시하였을 때 기대되는 시민의 핵심역량별 효과에 대하여 기술해 봅시다.

제7장 청소년수련활동 지도방법

청소년들을 지도한다는 것은 쉬운 일은 아니다. 특히 수련활동 지도 경험이 전혀 없는 지도자의 경우는 상당히 부담이 가고 어려운 일이다. 학교에서 교과로만 듣고 보고 배운 학생들은 막상 자연권에서의 수련활동지도자로서 첫발을 내디딜 때 실수가 많을 것이다. 그리하여 이들이 보다 더 청소년들과 가깝게 호흡하고 지도자로서 손색이 없게 하기 위해서는 사전경험들이 여러 가지 면에서 유용할 것인데, 기존의 교재들은 이론적인 부분들을 너무 많이 다루다 보니 실질적으로 수련원에 배치되었을 때 활용할 수 있게끔 하지를 못했다.

따라서 본 장은 기존의 원론적인 내용에서 벗어나 집필자가 현장에서 직접 진행했던 프로그램을 상세히 소개하였으며, 20년 가까이 현장에서 청소년들을 다루어 오면서 진행했던 프로그램들 중 가장 적당한 것을 제시한다. 청소년수련원에 근무하기 전인 대학교에서 학생들이 경험하고자 하면 좋을 것 같아서 사전예비교육을 6코스 만들어서 실제로 산을 오르면서 경험하게 하였던 것을 소개한다. 그리고 실제로 수련원에서 활용할 수 있는 프로그램 지도방법을 상세히 기술하여 놓았다.

Ⅰ. 사전 예비교육

현장경험이 부족한 예비지도자들은 수련원에 배치되었을 때 무엇부터 해야 될지 막막한 경우가 많다. 그러므로 수련원에 배치되기 전에 예비지도자가 사전교육을 받는다면 수련원의 지도자로 적응하기가 훨씬 더 수월할 것이다.

청소년학을 전공하는 학생의 경우는 실제로 자연을 배경으로 한 현장체험을 해 본다면 좋겠지만 실습이 힘들 경우에는 학과의 교과 시간에 일부러라도 자연체험활동을 하게끔 하는 것이 좋을 것이다. 대학 캠퍼스에는 주위에 자연을 활용할 수 있는 여건들이 거의 대부분 조성되어 있다. 캠퍼스 주위의 산을 이용하여 산행을 하며 자연체험활동을 해보는 것은 예비지도자인 학생들에게 소중한 경험이 되는 것이다.

사전준비

1) 학과 교과목 시간에 자연체험활동을 안내한 후 학생들에게 조를 구성하게 하여 조장을 선출하고 조를 만들게 한다. 이때 학생대표자에게 권한을 주어 자율적으로 조를 짜게 하고 그 명단을 받는다.
2) 코스별 미션을 담당할 담당자를 구성한다. 담당자는 지도자의 역할을 하므로 가급적 선배나 경험이 있는 사람을 코스별로 1인 또는 2인을 선정한다.
4) 각 조장에게 배부할 체험활동 채점표를 만든다.
5) 주강사와 보조강사를 선정한다. 보조강사는 출발지에서 5분~10분 간격으로 각 조를 통제하며 출발시킬 강사이며 주강사는 각 코스 미션담당자 선발대와 함께 먼저 산을 올라 도착지에서 맞이할 강사로 선정한다.
6) 도착지에서 함께 점심을 먹은 뒤, 단체활동을 하면 더 좋으므로 각 조별 점심식사 준비를 하면 더 좋기에 그에 따른 안내도 한다. 또한 등산 경험이 전혀 없는 학생들도 있으므로 만약의 경우 탈진되지 않도록 충분한 물을 준비하도록 안내한다.

자연체험활동 실시 전

1) 등산하기 좋고 여러 사람이 모이기 좋은 출발지로 선정하여 당일 모두 모이게 한다. 정해진 시간을 준수하도록 한다. 늦게 오는 학생이 있으면 그만큼 지체되기 때문이다.
2) 각 코스를 담당할 미션담당자에게 필요한 도구와 용지를 배부한다.
3) 각 조별 인원을 점검하고 조장에게 채점표를 배부한다. 조장은 채점표를 각 코스에 도착할 때마다 미션담당자에게 주고 미션을 해결하면 점수를 부여받고 담당자 싸인을 받아 다음 코스로 이동하게 한다.

〈표 1〉 체험활동 채점표

조명 :

코스	프로그램 내용	미비사항	점수	담당자 확인
1코스	색깔글자맞추기			
2코스	유머감각테스트			
3코스	숫자맞추기			
4코스	문자맞추기			
5코스	삼각형 최대한 만들기			
6코스	잠행			

4) 먼저 주강사는 코스별 미션담당자들과 함께 먼저 산을 올라 등산객들이 지나다니기에 불편하지 않는 적절한 장소를 선택하여 각 코스를 정해주고 필요도구와 용지를 한 번 더 점검하게 하고 배치시킨다.
   이렇게 각 코스별 담당자를 배치시킨 후에 도착지에 먼저 가서 기다린다.
5) 보조강사는 출발지에서 각 조별 모이게 하여 간단한 게임이나 퀴즈 또는 활동으로 선출하여 우선 순위를 주어 5분~10분 간격으로 출발시킨다.
   예를 들면, 각 조별 조명, 조구호, 조노래를 즉석에서 만들게 하여 발표시킨 뒤 단합이 잘되는 조부터 출발시킨다. 다음 조가 출발할 때까지 의욕을 고취하기 위해 즉석에서 장기자랑을 시키는 것도 좋은 방법이다.

자연체험활동 실시

먼저 출발할 조가 선정이 되면 보조강사는 정해진 순서에 따라 1개조씩 출발을 시킨다. 5분~10분 간격으로 출발을 시키고 마지막 조와 함께 출발한다. 만약 각 코스의 미션담당자들은 자기가 담당하는 조에 한꺼번에 2개조가 몰려들게 되면 뒤에 오는 조에게 멀리 떨어져 있게 만든다. 미리 미션을 보게 되면 안 되기 때문이다.

- 각 조 조장은 코스에 도착하면 가지고 있는 채점표를 미션담당자에게 전해 준다.

- 미션담당자들은 각 조별로 도착하면 조구호와 조노래를 힘차게 부르게 한다.
- 함성이 작거나 하면 재차 부르게 하며 단합을 조성한다.
- 빨리 미션을 해결한 조에겐 적절하게 시간을 조절하며 간단한 게임 등을 하며 다음 조가 올 때까지 대기를 시켜도 무방하다.
- 해결시간은 대략 10분 정도를 주고 10분이내에 해결하면 합격시킨다.
  〈10분-60점, 9분-70점, 8분-80점, 7분-90점, 6분이내-100점〉
- 합격한 조에겐 채점표에 점수와 싸인을 해주고 통과시킨다.
- 점수는 100점으로 하여 대략 60점이상이면 합격으로 하고 불합격이 되더라도 시간이 경과하면 점수는 문제를 해결한 만큼의 50점 이하로 주어 싸인해주고 통과시킨다.

자연체험활동 실시 후

- 마지막 조까지 체험활동을 다 끝내고 나면 전체를 모아 인원을 점검한 후 점심식사를 한다.
- 점심식사 후 모든 학생들을 다 모아서 장애체험을 한 번 더 실시하고 점수를 발표한다.
- 가장 높은 점수를 받은 조에겐 시상품이 있다면 더 좋을 것이지만 없으면 훌륭히 해낸 것에 대한 칭찬을 아끼지 않는다.
- 개별적으로 함께 한 자연체험활동에 대한 소감을 간단히 듣도록 한다.
- 하산할 때의 안전을 다시 한 번 더 강조하고 조별로 모아 내려가게 하고 해산을 한다.

Ⅱ. 청소년수련원에서의 청소년수련활동 지도

수련활동은 주로 3월 말부터 7월 중순까지 집중적으로 몰리며 방학 후에 9월이나 10월까지도 이어진다. 인원은 100명 이상부터 1,000명 이하까지 수용되기도 한다.

청소년수련원은 자연권이다. 자연권은 자연의 지형지물을 충분히 이용할 수 있다는 장점이 있다. 주위가 바다라면 해양체험이나 해양레프팅 등 바다를 이용한 프로그램을 할 수 있을 것이고 산이라면 산악등반이나 추적하이킹, OL 등의 프로그램으로 구성하여 수련활동을 진행할 수 있다. 이렇게 자연권에서는 자연을 잘 활용할 수 있어야 융통성이 있는 지도자다.

여기에서는 자연권에서 행하는 통상적인 1박2일이나 2박3일의 수련활동 중 2박3일의 수련활동프로그램 지도방법에 대해 상세히 설명하고자 한다. 초등생은 주로 1박2일이며 중학생 이상은 일반적으로 2박3일을 이용한다. 1박2일 프로그램은 2박3일 프로그램을 줄인 것으로 보면 되므로 차후 예비지도자들이 새롭게 구성하면 된다. 특정 수련시설의 수련활동을 상세히 소개하면 좋겠지만 대외비 등의 민감한 부분으로 인하여 집필자가 실제 진행했던 프로그램으로 예비지도자들이 행할 수 있는 수련활동지도방법을 소개한다.

1) 1박2일 수련프로그램

대개 초등학생들에게 적용되는 프로그램이다. 중고생보다는 좀 더 가볍고 쉽게 접근할 수 있으며 산만한 초등학생들이라는 특성을 알고 안전사고에 유의하여 지도해야 할 것이다. 1박2일은 2박3일의 줄임 프로그램으로 보면 될 것이다.

2) 2박3일 수련프로그램

중고생에게 적용되는 프로그램이다. 초등생들도 청소년단체의 경우 2박3일을 하는 경우도 있지만 학교의 수련활동의 경우 초등생은 대부분 1박2일이다. 2박3일 수련프로그램을 지도할 줄 안다면 1박2일은 그리 어렵지 않을 것이다.

〈표 2〉 2박3일 수련활동 프로그램(중고등생)

<table>
<tr><th>시간</th><th>1일차</th><th>2일차</th><th>3일차</th></tr>
<tr><td>06:00</td><td rowspan="5">수련원 도착 및 숙소배정</td><td colspan="2"></td></tr>
<tr><td>07:00</td><td colspan="2">기상, 세면, 체조</td></tr>
<tr><td>08:00</td><td colspan="2">아침식사</td></tr>
<tr><td>09:00</td><td colspan="2">조별점검 및 팀짜기</td></tr>
<tr><td>10:00</td><td rowspan="2">소그룹활동</td><td>명랑운동회</td></tr>
<tr><td>11:00</td><td>입소식 및 안내사항 지도</td><td rowspan="14">퇴소식 및 귀가</td></tr>
<tr><td>12:00</td><td colspan="2">점심식사</td></tr>
<tr><td>13:00</td><td>시작몸풀이</td><td rowspan="5">자연체험활동
(산악코스활동:
미션을 해결하라)</td></tr>
<tr><td>14:00</td><td rowspan="2">조별활동 및 발표
(조짜기 및 조장선출,
조구호 짜기)</td></tr>
<tr><td>15:00</td></tr>
<tr><td>16:00</td><td>인사와 만남의 댄스</td></tr>
<tr><td>17:00</td><td>팀웍다지기</td></tr>
<tr><td>18:00</td><td colspan="2">저녁식사</td></tr>
<tr><td>19:00</td><td rowspan="3">팀빌딩 및
의사결정게임</td><td>장기자랑 준비</td></tr>
<tr><td>20:00</td><td rowspan="3">캠파이어 및 장기자랑,
촛불의식</td></tr>
<tr><td>21:00</td></tr>
<tr><td rowspan="2">22:00</td><td>숙소이동 및 인원점검</td></tr>
<tr><td>자유시간 및 취침준비</td><td>숙소이동 및 인원점검</td></tr>
<tr><td>23:00</td><td colspan="2">취 침</td></tr>
</table>

3) 수련활동 프로그램의 실행단계의 실제

위 2박3일의 수련 프로그램을 기준으로 하여 실제 프로그램의 실행단계를 순서대로 상세히 지도하는 방법을 설명한다.

① 도착 및 숙소배정

수련활동 1일차에 청소년들이 오전에 입소하면 숙소를 배정해 주고 바로 이어서 소지품 확인도 하는 것이 좋다. 지도자 몰래 숨어서 술을 먹거나 담배를 피거나 하면 시설에 화재의 위험이 도사리고 있기 때문이다.

② 입소식

이때는 수련원 자체의 입소식 순서가 정해져 있다. 입소식은 국민의례, 원장인사, 지도자 소개, 다짐의 시간, 주의사항 안내 등으로 하면 된다.

③ 시작몸풀이

본격적인 수련활동을 하기에 앞서 간단히 몸을 푸는 시간을 말하는데 초등생은 일반적으로 율동을 하면 좋고 중고생은 체조나 간단한 수련원 주위의 산책 또는 서로 소개하는 시간을 말한다.

④ 조별활동 및 발표

- 장소는 실내 실외 관계없지만 날씨에 의해 주로 실내에서 많이 활동.
- 조(팀)를 구성하는 시간.
- 자발적으로 구성하게 하고 지도자는 보조자의 역할만 한다.
- 조(팀)원의 인원은 제한 없지만 대략 인원에 따라 10명에서 20명 내외로 한 개조를 구성한다.
- 조(팀)구성을 하고 나면 조이름과 조구호, 조노래를 만들게 한다. 조이름은 어떤 것이든지 관계없다. 창의력을 가지고 만들게 하면 재미있는 것들이 많이 탄생한다.
- 준비물은 깃발이나 전지, 매직펜 등을 나누어 주어 조원들끼리 조를 상징하는

그림을 그리게 한다. 이때 서로 단합을 잘하는 조에 점수를 부여한다.

- 모두 완성되고 나면 각 조(팀)별로 조그림을 가지고 나와 조이름을 소개하고 만든 이유를 설명하게 하고 조구호를 외치고 조노래를 부르게 하여 발표를 시킨다. 역시 발표를 잘한 조에 점수 부여.

* 조(팀)별 활동은 청소년들이 수련활동 시작 때 자발적으로 단합을 하게하며 서로 상호작용하는 첫 번째 시간이 되며 자발적이라는 데 의미가 있다.

⑤ 인사와 만남의 댄스

시작 분위기를 조성하기 위하여 서로의 친근감을 높이기 위해 시작하는 도입부분이다. 제목이 댄스라고 하여 춤을 잘 추어야 한다고 생각하는 경우가 있지만 전혀 그렇지 않다. 지도자나 청소년 모두 몸을 움직일 수 있는 사람이면 누구나 다 할 수 있는 아주 단순하고 쉬운 댄스이다.

- 인원은 10명 이상~대규모 제한 없음.
- 장소는 대강당을 선택.

⑥ 팀웍다지기

팀웍(team work)은 사전적인 의미로는 협력, 공동작업이란 뜻으로, 어떤 이는 그룹다이나믹스(group dynamics : 단체 공동체활동)라는 표현을 쓰기도 하고 팀 파워라고 하기도 한다.

팀웍은 청소년에게 절실하게 필요로 하는 중요한 것이다. 팀웍이 이루어져 있느냐 없느냐에 따라 그 조의 응집력이 결정되는 것이다. 시간, 장소, 환경, 상황을 불문하고 사람이 모이는 곳에서는 팀웍이 이루어져야 그 팀이 살 수 있다. 서로가 불신하고 믿음이 없다면 당연히 팀웍은 깨질 수밖에 없다.

팀웍은 창의력을 동반하기도 한다. 게임을 정해주는 경우는 창의력이 발휘되지 않지만 정해주지 않고 참가 대상에게 맡겨 놓는 경우에는 창의력이 발휘된다. 대상들이 서로 합심하여 게임을 만들려고 몰두하기 때문이다.

팀웍이 발휘된다는 점에서 게임을 지정해주지 않는 것이 좋다고 할 수 있지만 대신에 재미없는 게임을 만들어내는 경우가 있다.

⑦ 숙소이동 및 인원점검

- 숙소로 이동할 때 역시 질서를 지키는 것이 중요하며 다른 쪽으로 이탈하지 않도록 주의를 기울여야 한다. 자연권이므로 주위에 산과 바다로 둘려 싸여 있기에 이탈자가 생겨 사고가 생길 수도 있기에 유념해야 한다.
- 야간에는 가급적 숙소의 밖을 배회하지 않도록 하게 하며 숙소 창문밖에 베란다 등에 나갈 때는 특히 주의를 주어야 한다. 추락사고의 위험도 도사리고 있기 때문이다.
- 촛불이나 성냥 등의 기타 위험한 물건은 회수를 해야 한다. 화재의 위험을 주지시켜야 한다.
- 숙소마다 인원점검을 반드시 하고 외부로 나가는 문은 잠금장치를 해 두는게 좋다.
- 취침 이후엔 화장실 가거나 물을 마시러 움직이는 것 외엔 금한다고 주지시킨다. 초등생들은 밤새도록 시끄럽게 떠들고 움직이곤 하여 옆방에 방해를 주기도 하고 지도자들도 밤잠을 설치기 일쑤이므로 취침 이후의 통제를 해주어야 한다.

⑧ 캠프화이어 및 장기자랑, 촛불의식

캠프화이어의 시간은 2박 3일의 모든 과정 중 가장 청소년들에게 끼를 발산하고 스트레스 해소와 공동체의식을 함양하며 수련활동의 기대감과 욕구를 충족시켜 줄 수 있는 장이라고 할 수 있다. 대부분의 청소년들은 수련활동을 통해 마음의 문을 열면서 캠프화이어 시간엔 그들의 욕구분출을 최고조로 행하고 싶은 시간이다.

캠프화이어 시간엔 장기자랑, 캠프화이어 점화 의식 및 공동체놀이, 촛불의식 순으로 이어가는 것이 대부분의 진행 순서이다. 진행시 유의사항은 다음과 같다.

- 저녁식사 후에 장기자랑 준비의 시간을 주며 미리 신청자를 받아 둔다. 미리 받아놓아야 진행이 원활하게 된다.
- 캠프화이어 점화를 위한 화목을 미리 쌓아두고 점화봉, 석유 등을 준비해 놓는다.

- 주로 야외에서 행하므로 음향기기와 조명기기 등은 미리 설치를 해 놓는다.
- 예전에는 청소년단체에서 정적인 캠프화이어를 진행했지만 요즘은 동적인 것을 선호하기에 동적인 프로그램으로 준비를 한다.
- 동적인 프로그램이기에 안전사고에 유의한다. 바닥이 잔디이면 좋으나 시멘트 바닥이거나 흙바닥이면 다칠 수도 있다. 실제로 캠프화이어가 끝난 후에 긁힌 상처로 치료받으러 오는 청소년들이 꽤 있다. 특히 초등생들의 경우는 안전에 대한 의식이 떨어지므로 이를 염두에 두고 안전에 유의하며 진행해 나가야 한다.
- 폭죽을 사용해서는 안된다. 예전에는 폭죽을 쉽게 구입해서 사용했지만 본래 폭죽 구입 자체가 불법이기 때문에 분위기 좋게 하려고 폭죽을 사용하다 불상사가 생기면 지도자와 수련원의 책임으로 되기 때문에 사용하지 않는 게 좋다.
- 밤에 행해지는 활동이기 때문에 이탈자가 생길 수도 있으므로 지도자들이 주위를 잘 살피면서 이탈자가 생기지 않도록 만전을 기한다.
- 점화 후에는 불이 타오르므로 불 가까이 접근하지 않도록 해야 하며 바람이 많이 불 땐 불티가 많이 날아다니므로 점화 후에 위험하다 판단될 때는 불을 꺼야 한다.
- 수련활동 기간 중에는 수련원 지도자들이 인기가 좋은 만큼 수련원 지도자들도 간단한 장기자랑을 발표하는 것도 청소년들에겐 좋은 추억거리가 될 것이다.
- 캠프화이어는 청소년들에게 희열과 심리적 해방감을 느끼며 공동체의식을 함양하게끔 한다는 의미에서 이벤트적 성격보다는 교육적인 의미도 부여하면서 이끌어 가면 더욱 더 좋은 프로그램이 될 것이다. 그런 의미에서 진행자의 역량과 능력과 자질은 상당히 중요하다고 할 수 있으므로 학식과 인품을 갖춘 사람이 이끄는 게 좋다.

〈표 3〉 캠프화이어 세부활동 지도안

단 계	활동 순서	활 동 내 용
도입 (15분)	친밀감 조성	학생들에게 대열을 만들어 정리시키고 지도자가 입장하여 분위기를 이끌어 준다.
		청소년들이 좋아하고 유행하는 신나고 경쾌한 음악리듬에 섞어 즉석에서 박수와 함께 하는 몸짓으로 청소년들의 분위기를 이끌어 준다.
		다함께 할 수 있는 율동 따라하기
		오른쪽 왼쪽에 있는 친구들에게 서로 손으로 어깨를 두들기며 인사한다. '친구야 반갑다'라고 외치며
		반대게임 (지도자의 손과 반대로 하기= 위로 하면 아래로, 아래하면 위로)
	대표자게임	대표자를 즉석에서 선출하기
		무대위로 대표자를 불러내어 즉석 대표자 게임을 실시
장기자랑 (60분)	장기자랑	각 조별로 준비한 장기자랑을 순서에 의해 발표하게 한다.
캠프 화이어 점화 (10분)	이동	캠프화이어 화목을 모두 에워쌀 수 있도록 원영으로 만든다.
	점화	캠프화이어 점화봉에 점화를 한 후 청소년들 앞으로 한 바퀴 점화 행진 후 화목에 점화를 한다. (점화방법은 사방신 점화, 성화식 점화, 낙하식 점화, 대표자 점화 등 점화방법은 여러 가지가 있으나 그 중 가장 학생들과 간단히 할 수 있는 대표자 점화를 한다)
	불의 축제	점화 후 타오르는 불을 보면서 함성을 지르며 전체 서로 손을 잡고 오른쪽 왼 쪽으로 번갈아 움직인다.
공동체의 장 (30분)	둘이서마주보고	마주보고 손뼉, 등대고 업어주기, 마주 보고 춤추기
	4명이서	4명 서로 모여 땅에 손짚기 해서 늦은 사람 벌칙 댄스
	8명이서	8명 모여 오른쪽 순으로 번호 매겨 한 명씩 일어나서 댄스
	조별모이기	조별 동그라미로 모여 가운데 조장의 댄스 솜씨 보기 전체가 함께 보여 주는 단합의 댄스
	모양만들기	조별동그라미로 꽃, 숫자, 네모, 덩어리, 가장 큰 동그라미 등의 인간모양 만들기로 점수 부여
	동그라미기차	각 조별 동그라미 기차로 어깨 잡고 오른 쪽 왼 쪽으로 돌기
	인간의자	동그라미 기차 상태에서 인간의자를 만들어 보기 (단합이 되어야 만들어지므로 단합의 점수를 부여)
마무리 (5분)	마무리 감정처리	조별 동그라미 상태에서 서로 손을 잡고 옆사람의 체온을 느끼며 그에 따른 의미를 부여한다. - 손을 교차로 해서 옆사람과 손잡고 세 걸음 물러세게 한 후, 다시 한 걸음 앞으로 다가서며 이기적인 마음 버리게 하고 - 또 한 걸음 앞으로 다가서며 우정의 의미 강조 - 또 한 걸음 앞으로 다가서며 사랑의 의미 강조
촛불의식 (20분)	초나누기	각 조별 동그라미 앉게 하여 조장이 초와 종이컵 나누어 준다 (특히 이때 산만함을 없애야 한다)
	촛불점화	학교대표자(교장선생님 또는 학생장)가 첫 점화후 조장에게 전달하여 조장은 다시 조원들에게 점화(이때도 많이 산만할 수 있으니 주의집중시켜야 함)
	나레이션	진행자의 멘트나 부모님의 편지 낭송, 녹음된 내용 등을 준비해서 자신을 반성하고 가족의 소중함을 느끼게 하고 미래의 희망을 꿈꾸게 하는 시간을 가진다
	촛불소등	다짐의 시간을 간단하게 갖고 촛불을 끄고 마무리한다

⑨ **명랑운동회**

유쾌하고 즐겁게 한다는 의미의 명랑운동회는 여러 가지 종목들이 있다. 이러한 종목들을 선수가 아닌 아무나 참가하여 함께 어울림의 장을 펼친다는 데 상당한 의미가 있다. 명랑운동회는 단합을 유도하면서 재미있게 이끌어가는 체육활동 프로그램이다. 야외에서 대부분 활동하지만 실내에서도 장소의 여건이 된다면 가능하다. 명랑운동회는 도구가 다소 필요하며 이런 도구를 가지고 여러 가지 종목을 만들어 낼 수 있다.

그러나 명랑운동회는 승부욕에 불타 과하고 격렬하게 참여하는 참가자들이 가끔 다치거나 남을 다치게 하는 경우도 있다. 그러므로 반드시 주의를 주어야 하며, 평소 움직이지 않던 사람이 갑자기 심하게 뛰거나 움직이다 보면 몸의 이상이 올 수도 있으므로 반드시 체조나 율동을 통해 몸을 풀어 주어 적응을 하도록 준비운동을 시키는 것은 필수적이다.

- 팀을 2팀 또는 4팀으로 구성하는데 2팀으로 구성하여 진행하는 게 수월하며 도구의 활용도도 간편해진다.
- 대형은 2팀의 경우 서로 떨어져 길게 늘어서서 마주 보는 상태에서 가운데를 경기장으로 하여 그 가운데의 앞쪽에서 진행하면 되고 진행자가 있는 쪽은 출발선, 그 맞은 편을 반환점으로 한다.
- 보조지도자들은 인원을 반씩 나누어 양 팀의 지도자로 배치하여 통제를 하게 한다.
- 즉석에서 각 팀의 팀장을 선출하여 마칠 때까지 분위기 도우미나 응원단장으로 활용하면 좋다.
- 중간 중간에 질서 점수와 단합의 점수를 주면서 산만함을 보이지 않도록 만들어야 한다. 예)줄을 질서있게 유지한다든지, 점수 줄 때 함성 소리 클 경우.

〈표 4〉 명랑운동회 세부활동 지도안

단 계	활동순서	활 동 내 용
도입	시작몸풀이 율동	신나는 음악에 맞춰 간단히 몸풀이 율동으로 분위기를 고조시킨다.
	양팀이동	청,백 두 팀으로 나누어 마주 보는 대형으로 이동한다 가운데를 경기장으로 한다
	응원전	양 팀 각각 응원단장을 뽑아 열띤 응원전을 펼친다
본경기	애드벌룬 굴리기	팀별 단합을 보는 경기 1. 두 줄씩 선 상태에서 가운데로 애드벌룬 통과하기 2. 머리 위로 손을 들어 애드벌룬 올려 뒤까지 보내기 3. 1+2를 합쳐서 앞으로 애드벌룬 가져오기
	발묶어 달리기	대표자게임이다. 팀별 5명을 선출하여 1번~5번까지 번호를 정하여 1번이 반환점을 돌아와서 2번과 발묶어 다시 반환점 돌아 3번과 묶어서 또 반환점 돌고 하여 5번까지 전원이 발을 묶어 반환점을 돌아오는 게임
	작전 줄다리기	양팀 가운데 밧줄을 홀수로 마주 보게 깔아두고 시작 신호와 함께 빨리 달려가서 밧줄을 자기 팀으로 많이 가져가는 경기 =>이 경기는 격렬하여 다칠 수도 있으므로 잔디있는 곳이 아니면 신중하게 진행해야 한다 =>밧줄 개수대로 인원을 뽑아 미리 밧줄을 잡고 당기는 경기로 대체하면 안전함
	황소줄 다리기	각 팀 힘이 센 대표자 1명씩 뽑는다. 두 개의 밧줄 양쪽 끝을 묶어서 가운데 들어가서 밧줄을 배에 걸고 자기 팀으로 힘차게 끌고 가는 경기.
	파도타기	1열로 선다. 큰 파이프에 밧줄을 끼워 그 양 끝 밧줄을 두 명이서 잡고 1열 밑으로 굴리면 그 파이프 위로 뛰어 넘는 경기.
	지시문게임	반환점에 3개~5개 지시문을 둔다. 지시문 수만큼 대표자를 뽑는다. 그리고 반환점까지 달려 가서 지시문대로 움직여야 한다. 1번 지시문 : 머리 긴 친구 데려오기 2번 지시문 : 웃기게 생긴 친구 데려오기 3번 지시문 : 입 큰 친구 데려오기 4번 지시문 : 엉덩이 큰 친구 데려오기 5번 지시문 : 코 큰 친구 데려오기 =>상기와 같은 친구를 데려오면 양 팀 대표를 비교해서 점수를 준다.
마무리 화합 한마당	대형천을 펼쳐라	각 팀별 두 줄씩 서서 대형천(폭 120cm, 길이 25m〈인원이 중그룹일 때〉 또는 50m〈인원이 대그룹일 때〉)을 펼쳐서 행하는 경기 1. 대형천을 곧게 1자로 펼치기 2. 머리 위로 높게 펼치기 3. 1줄은 앉고 1줄은 서서 45도 각도로 펼치기 4. 천을 길이로 말아 천을 잡고 1줄 만들기

⑩ **퇴소식**

퇴소식은 모든 일정을 마무리하고 마지막 정리를 하는 시간이다. 퇴소식은 간단히 하여 청소년들의 지루함을 없애주는 게 좋다. 수련일정동안 우수 조에게는 시상을 하는 방법으로 축하를 해주고 전체가 보람 있게 느끼도록 우열이 중요하지 않다는 것을 강조하고 안전사고 없이 무사히 잘 끝난 것을 칭찬해 주도록 한다. 또한 이 작은 수련활동이 하나의 씨앗이 되어 살아가는데 큰 도움이 되는 것도 설명해준다.

지도자들은 버스를 타고 떠날 때 바깥에 까지 나가서 청소년들에게 손을 흔들어 주는 사랑의 마음을 전해 주면 더욱 좋을 것이다.

__Remind (생각다지기)

1. 청소년수련활동 지도에 있어서 사전에 실시되는 예비교육에는 어떤 것들이 있는지 알아봅시다.

2. 숙박정도에 따라 청소년수련원에서 실시되는 수련프로그램을 비교해 봅시다.

3. 청소년수련원에서 수련프로그램을 실시함에 있어 청소년지도자의 역할에 대하여 알아봅시다.

4. 청소년 수련활동 프로그램 실행단계별 순서와 지도내용에 대하여 알아봅시다.

__Practice & Becoming (내 것으로 만들기)

1. 청소년 수련활동의 법적근거를 알아보고 청소년수련 시설에 대하여 조사해 봅시다.

2. 전국의 청소년수련원을 파악해 보고, 관심 있는 기관에서 실시하고 있는 활동을 조사해 봅시다.

3. 전국의 청소년수련원 중 자신이 관심 있는 기관에서 실시해 보고자 하는 수련프로그램을 설정하고 자신의 지도방법의 시나리오를 기획해 봅시다.

• 제 3 부 •

역량중심의 청소년지도 실제

제8장 청소년수련관의 청소년지도

본 장은 청소년수련관의 이해, 청소년수련관의 주요 청소년사업, 청소년수련관에서 근무하는 청소년지도자의 필요한 자질로 전체 3단락으로 구성하였다. 청소년수련관의 이해에서는 청소년기본법과 청소년활동진흥법에 명시하고 있는 법조문을 사용하여 청소년수련관의 개념, 설립주체와 운영주체, 조직, 운영인력, 프로그램, 시설, 사업, 운영흐름에 대해 기술하였다. 2단락의 주요 청소년사업에서는 청소년수련관의 주요사업(프로그램)을 중심으로 청소년운영위원회, 청소년동아리, 공공청소년수련시설 운영프로그램, 청소년수련활동 인증프로그램, 공모사업, 국제청소년성취포상제, 기타프로그램을 나열식으로 정리하였으며, 각 사업마다 개념, 운영, 청소년지도자의 역할 등을 기술하였다. 3단락에서는 집필자가 청소년수련관에 근무하면서 느꼈던 청소년지도자의 자질에 대해 기술하였다.

청소년수련시설에서 근무를 할 당시 청소년수련관에서 운영하고 있는 프로그램에 대해 조사하러 오는 청소년학을 공부하는 학생들이 종종 있었다. 청소년학을 공부하고 있는 학생이니 청소년수련관에 대해 전반적으로 이해를 하고 있는 것으로 생각하였지만, 실제로는 그렇지 않았다. 청소년수련관이 단지 청소년들이 프로그램을 하는 곳이라는 것만 알고 있었다. 이에 집필자는 예비청소년지도자들에게 청소년수련관에 대한 올바른 이해를 통해 학업 및 진로에 도움이 될 수 있게 청소년수련관의 기본적인 이해와 청소년수련관의 청소년사업 중심으로 기술하고자 한다.

Ⅰ. 청소년수련관의 이해

1. 개념

청소년수련관은 다양한 수련거리를 실시할 수 있는 각종 시설 및 설비를 갖춘 종합수련시설이다(청소년활동진흥법 제10조), 청소년수련관은 청소년활동시설로 분류되며 다양한 유형의 청소년수련시설 중 생활권 시설로 지역사회에 가장 근접한 지역에 위치하며 청소년들이 일상적으로 활동할 수 있는 시설이다.

2. 설립주체와 운영주체

청소년수련시설은 2011년 기준으로 전국에 721개소가 있다. 그 중에서 464개소는 국가 또는 지방자치단체에서 설립하였으며, 257개소는 민간에서 설립하였다. 설립주체가 누구냐에 따라 공공청소년수련시설과 민간청소년수련시설로 나눌 수 있다. 공공청소년수련시설은 국가·지방자치단체가 설립한 시설이며, 민간청소년수련시설은 민간이 설립한 시설을 말한다. 공공청소년수련시설은 다시 설립주체가 국가일 때 국립청소년수련시설, 시일 때 시립청소년수련시설, 도일 때 도립청소년수련시설, 구일 때 구립청소년수련시설, 군일 때 군립청소년수련시설이라고 한다.

〈표 1〉 청소년수련시설

구분	총계	수련관	문화의집	수련원	야영장	유스호스텔	특화시설
계	721	168	216	174	41	116	6
공공	464	165	213	43	25	12	6
민간	257	3	3	131	16	104	0

*출처 : 여성가족부(2011), 2011년 청소년백서, p.381.

그러면 이러한 공공청소년수련시설은 누가 운영하는 것일까? 청소년활동진흥법 제16조에 국가 또는 지방자치단체는 청소년기본법 제18조제3항의 규정에 의하여 수련시설의 효율적 운영을 위하여 동법 제3조제8호의 규정에 의한 청소년단체에 그 운영을 위탁할 수 있다. 공공청소년수련시설의 운영에 있어서 운영주체가 국가 또는 지방자치단체일 때 직영청소년수련시설이라고 하며, 운영주체가 청소년단체 또는 비영리민간법인일 때 위탁청소년수련시설이라고 한다.

여기서 청소년수련관을 중심으로 보면, 청소년수련관은 민간이 설립한 3개소를 제외하고는 나머지가 공공청소년수련시설이라는 점이며 대부분의 청소년수련관은 효율적 운영을 위해 청소년단체와 비영리민간법인에 위탁되고 있다. 결론적으로 청소년수련관은 설립주체와 운영주체가 상이하고 거의가 공공청소년수련시설이다.

3. 조직

청소년수련관의 조직은 수련관마다 명칭상의 차이가 있지만 일반적으로 사업팀과 업무지원팀, 청소년방과후아카데미로 구성된다.

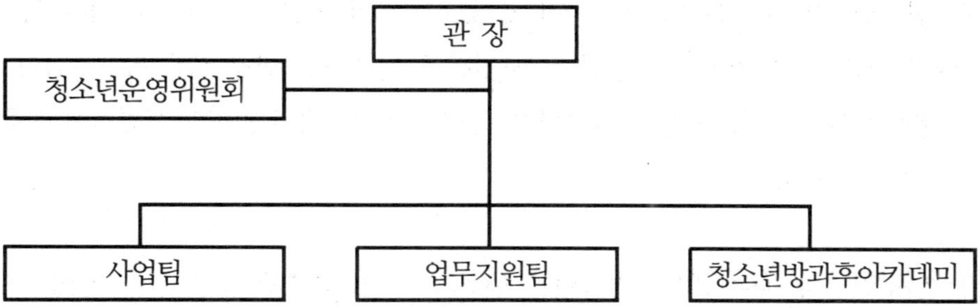

〈그림 1〉 청소년수련관 조직도

- 관장 : 수련관 운영대표자로서 업무전반에 관한 사항을 총괄하고 관할

- 청소년운영위원회 : 청소년활동진흥법 제4조에 설치근거가 있는 법적기구로써 청소년수련시설 운영에 대한 제안 및 제도개선 등 참여, 청소년수련시설의 각종 프로그램 참여 및 평가·분석 의견제출, 청소년수련시설 내 청소년 인권신장과 권리보호를 위한 자치활동의 기능을 가지며 9세~24세 청소년 15명 내외로 구성되어 있음

- 사업팀 : 청소년 프로그램 운영·평가, 프로그램 개발, 청소년운영위원회 활동지원관리, 청소년동아리 활동 지원관리, 학교 및 지역사회 연계사업에 관한 업무 등 청소년사업의 전반적인 업무를 담당하는 수련관의 목적사업을 수행.

- 업무지원팀 : 총무와 회계 및 시설안전관리에 관한 업무를 수행하며, 청소년사업의 전반적인 운영을 원활하게 해주는 역할을 수행.

■ 청소년방과후아카데미 : 국가 정책사업으로 여성가족부와 지방자치단체에서 공적서비스를 담당하는 청소년수련시설(청소년수련관, 청소년문화의집)을 기반으로 청소년들의 건강한 방과후 생활과 삶의 질 향상을 위해 가정이나 학교에서 체험하지 못했던 다양한 청소년 활동프로그램운영, 청소년생활관리 등 청소년을 위한 종합서비스를 지원하는 국가정책 지원사업. 공공청소년수련시설에는 대부분이 사업을 하고 있으며 인력은 PM 1명, SM 2명으로 구성되어 있다.

청소년수련관의 조직은 대체로 위의 조직표와 같이 일반적인 형태를 취하지만 기관마다 약간씩 다른 명칭을 사용한다. 사업팀의 경우 청소년사업팀, 목적사업팀, 수련팀, 활동진흥팀 등의 명칭을 사용하며, 청소년방과후아카데미를 사업팀에 포함시키는 수련관도 있다.

청소년수련관의 목적사업은 청소년을 대상으로 실시하지만 청소년의 이용율이 낮은 시간대에는 지역주민을 대상으로 하는 평생교육 프로그램을 운영한다. 예를 들어 체육관을 활용한 체육관련 프로그램, 음악감상실을 활용한 노래교실, 수영장을 활용한 수영프로그램 등의 프로그램을 운영한다. 청소년수련관의 규모와 사업의 경중에 따라 사업팀에서 평생교육팀(또는 생활체육팀, 사회교육팀)이 별도로 떨어져 나와 조직되기도 한다.

4. 운영인력

청소년수련관의 운영목적은 청소년의 균형 있는 성장을 위해 필요한 다양한 형태의 청소년활동을 제공하는 것이다. 수련관의 운영목적을 달성하기 위해서는 청소년활동을 지도하는 전문인력인 청소년지도사가 수련관에 배치되어야 하며, 청소년지도사 배치기준은 법으로 명시하고 있다. 청소년기본법 제23조제1항에 따른 청소년지도사의 청소년수련관 배치기준은 「1급 청소년지도사 1명, 2급 청소년지도사 1명, 3급 청소년지도사 2명 이상을 두되 수용인원이 500명을 초과하는 경우에는 500명을 초과하는 경우에는 500명을 초과하는 250명당 1급, 2급 또는 3급 청소년지도사 중 1명 이상을 추가로 둔다」 라고 명시되어 있다. 즉, 청소년수련관에는 최소 청소년지도사가 4명 이상 있다.

청소년지도사의 자격은 청소년지도사 국가자격검정에 합격하고 청소년지도사 연수기관에서 실시하는 연수과정을 마친 자에게 부여되며, 자격을 부여받은 청소년지도사는 청소년수련관에서 청소년육성을 담당하는 핵심운영인력이다.

5. 프로그램

청소년수련관의 프로그램은 청소년 기본법의 '21세기 청소년상'에서 제시한 21세기의 청소년에게 필요한 6대 덕목에 따라 문화감성 프로그램, 과학정보 프로그램, 봉사협력 프로그램, 모험개척 프로그램, 직업준비 프로그램, 국제교류 프로그램, 기타 프로그램을 운영한다. 청소년수련관은 해당 수련관의 연간 프로그램 운영계획에 따라 7개의 영역 안에서 다양한 내용의 프로그램을 개발하여 운영한다.

1) 문화감성 프로그램

문화에 대한 기본 소양과 안목을 배양하는 데 도움을 주거나 예술적 감성획득과 문화적 잠재능력 개발에 도움을 주는 프로그램을 말한다.

예) 미술, 음악, 문학, 공예 등의 취미·특기 활동프로그램, 문화답사 프로그램, 민속예술 프로그램

2) 과학정보 프로그램

자연 생태계에 대한 이해력과 탐구심을 고취시킬 수 있는 활동과 미지의 세계에 대한 창조능력이 고양될 수 있는 활동, 논리력·사고력·문제해결 능력들이 배양될 수 있는 프로그램을 말한다.

예) 과학공작 프로그램, 정보매체 프로그램, 자연탐구 프로그램

3) 봉사협력 프로그램

이웃돕기 활동으로부터 지역사회 보전 및 개발을 위한 활동, 자연환경보호활동 등에 이르기까지 폭넓은 사회봉사 프로그램을 말한다.

예) 사회봉사 프로그램, 환경보존 프로그램

4) 모험개척 프로그램

불확실과 혼돈의 세계에 적응하기 위한 용기와 인내심을 고취하기 위한 활동으로 미래의 삶에 도전할 수 있는 태도를 함양하는 데 도움을 준다.

예) 모험극기 프로그램(야간산행, 극기훈련, 서바이벌 훈련, 급류타기 등), 모험개척 프로그램 (계곡탐험, 응급처치법, 독도법, 오지탐험 등)

5) 직업준비 프로그램

기술, 정보화의 사회에서 요구되는 전문적인 지식과 기술을 함양하기 위한 프로그램을 말한다.

예) 건전한 직업가치관 형성을 위한 프로그램, 진로탐색 프로그램, 진로 준비활동 및 직업기초 능력 함양을 위한 프로그램, 직업세계를 체험하는 프로그램

6) 국제교류 프로그램

다양한 문화를 직접, 간접적으로 체험할 수 있는 프로그램과 외국의 문물에 대한 이해를 돕기 위한 프로그램을 말한다.

예) 세계문화 이해를 위한 프로그램, 직접적인 교류를 체험하는 프로그램

7) 기타 프로그램

기타 활동 프로그램은 위의 6가지 영역으로 분류하기 어려운 내용을 담고 있는 프로그램들로 생활체육과 관련된 체력단련 프로그램, 자기계발 및 대인관계와 관련된 심성계발 프로그램, 도덕성 함양 및 기초질서 유지와 관련된 시민의식 함양 프로그램들이 해당한다.

6. 시설

청소년수련관의 시설은 크게 청소년공간과 관리자공간으로 나눌 수 있다. 청소년공간은 청소년들이 청소년수련활동·교류활동·문화활동을 하기 위해 만들어진 공간이며, 관리공간은 청소년활동을 관리하고 지원하기 위해 만들어진 공간이다. 청소년수련관의 내부시설은 청소년공간 중심으로 구성되어 있으며, 문화·체육·교육·공용공간은 다양한 기능중심으로 세부공간으로 나누어진다.

〈표 2〉 청소년 수련관의 부문별 공간구성

구분	공간	기 능	세부공간	
			옥 내	옥 외
청소년 공간	문화	공연, 영화, 강연, 집회	전시공간, 소극장, 음악연습실, A/V실, 강당, 댄스연습실 등	옥외전시공간, 야외공연장
	체육	스포츠, 레크리에이션	체육관, 유아체육실, 수영장, 체력단련실, 실내골프장 등	운동장, 야외체육시설 등
	교육	취미, 교양, 교육, 토의	도서실, 동아리실, 상담실, 유아교육실, 교육실, 강의실 등	옥외체험공간, 식물원 등
	공용	공용, 연결, 매개, 휴식	식당 및 매점, 로비, 복도, 화장실, 샤워실, 실내주차장 등	옥외주차장 등
관리자 공간	관리	관리, 지원	관리실, 사무실, 안내, 관장실, 교무실 등	

* 출처 : 문화관광부(2003), 청소년활동진흥법시행규칙 별표(2012)

모든 청소년수련관이 위 표에 제시된 세부공간들을 모두 가지고 있는 것은 아니다. 수련관의 시설은 규모, 지역적특성, 환경 등의 여러 가지 사항을 고려하여 공간을 구성하되 청소년수련관의 고유기능을 유지하기 위한 법적인 필수공간을 가지고 있어야 한다. 청소년활동진흥법 제17조제2항의 규정에 의한 수련시설기준 별표2에 따르면 청소년수련관은 다음과 같은 필수공간을 유지하고 있어야 한다.

① 150인 이상 수용할 수 있는 실내집회장

② 연면적 150제곱미터 이상의 체육활동장

③ 자치활동실 2개소 이상

④ 상담실 1개소 이상

⑤ 강의실 1개소 이상

⑥ 휴게실 1개소 이상

⑦ 위생시설

⑧ 지도자실 1개소 이상

⑨ 방송설비 등

⑩ 특성화수련활동장 2개소 이상

(문화적감성함양 활동장, 과학 및 정보화능력함양 활동장, 봉사와 협력정신함

양 활동장, 모험심과 개척정신함양 활동장, 전문적직업능력함양 활동장, 국제감각함양 활동장, 기타특성화 활동장 중 2개소 이상)

7. 사업

청소년수련관의 사업은 크게 목적사업, 평생교육사업, 대관사업으로 구분할 수 있다.

1) 목적사업 : 청소년을 대상으로 하는 수련관 내·외부에서 실시되는 모든 프로그램을 운영
2) 평생교육사업 : 청소년 및 일반인·유아를 대상으로 수련관 시설을 활용하여 주로 청소년 이용이 어려운 시간대를 활용하여 운영되어지는 강좌중심의 사업
   예) 음악교실, 미술·만들기교실, 사물놀이교실, 유아대상 프로그램교실, 수영교실 등
3) 대관사업 : 청소년 및 일반인 단체에게 수련관의 유휴시설을 소정의 비용을 받고 이용
   예) 대강당 (학교축제, 어린이재롱잔치, 발표회, 일반강좌 등), 체육관(청소년 및 일반인 체육대회, 운동회 등), 강의실(세미나, 회의, 소모임 등) 등

8. 청소년수련관의 전반적인 사업 흐름 (프로그램 중심으로)

청소년수련관의 전반적인 사업 흐름은 다음과 같다.

〈표 3〉 청소년수련관의 전반적인 프로그램 사업 흐름

월	내 용
1~2월	- 전년도 청소년운영위원회 결과보고 및 정산보고 - 전년도 공공청소년수련시설 운영프로그램 결과보고 및 정산보고 - 연간프로그램 운영계획에 따른 단위사업(프로그램)별 실행계획수립 - 당해연도 청소년운영위원회 사업계획수립 - 당해연도 공공청소년수련시설 운영프로그램 사업계획수립 - 각종 공모사업 계획수립 및 공모신청 - 홍보계획에 따른 사업홍보

3~11월	- 단위사업별 프로그램 실행 및 평가 - 공공청소년수련시설 운영프로그램 실행 - 청소년운영위원회 운영 - 공모사업의 실행 - 수련활동 인증프로그램 실행
12월	- 당해년도 단위사업별 결과보고 및 정산보고 - 당해년도 단위사업별 평가 - 당해연도 연간 프로그램 종합평가 - 차기연도 연간 프로그램 운영계획수립 - 차기연도 평가계획수립

Ⅱ. 주요 청소년사업

1. 청소년운영위원회

1) 개념

청소년활동진흥법 제4조에 설치근거가 있으며 청소년수련시설 운영에 대한 제안 및 제도개선 등에 참여, 청소년수련시설의 각종 프로그램 참여 및 평가·분석 의견 제출, 청소년수련시설 내 청소년 인권신장과 권리보호를 위한 자치활동의 기능을 가지며 9세~24세 청소년 15명 내외로 구성되어 있다.

2) 운영

청소년운영위원회가 있는 공공청소년수련시설에서는 국비와 시·군·구비로 예산이 지원된다. 수련관마다 청소년운영위원회의 활동내용은 약간의 차이가 있으나 주요활동내용은 다음과 같다.

① 활동내용

- 청소년수련시설의 기능유지를 위한 모니터링 실시
  - 지역사회 청소년들의 의견반영을 위한 의견조사
  - 지역사회내의 현안사항을 해결하기 위한 워크숍, 캠페인 개최

• 청소년수련시설의 운영 및 프로그램에 대한 자문 평가
  - 청소년사업, 청소년시설에 대한 자문활동
  - 시설설비 및 프로그램 운영 시 욕구 및 개선에 대한 의견 제시
• 시설 및 청소년활동의 활성화를 위한 주체적인 책임활동 수행
  - 우수 청소년시설 벤치마킹활동
  - 타 청소년수련시설 위원들과의 교류를 통한 정보교류

② 연간활동 계획

〈표 4〉 연간활동 계획

월	내 용
1월	- 전년도 청소년운영위원회 보고서 발간 - 청소년운영위원회 당해연도 연간사업계획수립
2~3월	- 청소년운영위원회 위원 모집 및 선발, 청소년운영위원 위촉식
4~12월	- 청소년운영위원회 활동 : 정기회의 및 임시회의, 워크숍, 자문활동, 모니터링, 캠페인, 정보교류활동 등
12월	- 청소년운영위원회 결과 및 정산보고

3) 청소년운영위원회의 지도

청소년운영위원회를 운영함에 있어서 청소년운영위원회 담당 청소년지도자의 역할은 위원회를 이끌고 나가는 것이 아니라 청소년운영위원회가 자치활동을 원활히 할 수 있게 해 주는 것이다. 프로그램 개발 및 평가·예산운영 등의 청소년운영위원회 교육, 시설 및 프로그램 모니터링에 대한 기관과 청소년운영위원회간의 중개역활을 통한 의견반영, 예산집행 및 교류활동에 따른 공문작성 등의 행정지원, 청운위의 정기회의·수시회의 등이 잘 이루어질 수 있는 가교역할을 해야 한다.

2. 청소년동아리

1) 개념

청소년동아리활동은 자주적 활동으로서 취미나 소질, 가치관이나 문제의식 등을 공유하는 청소년들에 의해 자생된 집단 활동으로, 자율적이고 지속적인 청소년활동을

말한다. 청소년동아리의 운영목적은 청소년들의 능동적 참여와 자발적 활동을 통해 청소년시설에서 청소년이 주인된 역할을 할 수 있게 하며, 지역청소년들의 권익과 욕구를 대변하며 지역사회 발전에도 이바지하여 청소년문화를 주도하게 하는 것이다.

2) 운영

청소년동아리의 주요사업내용 및 사업추진절차는 다음과 같다.

① 내용

- 연간동아리운영계획수립
- 동아리 모집 및 홍보
- 동아리연합활동 및 동아리활동지원
- 동아리활동 만족도 조사 및 평가

② 사업추진절차

청소년동아리사업은 아래 표와 같이 준비단계, 계획단계, 운영단계, 평가단계 순으로 사업이 추진된다.

〈표 5〉 동아리운영 사업추진 절차

단 계	절 차	세부 운영 절차
준비단계	**사업 홍보, 동아리 모집**	• 지역내 초·중·고 청소년 동아리 현황파악 • 다양한 매체를 활용한 동아리사업 및 모집홍보
↓	↓	↓
계획단계	**추진 계획 수립**	• 청소년동아리 운영 세부계획 수립 • 청소년동아리 활동 영역별 선정 • 동아리활동 지원 방안 및 예산편성
↓	↓	↓
운영단계	**동아리지원, 연합활동 및 공동발표회**	• 동아리 활동 전문지도지원, 시설 및 기자재지원, 각종대회추천 및 정보제공 • 동아리 연합모임 및 발표회 지원
↓	↓	↓
평가단계	**동아리사업 운영 평가**	• 동아리활동 만족도 조사 • 운영 평가 결과 반영

3) 청소년동아리 지도

청소년동아리지도자는 지도자가 동아리 구성원들의 의사결정에 참여하고 조직과 운영을 통제하는 사람이 아니라 개별동아리들이 추구하는 목적활동을 조력하고 안내하며 구체적인 능력과 기법을 지도하여야 하며 이들의 활동을 지원하며 조력하는 역할을 담당한다. 청소년동아리지도자는 청소년동아리활동이 자율성의 원칙하에 운영될 수 있도록 청소년과의 신뢰와 친밀관계를 전제로 최소한의 개입과 청소년을 대변할 수 있어야 한다.

3. 공공청소년수련시설 운영프로그램

1) 개념

청소년수련관은 몇 개소를 제외하고는 공공청소년수련시설이라는 것을 앞에서 언급하였다. 청소년활동진흥법 제11조를 지원근거로 2000년부터 공공청소년수련시설 운영활성화를 위하고 프로그램의 질적 향상과 청소년수련시설의 운영 활성화 도모하기 위해 생활권 공공청소년수련시설인 청소년수련관과 청소년문화의집에 프로그램 운영비를 지원하였다. 이때 청소년수련관에서 지원받는 예산은 수련관 관리목적의 운영비로는 사용할 수 없으며 청소년활동프로그램 운영비로만 사용할 수 있다. 그리고 예산은 3년마다 있는 청소년수련관 평가를 통해 상위등급(A,B등급시설) 중위등급(C,D등급시설) 하위등급(E등급 및 미평가시설)으로 나누어 상위등급 연 오백오십만원에서 중위등급 연 삼백오십만원 하위등급 연 이백만원을 차등지원한다.

2) 공공청소년수련시설 운영프로그램 행정사항

- 사업기본계획의 수립 및 통보 : 1월
- 사업계획의 수립 및 보조금 교부신청 : 1월~2월
- 보조금 교부결정 및 교부 : 2월
- 사업추진 : 1월~12월
- 고객만족도 조사 : 1월~12월
- 사업정산 및 보고 : 차기연도 1월

3) 운영

공공청소년수련시설 운영프로그램은 해당 청소년수련관의 연간프로그램운영계획에 따라 수요조사 및 고객만족도 조사의 결과를 반영한 사업계획이 수립되며, 수립된 사업계획에 의하여 프로그램을 운영한다.

4. 청소년수련활동 인증프로그램

1) 청소년수련활동인증제

청소년수련활동인증제는 청소년활동진흥법 제35조에 의거하여 시행되는 제도로, 다양한 청소년활동에 '일정기준 이상의 형식적 요건과 질적 특성을 갖춘 청소년활동이 정당한 절차로 성립되었음을 국가에서 증명하는 제도'이다. 즉, 청소년수련활동 인증제도는 다양한 청소년활동 중에서 일정기준을 갖춘 프로그램을 국가에서 인증해주는 제도이다.

2) 운영

① 인증프로그램의 개발

청소년수련관은 매년 최소 1~2개의 인증프로그램을 개발하여 다양한 영역의 청소년활동프로그램을 운영하고자 한다. 대체로 정기형 중심의 프로그램을 개발한다.

* 정기형 프로그램: 인증프로그램의 유형에는 정기형, 숙박형, 이동형이 있으며, 정기형은 일상생활이 이루어지는 시간대에 1회 3시간 이상으로 하고 3회 이상에 걸쳐서 일정기간 정기적으로 이루어지는 비숙박 활동

② 인증프로그램의 유지·관리

청소년수련관의 인증프로그램 보유개수는 수련관별로 차이가 많이 난다. 인증프로그램을 보유하지 않은 수련관이 있는가 하면, 50개 이상 보유하고 있는 수련관도 있다. 인증프로그램의 인증유효기간은 4년이다. 한 개의 프로그램이 인증을 받으면 4년간 유지해야 하며, 또 다시 새로운 프로그램을 개발하고 인증을 받는다.

결국 수련관에서는 인증프로그램이 양적으로 증가하고 있다는 것이다. 이는 자칫 인증프로그램의 질적 저하의 우려를 낳을 수도 있다. 인증프로그램이 지역사회와 청소년들에게 신뢰받기 위해서는 지속적으로 기존의 인증프로그램을 유지·관리에 힘써야 한다.

③ 활동기록 관리

청소년수련활동인증제는 국가 및 지방자치단체 또는 개인·법인·단체 등이 실시하고자 하는 청소년수련활동을 인증하고, 인증수련활동에 참여한 청소년의 활동기록을 유지·관리 제공하는 제도이다. 청소년의 활동기록은 활동기록 담당자가 인증수련활동 종료 후 20일 이내에 수련활동 결과를 인증위원회에 통보할 수 있도록 활동기록 유지 및 관리에 노력을 기울인다. 활동기록은 전산으로 누적 관리되어 여성가족부장관 명의로 전국 어디서나 인증서를 실시간으로 온라인 발급 가능하며 인증서는 청소년수련활동정보시스템에서 해당 청소년이 활동기록을 발급 받을 수 있다.

3) 청소년지도사의 역할

인증프로그램을 담당하는 청소년지도사는 인증프로그램의 개발, 지도분야의 전문가로서 해당 프로그램에서 부여된 역할을 직접 담당하는 전문지도자로서의 역할, 해당 프로그램의 보조 및 지도를 담당하는 보조지도자로서의 역할, 인증프로그램의 기록관리, 인증프로그램의 사업홍보 및 모집홍보, 인증프로그램의 원할한 운영을 위한 물적·인적관리, 인증프로그램의 평가관리 등의 역할을 담당하고 관련된 업무를 한다.

5. 공모사업

공모사업은 주최하는 국가·지방자치단체 또는 기관이나 단체가 특정한 목적을 달성하기 위해 예산을 전액 또는 일부를 지원하고 특정사업의 효율적 운영과 성과를 내기위해 정해진 절차를 거쳐 선정된 시설, 기관, 단체 등에게 사업을 맡기는 것이다. 청소년수련관은 한정된 예산안에서 보다 다양하고 특화된 청소년활동프로그램을 청소년들에게 제공하고자 공모사업을 한다. 청소년수련관은 연간운영계획과 프로그램운영계획, 운영인력 등 다양한 여건들을 고려하여 공모사업을 운영한다.

1) 공모사업의 종류

공모사업을 사업주최에 따라 분류하면 국가공모사업, 지방자치단체 공모사업, 기타단체 공모사업으로 나눌 수 있다.

국가공모사업은 여성가족부의 청소년활동프로그램 공모가 대표적이다. 매년 1월~2월 사이에 청소년정책을 담당하는 여성가족부에서 청소년시설 및 단체, 비영리법인, 비영리민간단체를 대상으로 청소년활동프로그램 공모사업 시행공고를 낸다. 공모사업분야는 문화·예술, 과학·환경, 봉사·진로, 가족·인성 분야이며, 정해진 절차에 따라 선정대상을 정한다.

지방자치단체 공모사업은 시·군·구가 주최하는 사업으로 시·도에서 주최하는 청소년 육성프로그램 지원사업과 자치구·시에서 주최하는 청소년문화존이 대표적인 공모사업이다. 기타 단체 공모사업은 국제교류센터, 지역청소년활동진흥센터, 사회복지공동모금회 등의 단체에서 주최하는 공모사업이다.

2) 공모사업 추진절차

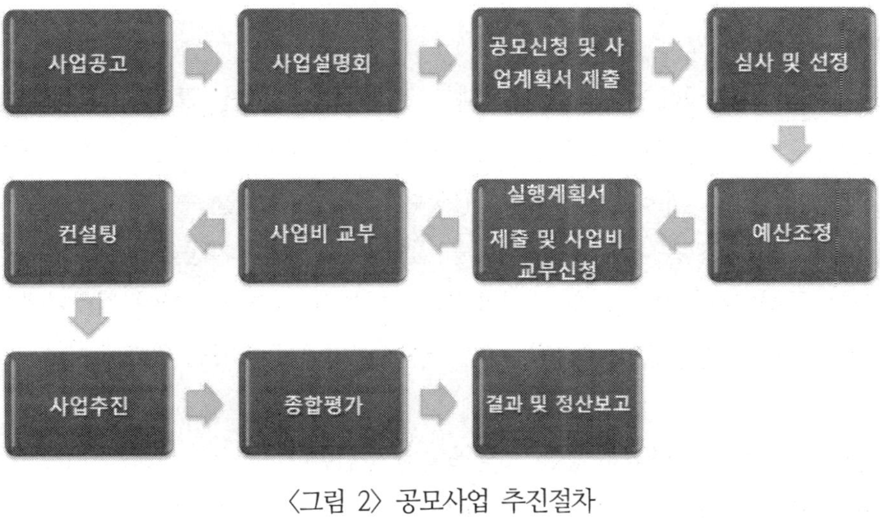

〈그림 2〉 공모사업 추진절차

6. 국제청소년성취포상제

1) 국제청소년성취포상제는?

14~25세 사이의 청소년들이 신체단련, 자기개발, 봉사 및 탐험활동을 통해 잠재력을 최대한 개발하고, 청소년 자신 및 지역사회와 국가를 변화 시킬 수 있는 삶의 기술을 갖도록 하는 전 세계 127개국에서 운영 되고 있는 국제적 자기 성장 프로그램이다.

2) 국제청소년성취포상제의 이해 (동장 기준)

만14세 이상의 청소년이 국제청소년성취포상제 동장을 포상 받으려면 신체단련활동, 봉사활동, 자기개발활동을 각각 3개월 12시간이상을 해야 하며 탐험활동을 1박 2일을 하여야 한다. 이때, 신체단련활동, 봉사활동, 자기개발활동의 각각의 활동이 1일 활동 시간이 반드시 1시간 이상 지속되어야 하고 활동주기가 7일 이상 되어야 한다. 그리고 봉사활동, 자기개발활동, 신체단련활동 중 하나를 선택하여 추가로 3개월을 수행하면 동장 포상을 받는다. 포상단계는 동장, 은장, 금장이 있으며 은장은 6개월/24시간 이상(하나 선택 후 추가 6개월, 탐험활동 2박3일), 금장은 12개월/48시간 이상(하나 선택 후 추가 6개월, 탐험활동 2박3일에 합숙활동 4박5일 추가) 활동을 하여야 포상을 받을 수 있다.

3) 운영

청소년수련관이 국제청소년성취포상제를 운영하고자 하면, 포상제 중앙운영기관 및 포상제 광역사무국(해당지역 청소년활동센터)에 포상제 운영기관 신청을 해야 한다. 신청 후 선정이 되어야만 국제청소년성취포상제를 운영할 수 있다. 포상제 운영기관인 청소년수련관은 4가지 활동영역을 참여 청소년에게 제공하거나 지역사회 네트워크를 통해 연계시켜 줄 수 있어야 한다. 아울러 수련관은 참여 청소년에게 특화된 프로그램을 제공해 줄 수 있는 프로그램제공기관이 되기도 한다.

포상제 운영기관은 다음과 같은 운영계획을 수립한다.

• 참여 청소년·학부모 대상 설명회 개최

- 포상제 참여 청소년 모집
- 참여청소년의 포상활동계획수립을 위한 컨설팅
- 참여청소년의 포상활동계획수립
- 포상활동계획에 따른 포상활동담당자 모집
- 포상활동계획에 따른 지역자원연계 활동
- 포상활동담당자 교육실시
- 포상활동 실시
- 활동피드백과 격려를 위한 간담회 실시

4) 국제청소년성취포상제 담당지도자(포상담당관)의 역할

포상제 담당지도자는 여타 청소년활동프로그램과는 달리 일대일로 대상청소년의 활동을 지도한다. 그리고 담당지도자가 지도하는 포상제 참여 청소년은 5명 이내로 하며, 포상제에 도전하는 청소년에게 중도에 포기하지 않도록 지도자는 끊임없이 격려와 지지를 보내주어야 한다.

포상제담당지도자(포상담당관)의 역할은 청소년 상담 및 참가자 접수, 입회 팩 및 매뉴얼 제공, 포상활동지도자 관리교육, 프로그램 관리감독, 활동기록 승인 및 확인, 성취확인 및 기록검토, 포상 승인 요청 등이다.

7. 기타 프로그램

1) 특성화 프로그램

청소년수련관은 법적인 필수공간인 특성화수련활동장을 2개소 이상 유지하고 있어야 한다.

청소년수련관은 특성화된 프로그램 개발·운영, 창의적 체험기회 제공 및 역량강화로 지속적인 체험활동의 활성화 도모하기 위해 청소년수련관별로 특성화 프로그램을 운영하고 있다. 특성화 프로그램을 운영하기 위해서는 해당 프로그램에 필요한 공간, 관련 기자재 및 물품, 전문인력의 배치가 이루어져야 한다.

예) 천문특화, 진로체험관, 국제교류관, 발달장애 스포츠활동학교, 애니메이션, 예절교실, 로봇 페스티발 등

2) 청소년문화존

청소년문화존이란 청소년들의 창의적인 능력과 문화감성개발을 위해 문화, 예술, 체육 등의 자원을 지역별 특성을 고려하여 개발·조성한 지역적 공간으로 청소년들에게 다양한 체험공간제공을 통해 자율적이고 창의적인 청소년을 육성하는 프로그램이다. 지역별로 지정된 개방된 공간에서 주제를 가지고 청소년중심의 전시활동, 공연활동, 체험활동이 펼쳐진다. 청소년문화존은 토요일에 운영되며 문화존이 펼쳐지는 해당 구(시)의 공모를 통해 주관단체가 선정된다. 문화존사업의 주관은 대개 청소년단체나 청소년수련관이 된다.

청소년문화존은 2월~3월경에 사업계획 수립 및 공모·심사 선정이 이루어지고 4월~10월에 사업을 실시하며, 11월~12월경에 결과보고 및 정산보고를 한다.

이 밖에도 동아리활동·자원봉사활동을 학교와 연계하여 운영하는 창의적체험활동, 토요체험프로그램, 방학을 이용하여 운영하는 각종 캠프형프로그램, 축제나 전시 등의 행사성프로그램 등 다양한 영역에서 많은 프로그램이 청소년수련관에서 운영되고 있다.

Ⅲ. 청소년지도자의 자질

직무와 역할을 효과적으로 수행하기 위해서는 그에 합당한 자질을 갖추고 있어야 한다. 청소년지도자의 자질은 두 가지 측면에서 고려해 볼 수 있다. 하나는 인간적인 자질이고 다른 하나는 전문적인 자질이다. 전문적인 자질은 청소년 지도자가 자신의 맡은 바 역할을 충실히 수행하는 데 도움이 되는 지식과 기술을 의미하고, 인간적인 자질은 청소년 지도 시 사용되는 지식과 기술이 제대로 효과를 발휘할 수 있도록 도와주는 역할을 하는 것이다.

청소년수련관에서 근무하는 청소년지도자는 인간적 자질과 전문적 자질이 필요하다. 청소년수련관에서 청소년지도자가 가져야 하는 자질은 다음의 9가지로 요약될 수 있다.

첫째, 올바른 가치관이다. 청소년수련관은 청소년의 활동공간이다. 그래서 많은 청소년들을 대하게 된다. 청소년지도자는 자신이 어떤 가치관을 가지고 있느냐에 따라 행동할 것이고 그것은 청소년에게 직·간접적으로 영향을 미치기 때문이다.

둘째, 자기효능감이다. 청소년수련관에서는 운영여건상 청소년지도자에게 본의 아니게 많은 업무가 요구되어지고, 경험해보지 못한 과업을 혼자서 해결해야하는 경우가 종종 있다. 이 때 자신에게 주어진 과업을 성공적으로 수행할 능력이 있다는 신념이 필요하다.

셋째, 인간관계기술이다. 청소년지도자와 청소년들과의 원만한 관계를 촉진시키고, 청소년들간의 관계형성을 지원해주며, 청소년지도자들간의 관계를 발전시키는데 중요한 요소이다.

넷째, 조정·통합기술이다 관리자와 청소년사이의 의견을 조정하고 통합함으로써 청소년의 의견이 청소년수련관의 운영에 반영될 수 있게 하는 실질적인 청소년 참여의 중요한 기술이다.

다섯째, 기획 기술이다. 새로운 아이디어를 포함하는 방향성을 지닌 창조행위인 기획은 청소년활동프로그램의 다양성을 이끌어 준다.

여섯째, 평가 기술이다. 프로그램 개발에서 운영에 이르기까지 전과정에서 평가가 이루어지고 평가결과를 차기에 반영하여 프로그램에 참여하는 청소년들이 청소년활동을 통해 구체적인 성과를 얻을 수 있게 하여야 한다.

일곱째, 실무적 기술이다. 청소년수련관에서 청소년지도를 직접 담당하는 지도자는 자신이 가지고 있는 전문성을 살려 직접적으로 프로그램에 참여해야 한다.

여덟째, 프리젠테이션 기술이다. 청소년지도자는 자신의 생각을 상대방에게 간단명료하면서도 명확하게 전달할 수 있어야 하며, 청소년수련관에서는 사업계획이나 결과보고에 많이 요구되어지고 있다.

아홉째, 시스템 운영 기술이다. 청소년수련관에는 방송·음향·조명시스템이 구비되어 있다. 이러한 시스템을 적절히 다룰 수 있음으로 인해 프로그램의 질적 수준을 높일 수 있다.

__Remind (생각다지기)

1. 청소년수련관의 개념과 설립 목적에 대하여 알아봅시다.

2. 청소년수련관을 구성하고 있는 조직과 그 역할에 대하여 알아봅시다.

3. 청소년수련관에서 운영되고 있는 프로그램에 대하여 알아봅시다.

4. 주요 청소년관련 사업의 종류와 각 종류별 청소년지도사의 역할과 자질에 대하여 알아봅시다.

__Practice & Becoming (내 것으로 만들기)

1. 청소년수련원과 청소년수련관의 공통점과 차이점에 대하여 조사하여 봅시다.

2. 지역의 청소년수련관 현황을 파악해 보고, 기관에서 실시하고 있는 청소년활동을 조사해 봅시다.

3. 자신이 관심 있는 기관에서 실시해 보고자 하는 수련프로그램이나 청소년사업을 성공적으로 진행하기 위해 필요한 역량을 기술해 봅시다.

제9장 청소년수련원의 청소년지도

청소년수련원은 자연에 위치하고 있는 자연권 수련시설이다. 자연적인 여건을 활용할 수 있는 방법들이 많이 있다. 산, 바다, 강, 들 등의 입지적 여건에 따라 여러 가지 지형지물을 활용할 수 있으며 그 여건을 만들어 가는 것은 청소년지도자의 아이디어에서 나온다. 지도자는 수련원의 예산 부족을 감안하여 저비용 고효율을 생각하는 프로그램을 만들어 낼 수 있어야 한다. 청소년수련원은 그 조직이 대체적으로 원장 이하 수련부, 행정지원부, 시설관리부로 나뉘어 그 고유의 담당업무를 맡게 된다. 청소년지도자는 청소년을 사랑하는 마음이 있고 청소년들과 함께 호흡하는 인격적 자질과 청소년들의 세계와 그들의 문화를 잘 파악할 줄 알며 심리를 잘 이해하기 위해 필요한 공부를 하는 교양적 자질도 쌓아야 하며, 유쾌하고 즐거운 지도방법과 기술로 청소년들을 잘 다룰 줄 아는 기능적인 자질도 뛰어나야 한다. 이에 더하여 활동지도시 지도자의 자세는 청소년들에게 직접적으로 영향을 주기에 밖으로 드러나는 말과 행동을 항상 조심해야 하며 지도자 상호간에도 존중하는 마음을 가져야 한다.

청소년수련원은 청소년들이 입소하면 단체생활을 하는 곳이므로 질서 유지에 신경을 많이 써야 한다. 생활지도가 제대로 되지 않으면 무질서하게 될 뿐만 아니라 안전사고의 위험도 있으므로 숙소에서의 시간 및 식사시간, 집합 이동시에도 생활지도가 제대로 이루어져야 한다. 수련원은 시설과 장비 관리도 신경을 써야 하는데 여름에는 습기 등의 이물질로 수리할 상황들이 많이 생기므로 미리 시설이나 장비도 점검을 해 놓아야 한다. 또한 무엇보다 제일 중요한 건 안전이므로 노후된 건물의 안전사고라든가, 추락사고의 위험이 도사리고 있는 시설이나 건물, 장비에 대한 안전관리와 자연 속에서 실시하는 활동 중의 독충이나 뱀 등을 조심해야 하는 프로그램 실시 때의 안전관리, 숙소에서나 자유시간 때 일어날 수 있는 생활시의 안전관리에도 만전을 기해야 한다.

Ⅰ. 청소년수련원과 프로그램

1. 청소년수련원

청소년수련원이라 함은 청소년활동진흥법 제10조 1의 나에 의거, 숙박기능을 갖춘 생활관과 다양한 수련거리를 실시할 수 있는 각종 시설과 설비를 갖춘 종합수련시설을 말한다(청소년활동진흥법, 2011). 생활권인 수련관의 경우는 숙박기능이 있을 수도 없을 수도 있지만 청소년수련원은 자연권이므로 숙박기능을 갖추게 되어 있다. 수련관은 도시 근교에 위치하고 있어 도보로 다닐 수 있는 곳도 있지만 수련원은 대부분 그렇지 못하다. 주로 자연 속에 위치하고 있어 도보로 이용하기가 용이하지 않으며 도시에서 떨어져 있는 경우가 대부분이다.

2. 청소년수련원의 시설 여건과 프로그램의 활용도

청소년수련원은 자연권의 입지적 여건, 즉, 위치에 따라 여러 가지 수련 프로그램을 실시할 수 있다. 청소년수련원은 산 쪽에 위치하거나 바다, 강 또는 들 등의 장소에 위치하고 있어 그 주위의 많은 자연적인 여건을 활용할 수 있다.

산에 위치하고 있으면 산악 체험을 주 활동으로 하는 프로그램을 구성할 수 있을 것이고 바다는 바다 래프팅, 해양탐사 등의 프로그램을 구성할 수 있으며, 강은 뗏목 타기, 강 래프팅 등을, 들이라면 넓은 들을 이용한 움직임이 큰 프로그램을 구성할 수 있다. 어떤 수련원은 이 모든 조건이 다 구비되어 있는 경우도 있어 수련활동을 이끌어가기에 최적의 조건을 갖춘 곳도 있다.

그러나 수련원의 입지적 여건이 좋다고 하여 무조건 그 여건의 수련 프로그램을 다 활용할 수 있는 것은 아니다. 그 여건을 이용하기에 필요한 도구나 장비를 제작하거나 구입하는 데에는 상당한 비용이 들 수도 있기에 이는 예산의 부담으로 작용하므로 지도자가 아무리 좋은 프로그램을 만들어 내더라도 수련원이 감당할 수 있는 예산의 범위도 감안해야 하는 것이다. 고비용 저효율이 아니라 저비용 고효율을 생각하는 프로그램이라면 아주 좋은 것이다. 그러므로 지도자는 참신하고도 훌륭한 아이디어로 멋진 프로그램을 창출해 낸다면 지도자로서 손색이 없고 인정받을 것이다. 그러기 위해선 발품 팔 듯 이 것 저 것을 시도하고 만들어 보기도 하는 등의 노력이 있어야 한다. 어떤 단체는 아주 훌륭한 아이디어로 수련도구를 만들어 자체 수련활동도 해나가면서 수련도구를 팔기도 하면서 수익을 올리는 곳도 있다.

수련활동을 하면서 부족하거나 불편한 게 있다든가 어떤 필요성을 요한다면 다른 방법으로 시도를 해 보는 적극적인 자세가 필요하다. 만약 똑같은 장소에서 똑같은 프로그램으로 이전에 입소했던 청소년들을 지도한다면 만족도는 떨어질 수 밖에 없고 식상해 질 것은 뻔한 일이다. 몇 가지 청소년들의 눈높이에 맞는 새로운 프로그램을 계속 만들어 낸다면 청소년들이 그 수련원을 다시 찾아도 만족도는 떨어지지 않을 것이다. 퇴소시 소감문을 받을 때 청소년들이 요구하는 프로그램을 쓰게 하고 제안하게끔 하는 것도 좋은 방법일 것이다. 지도자들은 수련활동을 지도하기 바쁜 시기에는 피곤하고 일에 지쳐 아이디어를 창출해 내기 어렵다. 학생들의 설문을 잘 받아 놓았다가 여유가 있는 시기에 그 설문들을 살펴 보면서 지도자 회의를 하면서 새로운 프로그램을 만들어 낸다면 인정받는 지도자이며 인지도 높은 수련원을 만들 수 있을 것이다.

공공수련원 보다는 민간수련원의 경우는 운영비를 쓸 수 있는 여건이 더 어려울 수 있다. 민간수련원은 단체나 기업보다는 개인이 운영하는 경우가 많으므로 예산이 넉넉지 않을 수 있으며 이때 지도자는 수련활동을 하는데 있어서 난관에 부딪칠 수 있다. 양질의 프로그램을 만들려고 하면 주위의 자연과 현재 시설물을 활용할 수 있는 최적의 프로그램을 만든다는 각오로 늘 임해야 할 것이다. 필요가 모든 상황을 만들어 낼 수 있기 때문이다.

3. 수련원의 조직과 담당업무 및 수련프로그램

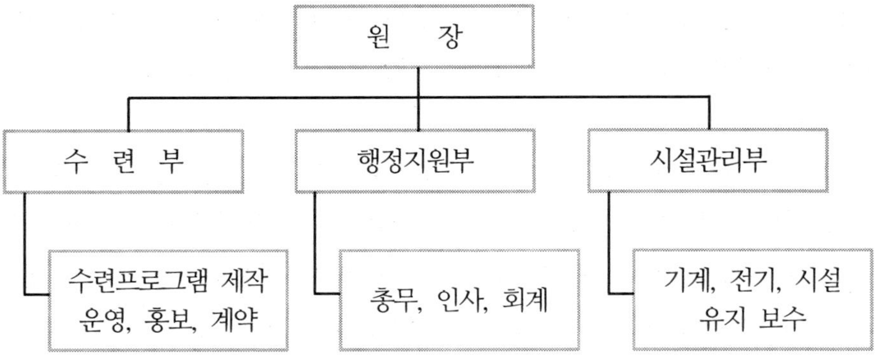

〈그림 1〉 수련원의 조직도

수련원은 공공수련원과 민간수련원이 체계가 다를 수 있지만 대체적으로 원장 이하 각 업무를 담당하는 수련부, 행정지원부, 시설관리부로 나누어지거나 수련부와 관리부의 2원화된 체계로 나누어진 곳도 있다.

수련부는 수련활동을 직접적으로 담당하는 곳으로 수련 프로그램 제작 및 운영, 수련활동 계약, 홍보, 숙소 관리, 수련장비 관리, 일반인 연수까지 수련에 관계되는 모든 업무를 총괄하는 부서이다.

행정지원부는 보통 총무부라고도 불리는데 총무, 인사, 회계, 식당과 매점, 양호실, 대외협력업무 등을 관리하는 부서이다.

시설관리부는 기계나 전기, 보일러, 가스 관리, 시설과 건물의 유지 보수에 관계되는 모든 것을 관리하는 부서이다.

수련프로그램의 종류로는 수련원마다 다양하게 실시하고 있는데 대체적으로 산악활동, 해양체험 등의 자연체험활동이나 극기훈련이나 담력훈련, 암벽등반 등의 모험개척활동, 청소년들의 내면을 끌어내어 아름답고 곱게 만들어주는 심성계발활동, 미니올림픽이나 명랑운동회, 구기종목활동을 하는 스포츠체험활동 등이 있다. 이외에도 수련프로그램은 자연적 위치에 따라서 수련원 자체의 많은 프로그램들을 만들어 낼 수 있으며 그 수련원의 대표적이고 특징적인 것을 나타내기도 한다.

Ⅱ. 청소년지도자 자질과 활동지도시 자세

청소년지도자는 현장에서 직접적으로 수많은 청소년들을 대하게 된다. 이들이 하는 말이나 행동은 청소년들에게 직접 영향을 미치게 되므로 항상 말과 행동을 조심하여야 한다. 청소년지도자가 유념해야 할 지도자 자질과 활동지도시 자세 및 고려사항은 다음과 같다.

1. 청소년지도자의 자질

1) 인격적 자질

수련활동시 청소년들과 늘 함께 하는 청소년지도자는 청소년을 사랑하는 마음이 있어야 한다. 청소년들을 귀찮아하거나 짜증을 잘 내는 성격이면 지도자의 자질이 부족하다. 청소년들과 가장 호흡을 잘 맞추려면 눈높이를 맞춰 주는 것이다. 눈높이를 맞춘다는 것은 그만큼 청소년들을 잘 이해하고 배려해 준다는 것이며 그들의 문화에도 같이 참여하는 것이다. 지도자는 자신의 감정과 행동 조절도 잘해야 한다. 간혹 욕설을 퍼붓거나 음란한 말을 한다든가 청소년들의 몸을 만지는 등의 행위는 절대 금물이다. 청소년들은 지도자의 말과 행동에 쉽게 상처받고 영향을 받는다. 그러므로 청소년들을 사랑하고 이해하는 것은 가장 기본적인 자질이다.

“그 사람은 정말 사람이 된 사람이야.”라는 말을 들어 보았을 것이다. 어느 누구라도 그 사람에게 다가서면 편안한 느낌이 들고 말을 걸어도 부담 없는 사람이며 아무 거리낌없이 다가설 수 있는 그런 사람들이 있다. 이런 사람은 나름의 성품이 그렇게 형성된 사람들이다. 남들을 아주 편하게 해주는 사람, 그래서 내 고민을 상담해 보고 싶은 사람이라는 느낌이 드는 사람이라면 인격적 자질을 갖춘 사람이라고 할 수 있을 것이다.

수련활동 중에 어떤 여학생은 자기 팀을 이끄는 남자지도자에게 와서 생리대를 달라고 하는 경우도 보았다. 민감한 부분인데도 쉽게 그런 부탁을 할 정도라면 그

지도자가 그만큼 편하다는 뜻일 것이다.

관상은 생긴 대로 사는 것이고 인상은 사는 대로 생기는 것이란 말이 있다. 늘 인격적인 자질을 갈고 닦는 사람은 인상도 그만큼 편안하게 비춰진다. 그러므로 어떤 마음자세로 살아 나가느냐에 따라 인상도 형성되는 것이다. 청소년들에게 인간적인 사람냄새가 나는 인성을 형성하는 지도자가 되어야 한다. 인격은 얼굴에 나타나기 때문이다.

2) 교양적 자질

무엇보다 청소년들의 세계를 잘 이해하고 그들의 문화를 잘 파악하며 또한 심리를 잘 이해하는 것도 중요하다. 리더십에 필요한 공부를 하고 자질을 익혀야 한다. 많이 알아야 전달력도 좋아지며 표현력도 세련되어지게 마련이다. 지식이 풍부한 지도자는 존경받는다. 또한 청소년들의 선호 경향도 잘 파악해야 서로 대화도 잘 이루어진다. 요즘 청소년들이 좋아하는 연예인이나 노래, 댄스 등 그 시기에 유행하는 것을 함께 알아두는 것도 청소년들과의 격차를 좁히는데 아주 도움이 될 것이다.

"그 사람은 참 많이 든 사람이야"라는 말이 있듯이 많이 알고 많이 공부해야 되는 것은 당연한 것이다. 말과 행동에서 그 사람이 얼마나 공부하는 사람인지도 나타나기 때문이다. 늘 공부하는 자세로 임한다면 배울 것이 이 세상에는 너무나 많다. 주위의 자연에서, 사람들의 관계 속에서, 생활 속에서 늘 진리와 의미는 발견할 수 있다는 것을 알게 된다. 아무리 하찮은 것에서도 배울 수 있는 것들이 많다는 것을 깨달아야 한다.

청소년들에게 "인류에게 주는 모기의 장점"을 써보라고 한 적이 있었다. 각 팀별로 서로 의논해서 적어내는 내용들이 참으로 신선하고 기상천외했다. 모기산업의 번창이라든가, 먹이사슬의 유지라든가 하는 내용들은 지도자에게도 배움을 준 경험이었다. 제자에게서도 스승의 느낌을 받듯이 조그만 것에서도 배움의 자세를 늘 갖추어야 하는 것이다.

3) 기능적 자질

인격적 자질과 교양적 자질을 갖추고 있을지라도 청소년들을 잘 다룰 줄 아는 기술이 없으면 청소년들이 싫어하는 지도자가 될 수 있다. 사람의 인간성은 너무 좋은데 다른 사람과의 관계 형성에 전혀 신경을 쓰지 않거나 관계를 맺을 줄 모르는 사람은 인간관계에서 도태되기 마련이다. 그러므로 어떻게 사람을 다루고 어떻게 이끌어 가는가의 기술을 익히는 것도 필요하다. 아무리 성품 좋은 지도자라도 프로그램을 이끌어 갈 때 너무 지루하고 단순하고 재미없이 이끌어 간다면 지도자로서 인정받기 어려울 것이다. 그러기에 유쾌하고 즐거운 방법으로 지도하는 방법과 기술을 익히는 것도 빼놓을 수 없을 것이다.

학교 축제에서 하는 청소년들의 발표 프로그램이나 캠프화이어 때 하는 장기자랑 등을 보면 TV에서 하는 개그 프로그램을 모방하여 발표하는 경우가 상당히 많다. 그런 프로그램을 자주 보면서 그것을 필요에 따라 응용하는 능력을 길러 놓는다. 진행하는 프로그램과 프로그램 사이에 빈 시간을 멋지게 채워넣을 수도 있다. 수련활동 중에는 각 조나 팀을 이끌어 나가는 지도자가 1명씩 배치되는 경우가 많은데 이럴 때 어떤 지도자는 기능적인 자질이 아주 뛰어나 인기가 좋은 반면에 어떤 지도자는 인기가 없어 그 팀 전체의 분위기도 가라앉아있는 경우를 많이 보게 된다. 지도자의 기능적 자질은 팀 전체의 분위기를 고조시키는 면에 있어서도 아주 중요하다. 센스있는 지도자라야 한다는 것이다.

방송가에서 유명한 레크리에이션 출신의 모 방송인은 현장 감각이 아주 뛰어난 사람으로 멋진 순발력과 뛰어난 유머감각으로 좌중을 엄청나게 압도하며 웃겼다가 가슴에 찡한 감동을 안기기도 한다. 그는 그만한 감각을 키운 것은 늘 신문을 보는 것과 독서의 힘이라고 얘기한다. 즉, 늘 공부를 한다는 것이다. 반면에 어떤 방송인은 현장 감각이 뛰어나지 못해 너무 재미없는 진행을 한 것을 본 적이 있었다. 청소년들을 대하는 곳은 현장이다. 그러므로 현장의 경험을 익히고 그에 따른 기법과 기술을 갈고 닦는 것도 청소년지도자에겐 매우 중요한 일이다.

"그 사람은 난 사람이야"라는 말이 있듯이 재능과 기술이 타고 난 사람을 얘기하는데 열심히 자신의 재능과 기술을 갈고 닦으면 타고 난 사람보다 더 훌륭한 사람이 될 수 있다. 열정과 노력을 이기는 천부적인 재능은 없기 때문이다. 열심히 노력하여 갈고 닦아 청소년지도자에게 이런 재능과 기술을 겸비한다면 정말 금상첨화가 될 것이다.

2. 활동지도시 지도자의 자세

자질이 내면적인 것이라면 자세는 외면적으로 나타나는 태도, 행동이라 할 수 있는데 지도자의 자세는 수련활동에 임하는 청소년들에게 직접적으로 영향을 주기에 다음과 같은 자세로 임해야 할 것이다.

- 지도자는 말과 행동이 일치되게 행동하여야 한다.
- 저속한 용어를 사용하거나 성적인 농담, 외모를 비하하는 말을 절대 해서는 안된다. 간혹 청소년들을 웃기려고 수용범위가 넘는 말을 하는 지도자가 있다. 그러나 이는 절대 금물이다.
- 청소년들과 필요하지 않은 사적인 행동을 하지 않도록 한다.
- 질문을 할 때는 성심성의껏 대답을 해 주어야 한다. 교과외의 활동이기에 청소년들이 호기심과 궁금증이 높을 수 있기 때문이다.
- 지도자는 보행하다가 청소년들과 서로 마주치면 먼저 유쾌하고 익살스럽게 인사를 할 수 있는 마음의 여유를 가져야 한다. 그럼 청소년들도 가깝게 느끼게 된다.
- 특정 청소년을 편애하는 말은 삼가고 자기가 믿고 있는 특정 종교를 내세우거나 타종교를 비난해서도 안된다.
- 신체가 약하여 활동이 힘들거나 부적응자에게 이해와 관심, 배려를 가져야 한다.
- 잘못된 행동에 대해서는 그 잘못된 행동에 대한 이유를 설명해주고 자존심을 상하게 하는 꾸지람을 해서는 안된다.
- 청소년들 앞에서 담배를 피지 않도록 한다.

- 지도자는 서로 상호간에 '선생님 또는 강사님'이란 호칭으로 사용할 수 있도록 한다.
- 지도자 상호간에 존중하는 마음을 가지고 상호작용하는 의견을 받아들인다. 수련활동을 계속적으로 하는 시기에는 지도자들의 피로누적으로 예민해져 갈등이 생길 수도 있기에 서로 양보하는 마음이 있어야 한다.
- 수련원의 유니폼을 꼭 착용하며 피곤한 얼굴이 아닌 항상 밝은 얼굴로 대해야 하며 용모도 단정하게 한다.
- 자신이 맡은 프로그램을 반드시 책임지고 이끌 수 있도록 한다.
- 지도를 할 때는 힘있는 목소리와 강약을 잘 조절하여 집중을 유도한다. 또한 솔선수범하는 모습을 보여줘 청소년들이 활동에 잘 참여하게 한다.
- 설명을 할 때는 시선을 부드럽고 골고루 준다. 한 쪽만 계속 시선이 집중되면 자신감이 없어 보이고 편애하는 느낌이 들며, 시선을 받지 못하는 쪽은 소외감을 느낄 수 있기 때문이다.
- 특정인을 지적할 때 손가락으로 가리키는 것보다는 손바닥 전체로 가리킨다. 손가락으로 가리키는 것은 보기가 좋지 않으며 공격적인 느낌이 들기도 한다.
- 자신도 모르는 습관과 동작을 고친다. 많은 사람들 앞에 서는 훈련이 되어 있지 않은 사람은 머리를 자꾸 긁적인다든가 입을 씰룩거린다든가 하는 무의식적 동작을 본인도 모르게 반복적으로 하는 경우가 있다. 이는 지도자의 신뢰감이 떨어지는 모습이 될 수 있기에 고칠 수 있도록 해야 한다.
- 말을 할 때는 부정적인 말보다는 가급적 긍정적인 말을 사용한다. '~하지 마라가 아니라', '~보다는 이걸 하라'는 식으로 말을 하는 게 훨씬 더 듣기가 좋다. 또한 칭찬을 많이 할 수 있도록 한다.
- 지도자는 청소년들 스스로 활동이 이루어 질 수 있게 유도한다. 제일 좋은 것은 강압이나 강요가 아니라 자발적으로 이루어지는 것이다. 이는 동기유발에도 아주 효과가 좋은 것이다.

대략적으로 지도자의 자세에 대해 설명했다. 물론 이외에도 많은 지도자의 자세가 있을 것이다. 그러나 위와 같은 자세가 확립되어 있다면 멋진 지도자로서 청소년들에게 존경받는 사람이 될 것이다. 훌륭한 지도자는 노력하는 지도자인 것이다.

Ⅲ. 수련원에서의 활동지도 및 생활지도

수련원은 개인이 아닌 단체생활을 하는 곳으로서 질서유지에 신경을 써야 한다. 프로그램 진행시의 활동지도 못지 않게 평소 생활지도가 중요하다는 것을 알아야 한다. 생활지도가 제대로 되지 않으면 무질서하게 될 뿐만 아니라 안전사고도 일어날 수 있기 때문이다.

- 시설 사용에 불편함이 없도록 사전에 충분히 안내를 한다.
- 수련기간 동안 욕설을 하지 않고 청소년 신분에 맞는 말과 행동을 하게 해야 하며 만나는 지도자들을 보면 정중하게 인사를 하게 한다.
- 복장은 수련활동에 편한 운동화나 체육복 등의 복장을 하되 안전사고가 일어나지 않는 복장을 착용하게 한다.
- 시설이나 비품을 아껴 소중히 사용할 수 있도록 하고 사용 후에는 반드시 제자리에 가져다가 잘 정리정돈하게 한다.
- 숙소에서 나올 때나 활동과정 간의 이동시 시간에 늦지 않도록 지도한다.
- 건물이나 시설에 위험에 관계되는 요소는 반드시 사전교육을 실시하여 안전사고에 대비한다.
- 부적응자나 환자는 반드시 매 과정마다 점검을 하여 조치를 취해야 한다.

1. 숙소에서의 생활지도

숙소 각 방의 방장을 정하여 매 과정이 시작되거나 끝날 때 필요시 열쇠를 가지고 문을 열고 잠그고 뒷마무리 정리 책임을 맡게 하고 전달사항도 방장을 통해 전달할 수 있도록 한다. 대체적으로 조장이 방장을 맡는 경우가 대부분이지만 숙소의 인원이 조원만큼 짜여지지 않을 때는 따로 맡는 경우가 있다.

- 조장 1명 : 조의 대표자, 조의 모든 인원을 통제할 책임자.
- 부조장 1~2명 : 조장이 혼자서 통제하기 힘들 경우 조장을 도움.
- 방장 1명 : 숙소의 각 방의 대표자, 전달사항 및 방의 잠금장치, 정리 책임자.

- 봉사(도우미)요원 3~5명 또는 조원전체 : 조장 부조장이 하는 것 이외에 필요한 활동을 담당, 식사 배식을 돕거나 세면대, 화장실 등을 공동으로 청소.

침구는 취침시간에 사용하도록 하고 청결하게 사용하도록 하며 복도나 계단을 다닐 때는 옆방에 방해되지 않도록 소란스럽지 않게 한다. 그리고 각 방에서 역할 부여받은 당번은 쓰레기통을 제때에 비울 수 있도록 하며 각자 맡은 도우미 요원은 화장실 및 샤워장, 세면대를 깨끗이 정리한다.

2. 식사시간의 생활지도

수련원 대부분의 식당은 한꺼번에 식사를 할 수 있을 정도로 수용되기 어렵기에 방송에 따라 각 조별로 식사를 차례로 하도록 안내한다. 만약 자유배식이든 통제배식이든 식판을 함부로 들고 다니다간 음식이 쏟아지므로 식판을 가급적 배식대에 붙여 밀고 가며 적당량을 뜨게 한다. 음식을 남기지 않도록 본인의 양을 조절하여 먹게끔 한다. 배식 받은 사람은 안쪽부터 차근차근히 앉아서 먹도록 한다. 도우미 요원은 배식하는 것을 돕고 난 후 식사를 하도록 한다. 음식을 흘리지 않게 먹고 식사가 다 끝난 사람은 입구가 아닌 출구로 나가게 해야 서로 부딪치지도 않고 배식에 방해가 되지 않는다.

지도자도 일부 서로 돌아가며 배식을 돕는 경우가 있으므로 배식을 도우면서도 식사안내를 할 수 있도록 한다.

3. 집합 및 이동시의 지도

한 활동이 끝나면 다음 활동을 미리 안내한다. 지도자는 미리 집합장소에 나와서 인원점검을 할 수 있도록 한다. 매 활동마다 청소년대표자가 인원을 파악한 후에 보고를 하도록 유도한다. 환자가 있는지 파악을 하고 인원에 문제가 없으면 활동을 실시하고 이동시에는 지도자가 인솔을 하며 위험지역이 아닌 곳으로 이동을 시킨다.

Ⅳ. 시설 및 장비관리

수련원에서의 시설과 장비, 기기는 특히 관리를 잘하여야 한다. 생활권에서는 장비가 고장이 나더라도 수리하는데 시일이 크게 소요되지는 않는다. 하지만 수련원은 자연 속에 위치한 곳이 대부분이므로 수리를 하는데 오랜 기간이 걸린다는 것을 염두에 두고 장비 등을 잘 관리하여야 한다. 수련원은 자연적인 여건에 의해 영향을 많이 받는다. 여름에는 비가 많이 오기에 습기가 많이 차게 마련이다. 장비의 경우 습기가 차서 녹이 슬거나 곰팡이 등이 피면 장비가 작동이 잘 안될 때가 많다.

겨울에는 추위에 노출되어 있다가 장비를 전기에 연결하면 에러가 날 수도 있다. 급격한 온도에 민감한 장비가 있다는 것을 알아 두어야 한다. 그리고 전기 제품은 너무 아낀다고 사용을 하지 않으면 그것이 바로 고장으로 이어질 수도 있다는 것을 알아야 한다. 가끔 한 번씩 전기에 연결한 뒤 사용하여 고장을 미연에 방지하도록 한다. 습기에 젖어 있는 장비는 해가 뜬 날에 말려주어 습기를 제거하도록 해야 한다. 또한 음향이나 조명 장비의 경우도 먼지가 많이 끼어 있는 경우 먼지가 장비의 화재 및 고장의 원인이 되기도 하기 때문에 나사를 풀고 뚜껑을 열어 먼지를 털어주면 장비를 오래도록 사용할 수 있다.

청소년들이 직접 사용하는 장비의 경우는 필히 사용방법을 숙지시켜 줘야 한다. 청소년들은 조심스레 다루는 게 서툴러서 장비를 함부로 사용할 수 있다. 간혹 성인들이 연수차 들어와서 장비를 대여해 달라고 요청하는 경우도 있는데 이때도 마찬가지로 사용에 관하여 정확하게 전달하여야 한다. 장비가 고장 나면 사용했던 청소년이나 성인들에게 배상책임을 지우기도 애매하고 그 책임은 장비담당자에게 있을뿐더러 그 수리비를 청구하는 손망실 보고서와 경위서를 쓴다거나 하여 절차나 과정이 복잡하다보니 귀찮아 때론 본인이 바로 결제하는 경우도 종종 있다. 이런 경우는 민간수련원 보다는 공공수련원이 절차가 더 까다롭기에 철저하게 장비를 관리해야 문제가 생기지 않는다. 그러므로 주기적으로 점검을 하여 고장 나지 않게 대비를 해야 한다.

V. 시설의 안전관리와 활동시의 안전관리

청소년수련원은 시설면에서도 수련활동 지도시에도 가장 중요한 게 안전일 것이다. 시설이 열악하면 안전사고의 위험은 늘 도사리고 있기 때문에 이는 청소년들의 생명과 직결되기 때문에 아주 민감한 부분이다. 예전에 일어났던 화성의 씨랜드 화재사고는 국민들에게 엄청난 충격을 안겨 줬던 사건이다. 씨랜드 화재 참사는 1999년 6월 30일 새벽 경기도 화성군 서신면 백미리에 있는 청소년 수련시설인 '놀이동산 씨랜드'에서 원인을 알 수 없는 화재가 발생하여, 잠자고 있던 유치원생 19명과 인솔교사 및 강사 4명 등 23명이 숨지고 5명이 부상당했던 대형 사건이다.

수련원은 크고 작은 안전사고의 가능성이 있기 때문에 안전관리는 무엇보다도 중요하다. 아무리 우수하고 질 좋은 프로그램과 훌륭한 지도자들이 배치되어 있어도 대형안전사고가 일어나면 모든 것을 한 순간에 잃게 되는 것이다. 특히 생활권에 위치한 수련관과는 달리 수련원은 숙박을 하는 시설이므로 안전사고에 대비한 만반에 신경을 써야 한다. 그러므로 안전관리를 위하여 안전교육을 반드시 실시하여야 한다. 이는 지도자들이나 청소년들 모두 안전교육을 받아야 한다. 지도자들은 응급처치 교육도 필히 이수를 하여 만약의 사태에 대비할 수 있어야 한다.

안전관리에는 시설이나 건물, 장비에 대한 안전관리, 프로그램 실시 때의 안전관리, 생활할 때의 안전관리 등으로 나눌 수 있다.

1. 시설이나 건물, 장비에 대한 안전관리

수련원은 건물이 오래된 경우 노후 시설 때문에 생길 수 있는 안전사고가 있을 수 있다. 못이 튀어 나온 경우, 시설물이 돌출되어 있는 경우, 오래된 기구들을 버린다고 시설주위에 쌓아 방치한 경우, 계단이 미끄럽거나 계단모서리 홈이 파였거나 부서져 있는 경우, 전선이 노후되어 피복이 벗겨져 있고 널브러져 있는 경우 등은 시설이 오래되었을 때 생길 수 있는 위험이므로 유념하여 제거할 수 있도록 해야 한다.

그리고 추락사고의 위험도 존재한다. 숙소에 있는 베란다에 난간이 낮다거나 부실한 경우, 또는 초등생의 경우는 장난친다고 난간 위에 올라서는 경우도 있으므로 반드시 주의를 시켜야 한다. 물론 가능하면 난간을 통째로 에워쌀 수 있도록 하면 더 좋을 것이다.

노후된 건물이 아닌 신축이나 증축하는 경우에도 자재를 쌓아놓거나 일부 공사중일 경우 시설물의 낙하나 바람에 날려 다치게 할 수도 있기에 이런 장소는 청소년들을 데리고 가지 않는다.

전열기구 등도 화재의 위험이 있으므로 조심스럽게 다룰 수 있도록 안전교육을 실시한다. 프로그램 진행시에 필요한 장비들은 시작 전 시작 후에 반드시 제 위치에 둘 수 있도록 해야 한다. 이외에도 발견할 수 있고 위험이 있다고 판단되는 것이 있다면 반드시 사전에 그 위험을 제거해야 할 것이다. 눈에 띄지 않는 위험 요소들은 얼마든지 있을 수 있기 때문이다. 안전사고가 우려되는 곳이라면 반드시 표시를 하여 접근을 금하도록 해야 한다.

2. 프로그램 실시 때의 안전관리

프로그램은 수련원마다 그 나름의 입지적 여건과 특수성을 감안하여 구성하기 때문에 그에 따른 안전관리도 맞게 해나가야 한다. 각 수련원마다 실시하는 프로그램이 다르겠지만 대체적으로 다음과 같은 안전관리를 생각할 수 있다.

야외 프로그램 실시의 경우는 그 위험빈도가 훨씬 높아지기 마련인데 산에서 하는 활동의 경우는 독충, 뱀 등을 조심하고 나뭇가지나 풀 종류에 다치거나 베이기도 하는 사고가 있고 때론 골절사고가 일어날 수도 있기에 지도자는 이러한 사고에 대비해 간단한 응급도구를 휴대하고 다녀야 한다. 밴드나 압박붕대, 소독약, 소화제 등 비상시 먹거나 사용할 수 있는 비상 구급약이 준비되어 있으면 만약의 사태에 대비할 수 있을 것이다. 바다나 강에서 프로그램을 실시할 경우는 물에 빠질 것을 늘 대비해야 한다. 수영을 못하는 청소년들은 위험하기 때문에 그에 따른 안전장비를 착용하게 해야 한다. 또한 물놀이 전에는 반드시 준비운동을 실시해야 한다. 청소년들에게도 치마나 슬리퍼 등 수련활동시에 맞지 않는 복장을 하지 않게 지도를 해야 한다. 반팔과 반바지를 입는 경우에도 찰과상을 입는 경우가 꽤 많으므로 가급적 긴 팔과 긴 바지를 입도록 지도한다.

프로그램 실시 전에는 항상 적응력이 떨어지는 청소년이나 환자를 별도로 구분하여 절대 무리하게 수련활동을 이끌어 가지 않도록 한다. 날씨가 무더운 경우에는 급격하게 신체리듬이 깨어지므로 절대 무리한 활동을 하지 않도록 한다. 만약 사고가 발생하면 즉시 차량으로 이동하여 조치를 취해야 한다. 프로그램 실시 때에는 필요한 보호장구를 반드시 착용하도록 한다. 보호장구를 착용하지 않고 프로그램을 실시하다가 안전사고가 발생하면 지도자에게도 책임이 따르기 때문이다. 안전사고가 발생하면 양호교사의 판단하에 조치를 취할 수 있도록 한다.

지도자들은 수련활동이 없는 시기에 수시로 응급처치 교육을 이수하는게 좋다. 응급처치 교육을 이전에 받은 사람이라 할지라도 개정되거나 변경된 내용들이 자주 있고 잊어버릴 수도 있기에 반복적으로 교육을 받는 게 좋다.

3. 생활할 때의 안전관리

수련원에서는 거의 대부분이 프로그램 실시하는 시간이 많기에 그에 대한 안전지도를 생각해야 하는 경우가 많다. 그러나 식사시간이나 자유시간, 취침시간 등도 드물게 안전사고가 일어날 수 있으므로 이에 대한 안전지도도 반드시 해야 한다.

생활관, 즉 숙소에서 친구들과 장난을 치다가 다치거나 복도나 계단을 뛰어다니다가 다쳐 치료를 받으러 오는 경우도 있으며 건물 바깥에 몰래 나가 밖에서 물건을 사러나갔다가 어두운 곳에서 넘어져 다치는 경우도 있을 수 있다. 간혹 술을 사러 가거나 담배를 사러 가는 경우도 있기에 취침 이후엔 철저한 통제가 필요하다. 숙소에서 사용하는 화재를 유발할 수 있는 위험한 물건(촛불, 담배, 성냥, 전기기구, 열사용 도구 등)은 없는지도 점검을 한다. 가장 위험한 안전사고 중의 하나가 화재이므로 불필요한 화재 유발 도구는 빼어야 한다. 청소년들은 안전의식이 성인처럼 그렇게 확립되어 있지 않다. 앞뒤를 생각하지 않고 저지르는 경향 때문에 어른들을 긴장시킬 때도 많다. 그러므로 안전의식은 분명히 강조해야 한다.

_Remind (생각다지기)

1. 청소년지도자가 갖추어야 할 자질과 활동지도시 취하여야 할 자세에 대하여 알아봅시다.

2. 청소년수련원을 구성하고 있는 조직과 그 역할에 대하여 알아봅시다.

3. 청소년수련원에서의 활동지도와 생활지도에는 어떤 것이 있는지 알아봅시다.

4. 청소년수련원 시설 및 활동시의 안전관리의 필요성과 중요성에 대하여 알아봅시다.

_Practice & Becoming (내 것으로 만들기)

1. 청소년수련원 시설 별 조직도와 조직별 역할에 대하여 알아보고 공통점과 차이점에 대하여 비교 분석해 봅시다.

2. 청소년수련원 시설 별 안전수칙에 대하여 알아보고 공통점과 차이점에 대하여 비교 분석해 봅시다.

3. 자신이 관심있는 지역의 청소년수련원 설정하고, 자신만의 안전 수칙 가이드를 작성해 봅시다. (비상 연락망과 체계포함)

제10장 청소년방과후아카데미의 청소년지도

청소년방과후아카데미는 2005년 48개소에 시범사업으로 시작하여 사업의 확대→축소→확대의 과정을 거치면서 2012년 현재 200개소에서 실시되고 있는 여성가족부 정책사업이다. 본 장에서는 한국청소년활동진흥원에서 발행한 「2011 청소년방과후아카데미 운영실무자 업무매뉴얼」과 여성가족부의 「2013년 청소년방과후아카데미 운영기본계획」을 바탕으로 하여 예비청소년지도자가 청소년방과후아카데미 사업을 제시하였다.

첫 번째, 청소년방과후아카데미의 용어와 아카데미 운영의 기본적인 자원인 시설, 공간, 운영인력에 대해 기술하였으며, 둘째, 청소년방과후아카데미의 대다수를 차지하고 있는 기본지원형 중심으로 아카데미의 프로그램관리(전문체험활동과정, 자율체험활동과정, 학습지원활동, 특별지원과정, 생활지원), 청소년관리, 지역자원연계, 운영관리 등의 아카데미의 전반적인 운영 중심으로 기술하였다. 셋째, 청소년방과후아카데미의 전담인력인 PM과 SM의 자세와 자질에 관해 제시하였다.

Ⅰ. 청소년방과후아카데미의 이해

1. 용어

청소년방과후아카데미(이하 아카데미)를 처음 접하는 이들은 '방과후학교', '방과후교실', '청소년방과후아카데미' 등의 비슷한 용어를 하나의 용어로 동일시하여 이해하는 경우가 많다. 하지만, 아카데미는 이러한 용어들과 구분되며, 아카데미를 이해하기 위해서는 빈번히 사용되고 있는 '방과후학교', '방과후교실'의 용어를 명확하게 해 둘 필요가 있다.

1) 방과후학교

학생들의 자발적 참여를 원칙으로 수요자(학생, 학부모)의 요구와 선택에 따라 수익자부담 또는 재정지원으로 학교중심의 장소에서 이루어지는 정규수업 이외의 교육 및 보호프로그램이다. 교육인적자원부가 2006년을 '교육격차 해소 원년'으로 선포하고, 낙후지역 저소득층 교육소외 계층의 교육안전망을 구축하기 위해 마련한 다양한 정책 중의 하나이다. 이 사업은 1995년 교육개혁위원회의 5·31 교육개혁안에 의해 '방과후 교육 활동'으로 처음 제안되었고 1996년에 도입·운영되기 시작하였다. 1999년 '특기·적성 교육 활동'으로 명칭이 변경되었다가 2004년에는 사교육비 경감 대책으로 중·고등학교의 '수준별 보충학습'과 초등보육 목적의 '방과후 교실'로 운영되었다. 그러나 운영과정에서 제한된 프로그램의 제공, 실력과 자격을 갖춘 강사 활용 미흡, 농산어촌 등 교육소외지역의 저소득층 자녀에 대한 지원 미흡 등으로 학생참여율이 저조하였다. 이에 2006년부터 기존의 특기·적성 교육, 수준별 보충학습, 방과후 교실을 '방과후학교'로 통합하고 모든 학교들 대상으로 전면 시행하도록 하였다.

2) 방과후교실

2004년에 초등보육 목적으로 운영된 것으로 현재는 방과후학교로 통합된 용어이다. 하지만, '방과후교실'이라는 명칭은 명확한 용어의 정의가 없이 방과후에 학교밖에서 이루어지는 교육프로그램, 보육프로그램 등을 구분 없이 '방과후교실'이라는 용어를 사용하고 있다. 이러한 '방과후교실'은 주로 지역아동센터, 사회복지관, 민간에서 대부분이 수익자부담(일부 재정지원)을 원칙으로 일정시간 다양한 형태의 프로그램을 운영한다.

3) 청소년방과후아카데미

청소년방과후아카데미는 국가 정책사업으로 여성가족부와 지방자치단체에서 공적서비스를 담당하는 청소년수련시설(청소년수련관, 청소년문화의집)을 기반으로 청소년들의 건강한 방과후 생활과 삶의 질 향상을 위해 가정이나 학교에서 체험하지 못했던 다양한 청소년 활동프로그램운영, 청소년생활관리 등 청소년을 위한 종합서비스를 지원하는 국가정책 지원사업이다(청소년방과후아카데미 홈페이지).

2. 설치대상 시설

2012년 기준으로 아카데미는 전국에 200개소가 설치되어 있다. 200개소가 몇 개 지역에 집중되어져 있는 것이 아니라 시·군·구별로 고르게 분산되어 있다. 특별시와 광역시의 경우 구별로 한 개소, 도의 경우 시·군별로 한 개소가 있다고 보면 된다. 아카데미는 청소년수련시설을 기반으로 하여 해당기관의 시설과 지역자원을 활용하여 운영되어진다. 청소년기본법 제3조에 "청소년수련시설"이라 함은 수련활동의 실시를 주된 목적으로 하는 시설이라고 나와 있다, 그러므로 청소년수련시설인 청소년수련관, 청소년수련원, 청소년문화의집, 청소년특화시설, 청소년야영장, 유스호스텔이 아카데미의 설치대상 시설이 되며, 여성가족부 「2013년 청소년방과후아카데미 운영기본계획」에 따르면 아카데미 설치대상 시설조건을 '청소년수련관, 청소년문화의집, 사회복지관 등 공공시설'이라고 되어있다.

아카데미는 취약계층 청소년들을 대상으로 하는 방과후 활동을 하기 때문에 무엇보다도 청소년들의 접근성이 좋아야 하며, 효과적인 운영을 위해 일정기준의 시설과 다양한 프로그램이 구비되어 있어야 한다. 그래서 대부분의 아카데미는 접근성이 좋고, 일정기준의 시설충족과 좀 더 다양한 프로그램을 실시할 수 있는 청소년수련관과 청소년문화의집에 설치되어 있다. 아카데미의 고른 지역배분, 해당지역의 청소년수련시설 부재, 정책적인 고려 등의 여러 가지 이유로 인해 사회복지관과 동자치센터에서 운영되는 곳도 있다.

3. 공간

아카데미는 청소년수련시설을 기반으로 설치되어졌기에 청소년수련관 및 청소년문화의집의 기존시설에서 아카데미 운영에 필요한 공간을 리모델링하여 구성되어져 있다. 기본적으로 대상청소년들이 학습활동과 체험활동을 하는 교실, 아카데미 전담인력(PM, SM)의 사무공간 및 전문강사의 수업준비공간으로 쓰이는 지도자실, 대상청소년들의 독서활동과 휴식을 취하는 북카페 및 휴게실이 있다. 아카데미만 사용하는 전용공간으로서의 전문체험활동실은 드문 실정이고, 대부분의 아카데미는 청소년수련관 및 청소년문화의집의 강의실, 댄스연습실, A/V실, 강당, 체육관 등에서 전문 체험활동을 실시한다.

여성가족부 「2013년 청소년방과후아카데미 운영기본계획」에 나와 있는 아카데미의 시설기준 권장모형은 아래와 같다.

① 전용공간(교실) : 교실은 집과 같이 안락하고 다양한 체험활동이 가능한 공간으로 1개 교실당 청소년 20명을 수용할 수 있어야 하며, 기본형 아카데미에 있어서 2개 공간이 마련되어야 함. 교실 공간 조성 시 지하층은 배제하고, 환기가 원활한 교실이어야 함

② 지도자실 : 지도자실은 지도자 사무 및 연구 공간, 회의 및 상담 공간, 기자재 보관 공간 등으로 구성되어야 함

③ 북카페 및 휴게실 : 청소년들이 편하게 쉬면서 도서와 정보를 쉽게 접할 수 있는 공간으로 구성되어야 함

④ 전문체험활동실 : 동적인 활동(스포츠, 댄스, 무술 등), 음악활동, 미술활동 등을 할 수 있는 전문활동실을 별도 마련하여야 함. 없을 시에는 기존공간을 활용한 대안 마련이 필요함.

⑤ 기타공간 : 아카데미 인원수를 고려한 남녀구분 화장실과 급·배식 실시 공간 등이 조성되어야 함

4. 조직 및 인력

아카데미는 그 자체가 기관이 아니라 사업이다. 청소년수련관과 청소년문화의집에서 운영되는 많은 청소년사업 중에 하나이며, 많은 사업 중에서 아카데미 사업을 전담하는 하나의 팀이다. 그러므로 전담인력(PM, SM)은 시설의 조직 속에 있는 구성원이라는 점을 인식해야 한다. 시설의 규모와 사업의 효과적인 운영을 고려하면 대체로 시설장-(중간관리자: 국장·부장·과장 등)-PM-SM의 체계를 가진다.

아카데미는 대상청소년 40명(기본형)을 중심으로 많은 인력들이 운영에 참여한다.

운영인력에 있어서 핵심은 운영책임자인 PM과 실무책임자인 SM이며, PM과 SM을 중심으로 해당아카데미 사업의 목적을 달성하기 위해 전문강사, 지원협의회, 자원봉사자 및 지역자원들이 밀접하게 연관되어 있다.

• PM(Project Manager): 아카데미운영을 총괄하고 일정관리 및 운영지원을 한다.
• SM(Schedule Manager): 반의 담임교사로서 숙제지도 또는 자기주도학습 지원, 상담 및 생활기록·관리, 문자메시지·급식지원을 한다.
• 전문강사: 편성 프로그램을 지도하는 강사로서 교과목 강사와 전문체험활동 강사로 구분되며, 평균 7~10명으로 구성되어 있다.
  예) 국어·영어·수학강사, 댄스·마술·사물놀이·클레이아트강사
• 지원협의회: 아카데미 주요 사안의 심의 및 결정과 지역연계의 중심적인 역할을 담당할 수 있도록 지역사회의 기관 및 인력이 참여한다.
  예) 사회복지관 시설장 및 실무자, 지역주민대표, 관계공무원, 학교장, 대학교수 등
• 지역자원연계: 지역사회의 다양한 분야에서 아카데미의 원활한 운영을 위해 프로그램, 서비스, 물적에 도움을 주는 기관 및 인력이 참여한다.
  예) 학습지도 및 체험활동보조 자원봉사자, 상담지원, 의료지원, 간식지원, 차량지원 등

Ⅱ. 청소년방과후아카데미의 운영

1. 프로그램 관리

아카데미의 과정운영은 전문체험활동과정, 자율체험활동과정, 학습지원활동, 특별지원과정, 생활지원의 5개 부분으로 구성되어 있다.

전문체험활동과정은 강습형태가 아닌 체험활동 위주로 청소년들의 창의·인성 함양을 위한 예술체험활동, 과학체험활동, 직업개발활동, 봉사활동, 리더십개발활동 등

의 다양한 체험활동 프로그램 운영되며, 주중에 운영되는 주중전문체험활동과 주말에 운영되는 주말전문체험활동, 주중에 운영되는 자율체험활동으로 나누어진다.

자율체험활동(재량활동과정)은 청소년들이 중심이 되어 진행하는 활동으로 자치활동, 동아리활동 등의 시간으로 운영된다. 재량활동운영계획에 따라 담당실무자의 전문성을 살려 실무자가 직접 활동프로그램을 운영하기도 하며, 지역연계자원을 활용하여 안전교육, 위생교육, 상담프로그램 등을 운영하는 과정으로 전문체험활동과는 달리 예산이 지원되지 않는다.

학습지원활동(기본공통과정)은 학교 교과목 중심으로 이루어지는 과정이며, 보충학습지원과정과 교육학습과정으로 나뉜다. 보충학습지원과정(자기주도학습)은 SM이 지도하며 숙제지도, 보충학습지도, 독서지도 등으로 편성된다. 교과학습과정(주요교과목지원)은 해당 교과목 전문강사의 지도로 교과학습 중심의 학습지원이 이루어진다.

생활지원은 급식제공, 상담, 건강관리, 생활일정 관리 등으로 운영된다.

특별지원은 정규적인 과정 이외에 청소년 또는 부모에게 제공할 수 있는 다양한 지원프로그램으로 방학캠프, 초청인사 특별강의, 발표회, 학부모간담회, 학부모교육 등의 특별한 활동으로 구성된다.

여성가족부 「2013년 청소년방과후아카데미 운영기본계획」에 초등학생 대상 기본형의 경우 주중 프로그램 시수는 주중전문체험활동 8시간, 자율체험활동 2시간, 보충학습지원과정 5시간, 교과학습과정 5시간, 급식 5시간으로 주중 총25시간으로 편성하고 있다. 주중 총 25시간으로 프로그램을 편성하면 아래 〈표 1〉과 같다.

〈표 1〉 주간(週間)프로그램 편성표 예시

구 분	월	화	수	목	금
1교시 (14:40~15:30)	등교 및 개인별 생활지도				
2교시 (15:40~16:20)	(전) 전래놀이	(학-보) 자기주도학습	(전) 농구교실	(학-교) 사 회	(자) 동아리활동
3교시 (16:30~17:10)	(전) 마음공부	(학-교) 국 어	(전) 방송댄스	(학-교) 영 어	(전) 합창교실
4교시 (17:20~18:00)	(전) 마술스피치	(학-교) 수 학	(전) 다도예절	(학-교) 수 학	(전) 공작활동
5교시 (18:00~18:40)	저 녁 식 사				
6교시 (18:40~19:20)	(학-보) 자기주도학습	(자) 수화/학급회의	(학-보) 자기주도학습	(학-보) 자기주도학습	(학-보) 자기주도학습

* 익산시청소년문화의집 청소년방과후아카데미 2012년 주간프로그램편성표

* (전): 주중전문체험활동, (자): 자율체험활동, (학-보): 보충학습지원과정, (학-교): 교과학습과정

아카데미가 다른 방과후활동 프로그램과 차별화되는 가장 큰 특징은 전문체험활동을 한다는 것이다. 그 중에서도 주말전문체험활동은 아카데미 프로그램의 핵심이라고 말할 수 있다. 주중전문체험활동과 재량체험활동은 대체로 시설내부에서 이루어지는 활동이라면 주말전문체험활동은 야외에서 주로 이루어진다. 아카데미의 주말전문체험활동은 아카데미 연간운영계획과 프로그램편성운영계획에 맞추어 월별 또는 분기별로 다양한 주제를 가지고 구성된다.

그리고 주말전문체험활동은 아카데미의 주중운영과정과 유기적인 연계를 가지고 편성 운영된다. 예를 들어 사회교과목에서 배웠던 내용을 직접체험 하고, 합창프로그램을 통해 지역사회가 주관하는 발표회나 축제 참여하여 아카데미 청소년들이 자존감을 높일 수 있는 계기가 되게 한다. 주말전문체험활동의 편성시수는 여성가족부 「2013년 청소년방과후아카데미 운영기본계획」에 초등학생 대상 기본형의 경우 1주 4~6시간이며, 1달 4주를 기준으로 3주는 전문체험활동, 1주는 재량체험활동으로 편성시수는 2~4시간이다. 그 내용은 〈표 2〉와 같다.

〈표 2〉 주말전문체험활동 프로그램 구성 예시

월	구 분	일자	프로그램명 및 주요활동내용	장소	비고
2 (체력 증진 활동)	1주차	4일	**행복 나눔 핸드볼 교실** 전라북도핸드볼협회의 후원으로 체력증진 및 핸드볼을 통한 체육복지의 기회	제일고등학교 체육관	재량
	2주차	11일	**행복 나눔 핸드볼 교실** 전라북도핸드볼협회의 후원으로 체력증진 및 핸드볼을 통한 체육복지의 기회	제일고등학교 체육관	
	3주차	18일	**핸드볼 경기 관람** 국가대표 선수들이 참가하는 수준 높은 성인 핸드볼 경기 참관으로 청소년들에게 꿈과 희망의 기회제공	올림픽 핸드볼 경기장	
	4주차	25일	**스타와의 만남** 전 국가대표출신 선수와의 만남을 가져 청소년들의 롤 모델이 되어주는 기회제공	음식점	
6 (지역 후원 프로 그램)	1주차	2일	**재량프로그램 진행** 과학, 한자, 사회, 체육(S보드) 평일에 부족한 과목을 주말프로그램으로 진행	전체교실 및 운동장	재량
	2주차	9일	**벽화그리기** 벽에서 피어나는 세상이란 제목으로 요즘 청소년들이 좋아하는 앵그리버드를 붓과 페인트를 통해 표현하는 벽화그리기	청소년문화의집	
	3주차	16-17일	**다이나믹 예절캠프 및 연합 체육대회** MOU기관의 후원으로 때와 장소에 맞는 예절을 배우고 표현해보는 프로그램, 예절캠프 후 지역 방과후 아카데미와 연합하여 체육대회 진행	익산유스호스텔 및 영등시민공원	
	4주차	23일	**청소년차겨루기대회** 사)한국차문화재단과 연계하여 실시하는 프로그램으로 다도예절수업 시간에 배우고 익힌 실력을 마음껏 발휘하는 프로그램	군산여성회관	

* 출처 : 익산시청소년문화의집 청소년방과후아카데미 2012년 2월,6월 주말전문체험활동

2. 생활지도 관리

1) 모집 및 출석 관리

① 모집(지원형)

• 모집방법 - 지역의 행정기관 협조를 통해 서류상 확인할 수 있는 대상자 가정

에 대한 정보수집 및 신청안내, 지역연계자원을 통한 대상자모집, 아카데미 활동사업을 통한 모집

- 대상학년 - 아카데미의 대상학년은 초등 4~6학년, 중등 1~2학년(장애청소년형의 경우 중3까지)이다. 대체로 초등대상 아카데미(2개반 운영의 경우)는 4학년 1개반, 5학년 1개반 또는 5학년 1개반, 6학년 1개반으로 운영하고, 중등대상 아카데미(2개반 운영의 경우)는 1학년 1개반, 2학년 1개반으로 운영된다.
- 인원 - 기본형은 아카데미당 40명이며, 1개반 20명 기준으로 2개반으로 운영된다.
- 선발 - 기본지원형의 경우 기초생활수급대상, 차상위계층, 저소득층, 장애부모가정, 가정 형편이 어려운 청소년을 중점대상으로 하며, 지원협의회의 심의·결정을 통해 선발된다.

② 출석 및 기타관리

아카데미는 출석률의 유지를 위해 출석에 대한 포상, 결석 시 대책과 조퇴나 지각 발생에 대한 조치방법 등의 관리계획을 수립하고, 중도포기와 중도탈락의 기준 및 처리절차에 대한 계획를 수립하고 운영한다. 아울러 참가 대기자를 관리하여 중도포기와 탈락시 빠른 시간내에 충원해야 한다.

2) 개인생활지원

아카데미 담당운영인력(PM, SM)은 학부모·학교 담임교사와의 긴밀한 협조, 인성검사·진로적성검사·학습능력검사 등의 과학적 검사 실시를 통해 개별 청소년의 성향, 생활태도, 성적 등을 종합적으로 파악하고 체계적으로 관리하여 청소년의 활동 및 생활지도시 활용한다, 아카데미 활동에 있어서 개별 청소년들을 수시로 면밀히 관찰, 면담하여 문제가 있을 시 그 문제에 대해 지역자원과 연계하여 필요한 서비스(상담, 의료, 물품 등)를 제공한다. 아울러 개인생활지원을 통해 자기개발을 지원한다.

3) 급식·귀가지도

① 급식지도

아카데미는 주중에 저녁식사와 주말에 프로그램 실시시간에 따라 점심 또는 저녁식사를 지원한다. 영양관리, 식단관리, 위생상태관리 등의 해당 아카데미 급식관리계획에 따라 급식지도가 이루어진다.

- 급식업체 - 시설자체(영양사와 조리사가 있는 시설의 경우), 지역 내 급식업체
- 급식장소 - 시설의 식당, 교실, 아카데미 휴게실, 그 외 식사를 할 수 있는 공간
- 급식지도인력 - SM, 급식지도 자원봉사자 등

② 귀가지도

아카데미는 늦은 시간에 활동이 마치는 관계로 해당 아카데미 청소년들의 안전한 귀가를 지도한다. 귀가방법, 귀가지도인력, 귀가안전교육 등의 해당 아카데미 귀가관리계획에 따라 귀가지도가 이루어진다. 대부분의 아카데미는 시설의 셔틀버스 또는 임대 셔틀버스를 활용하여 PM과 SM이 업무분장에 따라 귀가차량에 탑승하여 아카데미 청소년들의 귀가를 지도하며 전화통화 또는 문자메시지 등을 통해 귀가를 확인한다.

- 귀가방법 - 셔틀차량, 도보, 부모동반, 기타
- 귀가지도인력 - PM, SM, 귀가지도 자원봉사자 등
- 귀가확인 - 도착 시 문자메시지등으로 확인

3. 지역연계

1) 지원협의회

지원협의회는 지역사회 안에서 아카데미가 원활이 운영되어 질 수 있게 아카데미의 주요 사안을 심의·결정하고 지역연계의 중심적인 역할을 담당할 수 있도록 지역사회의 기관 및 인력이 참여하는 아카데미의 기구이다. 즉, 아카데미 대상청소년들의 모집·탈락 등에 있어서 지원협의회의 심의 및 결정은 객관성과 공정성을 유지하게 하며, 지원협의회의 위원들은 청소년들에게 다양한 지원을 위해 위원이 속한 기

관의 자원들을 아카데미에 직접 연계 또는 위원들과 연관된 간접자원들을 아카데미에 연계시켜 준다.

지원협의회는 각 아카데미별로 제정되어 있는 「지원협의회 운영규정」에 취지와 기능, 구성 및 위원 위촉, 의결 정족수, 심의 및 의결사항, 회의 운영방법 등이 제시되어 있다. 일반적으로 지원협의회의 위원장은 아카데미가 있는 시설의 시설장이 맡으며, PM은 간사 역할을 한다. 구성인원은 10~15명이며, 지원협의회의 모임은 분기별 또는 격달로 가진다.

예) 사회복지관 - 상담사지원, 부모교육지원, 시설지원, 물품지원 등
대학 - 특강지원, 자원봉사 대학생지원 등
주민자치센터 - 모집에 관한 행정지원, 자원봉사활동지원, 지역행사참여지원 등
병원(보건소) - 의료지원, 건강검사지원, 건강교육지원 등

2) 지역자원연계

지역자원연계란 아카데미 청소년들에게 다양하고 질적으로 우수한 프로그램의 제공과 생활지원을 위해 지역사회에 있는 인적자원, 물적자원, 콘테츠자원 등을 연계하는 것을 말한다. 아카데미가 설치되어 있는 청소년수련시설은 아카데미가 계획한 모든 프로그램을 원활이 수행하기에는 분명한 한계가 있다. 이러한 한계를 극복하기 위해서는 지역내의 다양한 분야별 지역자원과 연계하는 방안을 모색하여 프로그램지원, 물적지원, 서비스지원을 받을 필요가 있다.

프로그램지원은 강연 중심의 프로그램을 지원받는 강사파견, 활동·체험 중심의 프로그램을 제공받는 프로그램연계, 일회성 프로그램을 무상으로 연계한 특별프로그램을 지원받는 것이다. 물적지원은 간식, 물품, 장학금 등을 지원 받는 것을 말하며, 서비스지원은 의료, 상담, 생활지도 등의 서비스를 지원받는 것이다.

〈표 3〉 분야별 지역자원

영역	종 류
보건/복지분야	복지시설, 보건소, 병원, 한의원, 약국 등
교육분야	유치원, 학교, 특수학교, 대학교, 직업교육기관, 평생교육기관 등
행정기관	시군구청, 지방의회, 경찰서, 법원, 검찰청, 동사무소 주민자치센터 등
경제산업분야	금융기관, 기업, 쇼핑센터, 자영업(미용실, 제과점 등) 등
문화분야	종교시설, 문화예술시설, 체육시설, 박물관, 전시관, 역사유적지 등
언론분야	방송사, 지역신문사 등
청소년분야	청소년수련시설, 청소년상담센터, 청소년쉼터, 청소년단체, 동아리 등
기타 사회단체	다양한 분야의 각종 사회단체

* 출처 : 2011년 청소년방과후아카데미 운영실무자 업무매뉴얼 p.138

3) 지역사회참여

지역사회참여는 아카데미 대상청소년들에게 지역사회에 기여하고 참여하는 기회를 제공함으로써 청소년 스스로가 지역사회 구성원이라는 인식을 갖게 한다. 지역사회참여에는 자원봉사활동과 지역참여활동이 있다.

자원봉사활동은 아카데미 자체 기획을 통하여 지역사회 참여나 봉사활동을 목적으로 시행하는 활동을 말한다, 자원봉사활동의 내용으로는 복지관 및 공공기관에서 시행하는 봉사활동, 지역사회 행사의 진행보조역할, 지역환경정화 및 캠페인 등이 있다. 지역참여활동은 주중체험활동이나 자체 동아리활동을 통해서 익혔던 지식이나 기능을 활용하여 지역사회의 행사 등에 참여하는 것이다. 주중체험활동과 연계하여 이루어지는 경우가 많다. 자원봉사활동과 지역참여활동은 주로 주말체험활동에 편성되며, 아카데미별로 연간 운영계획에 따라 월별 또는 분기별로 주기적으로 운영되어지고 있다.

4) 홍보관리

아카데미 사업에 대한 지역사회의 지지를 확보하고 참여 대상자 발굴 및 다양한 지역자원의 참여를 유도하기 위하여 체계적인 계획에 의하여 홍보활동을 실시하며,

아카데미 운영자들이 느끼는 감동과 성과를 널리 알리고 홍보함으로써 지역사회의 이해와 관심 촉구하고 긍정적인 여론 형성할 필요가 있다. 이러한 홍보의 필요성에 의해 아카데미는 지자체소식지, 언론, 인터넷 및 메일링, 자체기관소식지, 현수막 등의 다양한 홍보매체를 이용하여 지속적으로 아카데미의 활동내용을 홍보하고 있다.

4. 운영관리

1) 인력관리

아카데미의 운영실무진인 PM, SM과 강사 등 전문성 있는 운영인력을 선발하여 배치해야 하며, 효율적인 관리를 통해 사업의 성과를 달성해야 한다.

① 자격요건(여성가족부 '2013년 방과후아카데미 운영기본계획')

- 운영책임자(PM): 2013년 신규채용시 또는 교체시 청소년지도사 2급 자격증 소지자 채용, 지역 내 응시한 청소년지도사가 없을 시에는 재공모 절차를 통해 청소년육성 분야 및 방과후지도 분야 3년 이상 경력자로 확대 선발
- 실무책임자(SM): 2013년 신규채용시 또는 교체시 청소년지도사 3급 자격증 소지자 채용, 지역 내 응시한 청소년지도사가 없을 시에는 재공모 절차를 통해 청소년육성 분야 및 방과후지도 분야 1년 이상 경력자로 확대 선발
- 체험전문가: 주중·주말전문체험활동 담당 강사로서 각 분야 전문기능 수행가능자로 채용
- 교과전문가: 기본공통과정 담당 강사로서 해당 교과 전공자(대졸, 대학원생 등)으로 채용

② 전문강사의 관리

아카데미 전담인력은 프로그램 편성운영계획에 따라 과목과 시수가 결정되면, 지역인력풀을 최대한 활용하여 전문체험활동과 교과학습활동의 우수한 강사를 채용해야 한다. 전문강사는 과목별 수업계획서에 따라 일자별로 구체적 강의안을 작성하고 강의안을 토대로 체험활동과 교과학습을 운영해야 하며, 강사간담회를 통해 아카데미의 사업특성을 명확하게 이해하고 사업 방침에 따라 활동해야 한다. 강사간담회는

시설여건에 따라 다르지만 대체로 격월로 1회 실시한다. 아카데미 전담인력은 연간 프로그램 편성운영계획과 평가계획에 의해 과목의 변경과 강사를 변경한다. 아카데미의 강사채용계약은 대부분의 아카데미가 분기별로 채용계약을 한다.

2) 회계관리

아카데미의 예산은 기본형의 경우 여성가족부와 해당 지방자치단체의 매칭펀드방식으로 전액지원되며, 각 항목별로 대상자와 수업일수 및 시간을 고려하여 아카데미별 예산을 책정한다. 지원된 예산은 아카데미 운영지침과 자체 규정에 의해 예산편성과 회계관리로 투명하게 아카데미 사업을 운영한다. 예산이 지원되는 항목은 인건비, 프로그램운영비, 급식비, 아카데미 운영비, 특별지원비이다(기본형).

① 아카데미 예산의 구성

- 인건비 - PM 급여, SM 급여, 퇴직금
- 프로그램 운영비 - 모든 프로그램이 예산지원을 받는 것이 아니라 전문체험활동과정과 학습지원활동과정 중 교과학습과정만 강사비를 지원받음

〈표 4〉 프로그램 운영비 지원 사항

<table>
<tr><th rowspan="2">구 분</th><th colspan="2">전문체험활동과정</th><th rowspan="2">자율체험활동과정</th><th colspan="2">학습지원활동</th></tr>
<tr><th>주중전문체험</th><th>주말전문체험</th><th>보충학습지원</th><th>교과학습</th></tr>
<tr><td>예산지원유무</td><td>예산지원</td><td>예산지원</td><td>비예산</td><td>비예산</td><td>예산지원</td></tr>
<tr><td>시수(1주기준)</td><td>8시간</td><td>4시간</td><td>2시간</td><td>5시간</td><td>5시간</td></tr>
<tr><td>비고</td><td colspan="5">- 주말전문체험활동은 한달 4주 기준으로 3주만 예산지원,
나머지 1주는 비예산으로 자체 재량활동으로 편성
- 2013년 청소년방과후아카데미 기본운영계획에 따름</td></tr>
</table>

- 급식비 - 간식 및 저녁식사비
- 아카데미 운영비 - 귀가차량운영지원비와 아카데미 운영에 있어서 필요한 비용인 통신비, 홍보비, 지원협의회 운영, 의료비, 부모간담회, 업무추진비, 회의비, 출장비 등

• 특별지원 – 캠프운영비, 보험가입, 직무역량지원(연수), 북카페 운영

② 회계관리

아카데미의 예산은 정부의 예산편성지침에 맞게 사업예산을 편성하여 지출해야 하며, 운영기관 내부의 회계관리 규정에 따라서 회계업무를 처리해야 한다. 운영기관의 회계담당자를 아카데미 회계담당자로 지정하여 회계업무를 담당하게 하고 있다.

3) 업무관리

아카데미의 업무조직 및 구성원간의 체계적인 업무분장을 통해 업무담당자들이 본인의 업무범위와 업무수행 절차를 숙지하고 지침에 따른 문서를 철저하게 기록하고 관리한다.

① 업무

아카데미 담당인력(PM, SM) 업무는 프로그램관리, 청소년관리, 지역연계, 인력관리, 그밖의 아카데미 운영과 관련하여 다양한 일을 하며, 아울러 그에 따른 문서도 작성·관리한다.

• 프로그램관리 – 주중전문체험활동 운영계획 수립 및 실행, 주말전문체험활동 운영계획 수립 및 실행, 자율체험활동 운영계획 수립 및 실행, 자기주도학습 운영계획 수립 및 실행, 교과학습활동 운영계획 수립 및 실행, 캠프운영계획 및 실행 등
• 청소년관리 – 모집관리, 출결관리, 급식지도, 귀가지도, 생활지도, 개별면담, 청소년 개인 포트폴리오 관리, 독서지도 등
• 지역연계 – 지역자원연계 및 관리, 자원봉사활동 계획 수립 및 실행, 지역사회 참여활동 계획수립 및 실행, 지원협의회 운영 등
• 인력관리 – 전문강사관리, 자원봉사자관리, 강사간담회 운영 등
• 기타 – 홍보관리, 각종 문서기록 및 관리, 학부모면담, 학부모간담회 운영, 안전관리, 업무 보고, 인터라넷 입력 등

〈표 5〉 아카데미 업무분장 예시

<table>
<tr><th colspan="2">업무내용</th><th>PM</th><th>SM</th><th>SM</th></tr>
<tr><td rowspan="5">개별
업무</td><td>운영
관리</td><td>• 방과후아카데미 인트라넷 보고
-일일업무보고, 주간업무보고
월간업무보고
• 지자체관련 업무
-교부신청, 사업관련
협조요청사항 보고
• 공문서 관련
-공문서 접수 및 발송
• 내부결재
-매월 계획보고, 매월
업무실적보고
• 특별지원 기획 및
결과보고
-강사간담회, 부모교육,
방학 캠프 기획</td><td>• 지도자 문서관리
-강의지도안, 수업일지,
수업계획서 정리
• 2,4주 주말체험
프로그램 기획 및 운영
• 회계업무
-세입, 세출관리
• 일일업무일지 보고</td><td>• 문서 수발
(접수 및 목록정리)
• 1,3주 주말체험
프로그램 기획 및
운영
• 일일업무일지 보고</td></tr>
<tr><td>청소
년
관리</td><td>• 청소년 모집관리
-추천의뢰 및 대기자 관리</td><td>• SM 고유업무
-보충학습지도,
생활일정관리,
상담지원, 급식지도,
귀가지도</td><td>• SM 고유업무
-보충학습지도,
생활일정관리,
상담지원,
급식지도,
귀가지도</td></tr>
<tr><td>프로
그램
관리</td><td>• 프로그램 기획
• 강사 채용 및 면접</td><td>• 강사 카페 운영 및
관리
-지도자 일지 점검 및
정리
-알림글 게재</td><td>• 매월 안내지 제작</td></tr>
<tr><td>지역
연계</td><td>• 지원협의회 운영관리
• 실무추진위원회 운영관리
• 지역 민,관 협약체결(협력
네트워크 추진)</td><td>• 북카페 도서관리
-북카페 기증도서 관리
• 자원봉사활동 운영관리</td><td>• 상담관리
• 지역사회참여활동
운영관리</td></tr>
<tr><td>홍보
관리</td><td>• 언론사 보도의뢰</td><td>• 온라인 홍보(사전홍보)</td><td>• 온라인 홍보
(사후홍보)</td></tr>
<tr><td>공통
업무</td><td colspan="4">• 청소년상담관리
• 아카메미실 환경정리정돈
• 북카페 환경정리정돈</td></tr>
</table>

② 운영관련 서식

운영관련 서식은 필수양식과 선택양식으로 구분한다. 필수서식은 아카데미 행정관리를 위해 필수적으로 작성해야 하는 양식이며, 선택서식은 아카데미 운영상 필요한 경우 선택해서 사용할 수 있는 양식이다. 매년 전국적으로 모든 아카데미를 대상으로 아카데미를 평가한다. 이때 아래와 같은 문서는 평가의 중요한 자료가 된다.

〈표 6〉 청소년방과후아카데미 운영관련 평가 항목

	필수서식	선택서식
업무	-업무보고(인터라넷 활용) -주간출석부, 월간출석부, 연간출석관리 대장(인터라넷 활용) -급식계획, 차량운행일지 -일일교육환경점검일지 -대기자관리대장 -중도포기자관리대장(인터라넷 활용) -중도포기 사유서 -월별 지역연계 실적(인터라넷 활용)	
인사	-인사기록카드(인터라넷 활용) -PM/SM 근로계약서 -강사채용계약서 -자원봉사자 신청서, 자원봉사활동일지	-직원명부 -자원봉사자 확인서
청소년	-대상청소년추천서, 청소년지원신청서 -보호자동의서 -청소년관리기록부(인터라넷 활용) -청소년면담관리(인터라넷 활용) -공결확인서	-초기면담기록부 -청소년관찰기록부(인터라넷 활용)
프로그램	-주간시간표(인터라넷 활용) -운영계획서, 운영지도안, 강사근무일지(인터라넷 활용)	-월 운영프로그램(인터라넷 활용)

* 출처 : 2011년 청소년방과후아카데미 운영실무자 업무매뉴얼 p223

* 인터라넷은 청소년방과후아카데미 홈페이지에 있으며 해당 아카데미의 업무보고, 청소년관리, 인력관리, 프로그램관리, 지역연계 등에 관한 행정업무를 수시로 기재하는 온라인상의 공간이다.

Ⅲ. 청소년방과후아카데미 전담운영인력(PM, SM)의 자세 및 자질

청소년방과후아카데미의 운영에 있어서 운영책임자인 PM과 실무책임자인 SM은 아카데미사업의 성공여부를 결정하는 핵심이다. PM과 SM이 어떠한 자세와 자질을 가지고 아카데미 사업에 임하느냐는 아카데미 청소년들의 눈에 보이는 모습 그대로 투영되어 나타난다. 집필자는 청소년시설에 근무하면서 직접 아카데미 사업을 운영하기도 하고, 간접적으로 아카데미 운영에 참여하기도 하였다. 이러한 아카데미 사업의 운영 경험에 비추어 볼 때 전담운영인력인 PM과 SM은 다른 것은 제쳐두고 서라도 아래에 기술하는 두 가지 자세는 꼭 필요하다고 본다.

첫째, 청소년방과후아카데미의 중심은 청소년이다.

청소년방과후아카데미의 모든 운영관리 즉, 프로그램관리, 청소년관리, 지역자원 연계, 운영관리는 초점이 청소년에게 맞추어져 있다는 사실은 명약관화하다. 청소년방과후아카데미의 중심이 청소년이라는 명제는 어느 누구라도 참이라고 받아들이고 부인하지 않는다. 하지만, 머릿속에는 청소년이 중심이라는 인식을 하고 있더라도 시간이 지나면 행동은 자기도 모르게 지도자중심, 기관중심적으로 나타난다. 청소년들이 어떤 프로그램을 원하며 어떤 프로그램이 현재 청소년방과후아카데미 청소년들에게 필요한지, 청소년들에게 어떤 운영지원을 해줄지, 현재 청소년들이 가지고 있는 문제는 무엇이며 그 문제를 어떻게 해결해줄지에 대해 청소년방과후아카데미의 PM과 SM은 청소년중심의 사고로 끊임없이 고민하고 이를 해결해 나가기위해 노력하고 실천해야 한다.

둘째, 청소년방과후아카데미는 청소년사업의 결정체이다.

대부분의 청소년방과후아카데미는 청소년수련시설을 기반으로 하기 때문에 청소년방과후아카데미 전담인력과 청소년수련시설의 청소년지도자가 본의 아니게 비교의 대상이 된다. "남의 떡이 더 커 보인다."는 속담처럼 청소년방과후아카데미 사업보다는 다른 청소년사업이 다양한 대상, 다양한 사업영역 등으로 인해 더 매력적이고 흥미롭게 보이고 청소년지도자로서의 역량개발에도 더 도움이 될 것이라는 막연한 생각을 가지게 된다. 하지만, 그것은 잘못된 생각이다. 특히, 청소년지도자의 진로를 생각하는 예비청소년지도자에게는 청소년방과후아카데미 만큼 단시간에 청소년지도자로서의 역량개발에 도움이 되는 사업은 없다고 본다. 청소년방과후아카데미의 운영은 청소년사업의 결정체이다. 대상이 비록 한정되어 있지만 그 속에는 프로그램 기획·계획·실행·평가, 청소년지도, 지역자원의 연계 및 활용, 인력관리, 업무관리, 홍보관리, 회계관리 등 청소년사업에 필요한 모든 요소들을 다 포함하고 있다. 그리고, 무엇보다도 청소년방과후아카데미 사업에는 대상청소년들의 긍정적 변화를 눈으로 볼 수 있는 성과와 청소년방과후아카데미 청소년들에게 받는 감동이 있다는 것을 명심해야 한다.

청소년방과후아카데미 전담인력은 원활한 청소년방과후아카데미운영을 위해 다양한 자질들이 필요하다. 프로그램관리를 위해 필요한 자질, 청소년관리를 위해 필요한 자질, 지역자원연계를 위해 필요한 자질, 운영관리를 위해 필요한 자질이다. 즉, 프로그램 개발 능력, 프로그램 운영 및 평가능력, 대상 청소년에 대한 주의 깊은 관찰 및 분석력, 대상 청소년에 대한 이해력, 상담 및 생활지도 능력, 다양한 지역자원 발굴 및 연계 능력, 문서작성 및 관리 능력, 인력 및 회계 관리 능력 등이 청소년방과후아카데미 전담인력이 지녀야 할 자질이다.

_Remind (생각다지기)

1. 청소년방과후아카데미의 실시배경에 대하여 알아봅시다.

2. 청소년방과후아카데미에서 실시되는 활동이 무엇인지 알아봅시다.

3. 청소년방과후아카데미 운영을 위해 필요한 관리요소를 알아봅시다.

4. 청소년방과후아카데미 전담운영인력이 되기 위해 필요한 역량을 알아봅시다.

_Practice & Becoming (내 것으로 만들기)

1. 청소년방과후아카데미가 청소년에게 어떤 도움을 줄 수 있는지에 대해 활동프로그램과 참가 대상별로 살펴보도록 합시다.

2. 청소년방과후아카데미 운영에 있어 청소년지도자의 역할에 대하여 기술해 봅시다.

3. 자신이 관심있는 지역의 청소년방과후아카데미를 선정하고, 청소년지도를 위해 준비해야 할 요소들을 기술해 봅시다.

제11장 청소년참여와 청소년지도

Ⅰ. 서론

동서양이 전근대사회를 거쳐 근대사회로의 변화를 이루어오면서 무엇보다 특징적인 변화는 정치적, 교육적, 문화적 등 모든 사회제도 영역에 있어 사회구성원의 참여 기회의 제도화 및 실제적인 참여가 지속적으로 확대되어 왔다는 것이다. 전근대사회는 사회의 다수를 차지하는 사람들은 사회적 이슈에 대한 참여와 권한을 갖지 못한 상황에서 일부 귀족층이나 특권층이 사회의 중요 사안에 대해 참여하고 의사결정에 참여하였다. 노동계층, 여성, 유색인종 등의 참여는 계속적인 참여요구에도 불구하고 오랜 기간동안 억압되었거나 제한받았다. 이들은 참여하기에 이성적으로 성숙하지 못하였으며 의사결정능력이 부족하다고 여기는 존재론적 설정담론에 의해 참여제한이 사회적으로 정당화되거나 당연하게 여겨지기도 하였다. 민주주의 사회로 향해가는 근대사회로의 여정에서 사회구성원의 참여를 제한시키는 제도 및 담론들은 급속하게 해체되어 왔다. 그러나 전근대사회에서 작동하던 주체의 미성숙 및 참여제한의 담론은 여전히 사회의 특정집단 혹은 소수자의 참여를 통제하고 제한하려는 담론으로 활용되고 있다.

청소년은 우리 사회의 주요한 구성원이며 미래 사회의 주역으로 성장해 나가고 있다. 청소년이 하루 일과를 보내는 가정, 학교 및 지역사회와 인터넷공간은 청소년이 주인으로 살아가는 시간이며 공간이다. 청소년은 여러 사회환경의 특정한 맥락에서 살아가면서 자신의 생활방식이나 삶을 적응시키며 미래를 만들어가고 있다. 청소년의 주체적이며 능동적인 참여는 스스로의 존재를 긍정적으로 만들어가는 한편 청소년이 속한 가정 및 지역사회의 건강한 변화를 위해 헌신하는 기회이기도 하다. 우리 사회의 청소년참여는 이미 제도적으로 만들어져 있다. 그러나 청소년의 참여에 대한 부정적인 시선이 많이 있으며, 청소년참여 활동에 개입한 청소년의 참여는 매우 부족하며, 질적으로 낮은 수준이 있어왔다. 청소년지도는 청소년참여를 촉진하며 조직화하는 행위이다. 청소년참여는 청소년이 보다 건강하고 주체적인 삶을 살아갈 수 있도록 만드는 중요한 과정이며 결과들이다. 보다 주체적이며 열린 청소년참여를 통해 청소년이 일상생활에서의 주인이며 미래의 건강하며 책임있는 시민으로 성장하게 된다.

Ⅱ. 청소년 참여의 이해

1. 청소년참여의 개념과 단계

참여는 자신이 속한 모임이나 지역사회에 참가하여 관계하는 것이다. 참여형태는 등록(enrollment), 참석(attendance), 참여(involvement), 참여(participation) 등으로 다양하게 제시될 수 있다. 참여는 자신과 공동체의 생활에 영향을 미치는 결정을 공유하는 과정이다(Hart, 1992). 청소년의 참여는 청소년의 건강한 성장을 위한 활동이다. 청소년참여는 특정한 실행수준이라기 보다는 역량의 규모로 이해될 필요가 있으며, 의미있는 청소년참여는 단순한 하나의 활동이 아닌 성인과 함께 개입하는 과정으로 이해되어야 한다(천정웅, 2011). 청소년의 사회참여활동은 청소년들이 자신의 삶에 영향을 미치는 의사결정에 참여하고 영향을 주며 청소년들이 관심을 가지는 문제에 대하여 행동을 취할 수 있도록 권한을 주는 활동이다(Council of Europe, 1993; O'Donoqhue, 2002; 김경준 외, 2004). 그리고 청소년의 참여는 학교의 의사결정에 청소년들이 교사, 학부모와 함께 학교의 주체로 참여하여 자신의 의견을 제시하거나 사회에서도 자신들과 관련된 사항에 대해 자신의 소리를 내면서 참여하는 것이다(조홍식, 2000). UN아동권리협약에서는 청소년의 참여를 권리로서 제시하고 있다. 청소년의 참여권은 자신의 나라와 지역사회 활동에 적극적으로 참가할 수 있는 권리로 자신의 의견을 표현하고, 자신의 삶에 영향을 주는 문제들에 대해 발언권을 지니며, 단체에 가입하거나 평화적인 집회에 참여 할 수 있는 권리이다. 권리 주체인 청소년이 신분이나 지위에 관계없이 자신에게 중요하다고 생각되는 것을 자신의 목적과 관심에 따라서 스스로 결정할 수 있는 적극적인 권리이다(우원미, 2010).

청소년의 참여를 보장하기 위해 많은 노력이 있어왔다. 특히 청소년참여권지표는 자기결정권(=청소년의견존중)과 사생활보호, 표현의 자유, 집회·결사의 자유, 정보 접근권 및 정보 참여, 사회참여 및 참정권, 및 참여관련 인식 등으로 구성된다(모상현외, 2010).

첫째, 청소년의 자기결정권 보장은 청소년 자신에게 영향을 미치는 모든 부분에 대하여 자신의 의견을 피력하고 부모를 비롯한 성인들은 이 의견을 존중해 주는 것이다. 종교에 대한 결정권, 가정사에 대한 결정권, 교육 및 진로에 관한 결정권, 문화 및 여가에 관한 결정권, 사생활에 대한 결정권 등이다.

둘째, 표현의 자유와 관련된 하위영역으로 사적취향의 표현, 학교에서의 의견 표현, 매체를 통한 표현활동, 청소년 발언권 존중정도가 제시될 수 있다.

셋째, 집회·결사의 자유는 학교 내와 학교 외에서의 자유로 분류된다.

넷째, 정보접근권 및 정보참여는 정보접근권은 청소년이 적절한 정보에 접근할 수 있는 권리이다. 시대변화를 감안하여 '도서에 대한 접근'과 '인터넷 접근'의 두 차원이다.

다섯째, 사회참여와 참정권은 청소년의 참여권과 시민권을 행사하는 데에 있어 가장 중요한 측면임에도 불구하고 청소년의 연령과 능력, 그리고 미성년자라는 사회적 지위 등으로 인해 제한되는 경우가 많다(United Nations, 2005).

여섯째, 사회참여, 학교에서의 참여, 참정권의 세 가지 큰 영역이다. 참여관련인식은 청소년 참여관련 인식에 관한 내용은 새로 추가된 영역으로 청소년들이 참여의 의의와 필요성, 참여에 있어서의 장애요인, 참여효과, 참여활성화 방안, 우리 사회의 참여권 보장 수준 등이 해당한다.

청소년참여의 단계를 설명하는데 Hart(1992)의 청소년참여 사다리는 주로 이용된다. 청소년참여 사다리는 총 8단계로 구성되어 있다.

1단계는 성인이 청소년을 조작하고 이용하는 단계(Manipulation)이다. 성인이 주도하고 청소년들이 함께하고는 있지만 주제에 대한 이해나 의견에 대한 피드백이 없는 단계이다. 성인들이 주도하는 의사결정의 근거로서 청소년의 의견이 이용되는 수단적 성격을 갖고 있다.

2단계는 청소년이 장식처럼 동원되는 단계(Decoration)이다. 청소년은 주제나 사안에 대한 이해가 적고 의견개진의 기회를 갖지 못하고, 지지자나 조력자의 역할만을 수행하게 된다.

3단계는 명목적인 참여단계(Tokenism)이다. 청소년이 스스로의 목소리를 내는 것처럼 보이지만 실제로는 선택권이 매우 적거나 없는 단계이다. 청소년이 성인에 의해 선발되어 초대받는 경우에 다른 청소년을 대표하는 것으로 의미부여가 되는 현상이다. Hart는 3단계까지 실질적인 청소년 참여로 보지 않는다(김경준, 2004).

4단계는 성인에 의해 임명되지만 정보를 제공받는 단계(Assigned but informed)이다. 청소년이 성인에 의해 특정한 역할을 부여받으며 참여이유 혹은 참여방법에 대해 정보를 제공받게 된다. 성인이 주체가 되지만 청소년은 의사결정의 과정 전반에 대해 이해할 수 있다.

5단계는 성인과 청소년의 협의가 이루어지는 단계(Consulted and informed)이다. 어떤 주제나 사안이 성인에 의해 구성되고 실행되지만 청소년의 조언이 가능한 단계이다. 청소년은 자신들이 어떻게 의사결정과정에 참여할 수 있는지, 성인에 의해 진행되는 의사결정과정의 결과에 대한 정보를 얻을 수 있다.

6단계는 성인주도로 청소년과 의사결정을 공유하는 단계(Adult-initiated, shared decisions with young people)이다. 주제나 사안에 대한 논의 자체는 성인에 의해 주도가 되지만 청소년과의 의사결정과정 공유가 발생하는 단계이다. 청소년이 경험이나 기술이 부족하다는 인식하에 개념적인 구성단계에서 참여는 할 수 있으나 기술적이거나 구체적인 사항에 대해서는 참여가 어려운데 6단계에서 성인이 청소년참여에 대한 유능성이나 확신을 갖는다.

7단계는 청소년이 주도하고 통제하는 단계(Young people-initiated and directed)이다. 청소년이 모든 과정을 주도하고 통제하게 된다. 성인은 지지적인 역할 만을 담당하고 주도하거나 통제하지 않는다.

8단계는 청소년 주도로 성인과 의사결정을 공유하는 단계(Young people-initiated, shared decisions with adults)이다. 6단계와는 반대로 청소년이 주도하고 청소년과 성인이 의사결정과정을 공유하는 단계이다. 청소년에게 능력을

부여하고 성인의 경험과 기술을 배울 수 있게 한다.

이렇게 나누어진 단계에는 상위단계가 있고 하위단계도 있지만 Hart는 무조건 8단계가 바람직한 것은 아니라고 하였다. 참여의 단계 설정은 집단의 욕구, 청소년 참여에 대한 태도, 청소년의 연령 혹은 자질 등을 고려하여 최적의 단계를 정하는 것이 옳다.

8. 청소년 주도로 성인과 의사결정을 공유단계	참여 단계
7. 청소년이 주도하고 감독단계	
6. 성인주도로 청소년과 의사결정을 공유단계	
5. 성인들이 정보를 제공하고 협의 단계	
4. 성인들이 지시하고 정보를 제공 단계	
3. 명목상으로 참여 단계	비참여 단계
2. 장식처럼 동원 단계	
1. 성인들이 이용 단계	

〈그림 1〉 Hart의 참여사다리

자료: Hart(1992)

한편 청소년의 참여단계는 청소년주도, 파트너십, 성인주도-청소년컨설팅, 성인주도-청소년관심 고려, 성인주도-청소년장식, 성인주도-청소년대상 등으로 구분되기도 한다.

첫째, 청소년주도는 청소년이 계획, 실천 및 평가를 주도하며 청소년이 의사결정을 하며 청소년이 성인을 상담하기도 한다. 청소년의 모든 역할과 책임성이 개발되며 실천되어지며 청소년은 매우 높은 리더십을 함양하게 된다.

둘째, 파트너십이다. 청소년은 모든 단계에서 함께 일하며, 청소년리더십을 촉진하기 위한 계획을 수립한다. 청소년과 의사결정이 공유되며 차이는 성인과 청소년 간에 협상과 차이이다. 모든 역할과 책임성을 청소년과 성인이 함께 하며 청소년은 높은 리더십을 기르게 된다.

셋째, 성인주도-청소년컨설팅이다. 성인은 청소년에게 참여하기 원하는 활동을 물어보고 청소년은 활동이나 프로그램의 운영에 돕도록 한다. 청소년 투입이 추구되어지며 성인은 최종의결을 만든다. 청소년은 높은 책임성을 갖고, 청소년은 성인의 승인 선택을 만들게 되며 청소년은 다소 높은 리더십을 기르게 된다.

〈표 1〉 청소년참여단계

단계	주요 내용
청소년주도	청소년 계획, 실천, 평가 청소년이 의사결정을 하며 청소년이 성인을 상담하기도 한다 모든 역할과 책임성이 개박되며 실천되어진다. 높은 리더십
파트너십	모든 단계에서 함께 일하며, 청소년리더십을 촉진하기 위한 계획 의사결정이 공유되며 설계된 디자인, 차이는 성인과 청소년간에 협상과 차이 모든 역할과 책임성을 청소년과 성인이 함께 한다 높은 리더십
성인주도-청소년컨설팅	청소년이 원하는 활동을 물어보고 청소년은 활동/프로그램의 운영에 도움 청소년 투입이 추구되어지며 성인은 최종의결을 만든다. 청소년은 높은 책임성을 갖고, 청소년은 성인의 승인 선택을 만드는. 다소 높은 리더십
성인주도-청소년관심고려	청소년의 참여 환영, 성인에 의해 활동존으로 구분되고 청소년은 선택함 성인에 의해 청소년의 선택이 제공되며 청소년은 의사결정에 영향이 없는 낮은 리더십
성인주도-청소년장식	청소년은 의견개진의 기회가 없으며, 출석이 기대되는 의사결정에 대한 권한이 없는 의미로운 역할이 주어지지않으며 청소년의 참여는 기본적인 거의 없는
성인주도-청소년대상	성인이 조직하고 운영하며 청소년은 출석에 초대되는 청소년은 의사결정에 권한이 없는 의미로운 역할이 주어지지 않으며 성인이 주도하는 존재하지 않는

넷째, 성인주도-청소년관심 고려이다. 성인은 청소년의 참여 환영하며 성인에 의해 개발된 활동존으로 구분되고 청소년은 선택하게 된다. 성인에 의해 청소년

의 선택이 제공되며 청소년은 의사결정에 영향이 없으며 청소년은 낮은 리더십을 기른다.

다섯째, 성인주도-청소년장식이다. 청소년은 의견개진의 기회가 없으며, 출석이 기대된다. 청소년은 의사결정에 대한 권한이 없으며 의미로운 역할이 주어지지 않는다. 청소년의 참여는 기본적인이며 리더십개발은 거의 없다.

여섯째, 성인주도-청소년대상이다. 성인이 조직하고 운영하며 청소년은 출석에 초대되는 경우이다. 청소년은 의사결정에 권한이 없으며 의미로운 역할이 주어지지 않는다. 성인이 주도하게 되므로 청소년의 리더십은 존재하지 않는 것으로 여겨진다.

청소년참여는 청소년의 목소리와 리더십을 강화하고 청소년의 생활과 행위에 영향을 미치는 이슈에 대해 토론할 수 있는 안전한 공간을 만들어가는 것이다. 청소년은 사회이슈에 대해 긍정적인 기여를 하는 잠재성을 갖고 있다. 전통적 청소년서비스모델과 청소년참여모델은 여러 측면에서 차이를 보이게 된다. 전통적 모델은 문제의 예방과 반응에 집중하며 외부개입이 필요한 수동적이며 무기력한 청소년을 설정한다. 주로 단기적인 프로젝트, 프로그램 및 서비스가 제공된다. 참여적 모델은 자산과 긍정개발의 함양에 집중하며 해결에 헌신하는 지혜, 기술 및 전문성을 지닌 능동적 청소년으로 설정한다. 청소년의 참여는 청소년과 함께하는 촉진자로서 전문가의 역할이 주어진다.

〈표 2〉 청소년을 위한 vs 청소년 함께

전통적 모델	참여적 모델
문제의 예방과 반응 외부(전문가)개입이 필요한 수동적이며 무기력한 청소년 단기적 프로젝트, 프로그램 및 서비스 청소년, 청소년 가족 및 공동체를 위해 일하는 전문가	자산과 긍정개발의 함양 해결에 헌신하는 지혜, 기술 및 전문성을 지닌 능동적 청소년 임파워먼트, 역량구축 및 행위의 진행과정 청소년과 함께하는 촉진자로서 전문가

자료 : Laverack, 2005; Delgado Staples, 2008

청소년 참여는 다음과 같은 목적이 있다(국가청소년위원회, 2006).

첫째, 사회적 발달과업을 위해 필요하다. 청소년들이 사회의 구성원으로서 참여를 위한 지식, 기술 및 태도를 학습하는 기회를 제공받아 성숙한 책임의식을 가질 수 있다.

둘째, 본래적 가치 실현이다. 참여는 소외로부터 벗어나 사회적 정체성의 획득하고 자체가 자아실현의 통로가 된다.

셋째, 자기개발 (교육적)가치실현이다.

넷째, 실체 참여과정을 통하여 참여자의 자기개발이 이루어지진다.

다섯째, 도구적 가치 실현이다.

여섯째, 사회구성원 스스로의 이익을 보호하고 민주주의 발전을 심화하는 수단으로 기능한다.

그러나 청소년참여의 장애요인은 다음과 같다(Community Development Government of Western Australia. 2002).

청소년에 대한 부정적 태도, 청소년을 바라보는 이중성 및 청소년의 능력에 대한 성인의 신뢰 부족하다. 다르게 생각하고 참여하는 사람들을 배제하는 경향이 있는 공식적 의사결정구조와 과정이 있다. 청소년 기관의 정보와 인식 부족하다. 언어(성인과 청소년이 사용하는 용어의 차이 등) 및 종교적 배경, 계층, 인종, 성 등을 포함한 문화적 차이가 있다. 낮은 사회 경제적 지위 및 장애가 있으며 의사결정으로부터 멀리 떨어진 곳에서 거주(시골)하고 있다. 실제적인 코멘트를 수행하기위한 막대한 양의 문서와 보고서, 장시간의 회의 및 복잡하거나 긴 아젠다, 과도한 공식적 회의 절차가 있다. 역할과 책임성을 다루는데 있어서 충분하지 않은 훈련이 있으며 불명확한 기대 및 부적절한 환경 및 제한적 범위의 청소년 참여로 인해 장애가 나타나고 있다.

그리고 Jeniffer(2002)는 청소년 참여의 개념에 대한 잘못된 생각을 지적하고 있다.

첫째, 청소년들을 각종 회의나 위원회에 배치하기만 하면 된다는 생각이다. 청소년이 배치된다는 것은 청소년참여이긴 하지만 청소년이 참여할 수 있는 정도의 한계가 있으며, 명목성과 배타성이라는 위험요소가 존재한다. 소수의 청소년이 성인집단 속에서 아무런 역할도 하지 못하고 있는 상황이라면 명목성의 문제가 나타난 것이고, 어떤 집단에 특정한 청소년만이 들어갈 수 있는 상황이라면 베타성의 문제가 나타난 것이다. 참여의 과정은 성인 및 청소년이 참여하여 의사결정과정을 함께 할 수 있도록 하는 것이고, 누구나 차별받지 않고 함께 할 수 있도록 하는 것이다.

〈표 3〉 청소년참여 요인 및 고려

요인	고려	청소년참여단계		
		성인주도	청소년주도	파트너십
지도자 준비	청소년참여 촉진기술이 부족 성인주도에서 청소년주도로 이동	잠정적	열성적	열성적
지도자 역량	성공적 청소년참여 촉진의 전략과 기술	새로운	경험의	경험의
조직문화/준비	조직의 문화와 준비를 토대로 지도자와 청소년이 함께 의사결정	저항적/잠정적	지원적	지원적
파트너조직 문화/준비	청소년을 위한 조직문화/준비로 지역사회파트너를 통해 청소년참여	저항적/잠정적	지원적	지원적
프로그램 생활시간	지속가능한 프로그램의 시간과 자원으로 높은 청소년참여	일회적	진행적	진행적
프로젝트 시간프래임	청소년과 협력한 의사결정에는 많은 시간이 필요함	짧은	보통/긴	보통/긴
집단 생활시간	함께하는 방법의 학습시간이 필요함 초기에 구조화 및 리더십 제공	새로운	경험의	경험의
청소년 준비	의견, 자신의 프로젝트 어른과 협력이 익숙치않음	잠정적	열성적	열성적
청소년 역량	청소년과 집단의 계획, 실천 및 평가 역량은 시간과 기회를 가짐	새로운	경험적	경험적

둘째, 청소년참여가 성인의 지도자 혹은 교육자로서 역할을 청소년에게 넘기는 것이라는 생각이다. 성인은 청소년이 의사결정을 하는 과정 속에서 공적규범과 가이드라인을 인식하도록 제시하고, 구체적인 사례를 제시하여 의사결정과정을 도와야 한다. 비판적 지도자로서의 역할 및 지역사회 자원과 청소년을 연결시켜주는 역할을 해야 한다.

셋째, 청소년들에게 필요한 것은 기회일 뿐이고 다른 준비는 다 되어 있다는 생각이다. 청소년이 참여과정에서 해야하거나 알아야 할 지식이나 방법은 교육과정에서 배우는 것과는 차이가 있다. 청소년은 의사결정에 필요한 기술을 배울 수 있는 시간이 필요하다.

넷째, 성인이 모든 준비가 되어 있다는 생각이다. 성인들은 청소년과의 파트너십을 위해서 지속적인 훈련과 개발이 필요하다. 청소년에 대한 이해와 청소년과 함께 일하는 방식 등 성인이 가지고 있는 틀을 변화시켜야 한다(김경준, 2004).

Ⅲ. 청소년조직화와 참여

1. 청소년조직화의 특징

청소년조직의 과정은 개발과 기술훈련, 새로운 구성원의 모집, 조직의 평가 및 주요 이슈의 명확화, 캠패인활동과 실천 등의 주요 사이클로 이루어진다.

첫째, 개발과 기술훈련이다. 핵심적인 청소년리더와 회원들은 청소년활동을 실천하고 조직하기 위한 발달적이거나 정치적인 기술들을 배우게 된다 청소년은 개인적인 문제에서 글로벌 이슈까지 포함하여 소규모 집단 혹은 대규모 집단형식의 토의를 통해 논의하게 된다. 정치적 교육영역은 청소년이 보다 넓게 사회경제적 힘이 청소년의 삶에 어떻게 영향을 미치는지를 이해하도록 만든다. 청소년은 대중 앞에서 말하는 방법의 학습, 미디어 다루기, 구성원의 조직화의 개인적인 기술을 개발하기도 한다.

둘째, 새로운 구성원의 모집이다. 청소년은 의사소통기술을 개발하기에 청소년리더는 새로운 구성원을 모집하도록 한다. 회원모집 활동은 일대일 방식, 가족, 학교 및 다른 조직에서의 연결된 또래관계, 문화공연, 청소년축제, 열린 토론이나 설명회 등을 통해 이루어진다. 이러한 실천들은 조직에 대한 소속감 개발에 관련되어진다.

셋째, 조직의 평가 및 주요 이슈의 명확화이다. 청소년과 청소년조직이 직면한 문제와 요구는 조직구성원의 평가를 통해 알 수 있다. 청소년은 조직의 지속성에 영향을 주는 규칙을 분석하기도 한다.

넷째, 캠페인 활동과 실천이다. 조직화되는 집단은 주위의 중요한 이슈들을 설정하게 하며 캠페인 활동의 목적과 바람직한 결과의 명확하게 포함한다. 조직에서 청소년은 미리 선정된 의사결정자에게 어떻게 영향을 미칠 것인지 혹은 청소년들의 자신들의 장점과 약점을 찾아내도록 하는 분석을 수행한다. 청소년조직은 캠페인활동에 반응하도록 의사결정자를 설득하기 위한 방안을 모색한다.

청소년을 대상으로 한 서비스의 제공에서부터 청소년조직화에 이르는 단계는 청소년서비스, 청소년개발, 청소년리더십, 시민참여 및 청소년조직화 등으로 제시될 수 있다.

첫째, 청소년서비스는 청소년을 클라이언트로 정의하며 개인적인 문제와 병리에 관한 서비스를 제공한다. 청소년서비스 프로그램은 치료와 예방이 강조된다.

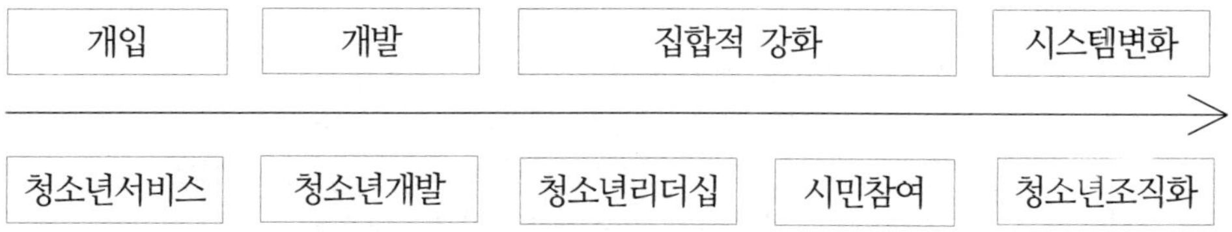

〈그림 2〉 청소년참여의 조직화

둘째, 청소년개발이다. 청소년에게 서비스와 지원을 제공하며 어른의 보호와 안전한 공간의 확보이다. 청소년의 성장과 개발을 위한 기회의 제공하며 청소년이 있는 곳이라면 개발이 이루어진다. 청소년의 개인적 역량을 구축하며 연령에 적합한 지원을 제공한다. 개발은 청소년과 어른의 파트너십형성을 한다.

셋째, 청소년리더십이다. 청소년개발의 요소를 포함하며 프로그램과 조직에서 청소년리더십개발의 기회를 구축한다. 청소년이 공동체와 자신의 경험에 대한 역사-문화적 이해하며 의사결정자 및 문제해결자로서 청소년의 역량과 기술을 개발한다.

〈표 4〉 청소년참여의 조직화

유형	전략	주요 특징
청소년 서비스	개입	청소년을 클라이언트로 정의 개인적인 문제와 병리에 관한 서비스를 제공 프로그램은 치료와 예방이 강조됨
청소년 개발	개발	서비스와 지원을 제공 어른의 보호와 안전한 공간의 확보 청소년의 성장과 개발을 위한 기회의 제공 청소년이 있는 곳에서 이루어짐 청소년의 개인적 역량을 구축 연령에 적합한 지원의 제공 긍정적인 정체성의 강조 청소년과 어른의 파트너십형성
청소년 리더십	집합적 강화	청소년개발의 요소를 포함 프로그램과 조직에서 청소년리더십개발의 기회를 구축 청소년이 공동체와 자신의 경험에 대한 역사-문화적 이해 의사결정자 및 문제해결자로서 청소년의 역량과 기술을 개발 청소년이 지역사회 프로젝트에 참여
시민적 참여		청소년개발 및 청소년리더십의 요소를 포함 청소년이 정치인식이나 교육에 참여 청소년의 권력분석 기술 및 역량구축과 사회이슈에 대한 행위 사회변화의 주체로서 청소년의 집합적정체성을 구축 청소년이 협상이나 지지활동에 참여
청소년 조직	제도적 변화	청소년개발, 청소년리더십 및 시민적 참여의 요소를 포함 회원토대의 구축 핵심적인 스탭이나 임원으로 청소년의 참여 직접적인 사회행위의 참여와 정치적 조직화 사회연합과 연대에 참여

넷째, 시민참여이다. 청소년개발 및 청소년리더십의 요소를 포함하며 청소년이 정치인식이나 교육에 참여하는 것이다. 청소년의 권력분석 기술 및 역량구축과 사회이슈에 대한 행위이며 사회변화의 주체로서 청소년의 집합적정체성을 구축한다.

다섯째, 청소년조직화이다. 청소년개발, 청소년리더십 및 시민적 참여의 요소를 포함하며 회원토대로 구축된다. 핵심적인 스탭이나 임원으로 청소년이 참여하며 직접적인 사회행위의 참여와 정치적 조직화에 이르게 된다.

2. 청소년조직화의 영향

청소년조직화는 개인적 수준 및 공동체 수준의 목표를 두고 있다. 청소년조직이 청소년 및 공동체에 주는 영향은 다음과 같다. 먼저 청소년에게 미치는 영향이다. 청소년 조직화 및 청소년개발의 전략은 청소년의 긍정적인 정체성, 지식과 기술의 확대, 공동체에 대한 열정적인 헌신 등을 이루려고 한다. 청소년조직의 특정한 영향은 문화역량, 개인역량, 시민역량, 정치역량, 인지역량, 사회역량 등 6가지 역량에 관련된다.

첫째, 문화적 역량으로 청소년조직은 청소년이 문화인지능력, 자아존중감 및 자기성찰을 기르도록 한다. 문화역량은 청소년이 자신들의 가치와 정체성을 새롭게 하도록 하며 공동체와 사회에 헌신할 수 있도록 만든다.

둘째, 개인역량으로 청소년조직화는 청소년이 자신의 문제와 다른 사람에 관한 문제를 해결할 수 있는 능력을 기르도록 한다. 개인역량은 청소년이 자신들의 가치에 대한 선택이나 의사결정을 지속적으로 하도록 한다.

셋째, 시민역량으로 청소년조직화는 청소년이 공동체와의 연계를 강화하고 공동체의 활성화를 위한 비전을 개발하도록 한다. 시민역량은 청소년이 공동체에서 능동적인 시민으로서 역할을 이해하도록 만든다.

넷째, 정치역량으로 청소년조직화는 청소년이 학교 혹은 전통적 조직의 가치를 이해하고 법적, 복지적, 교육적인 측면에서 사적시스템과 공적시스템 간의 공정하지 않은 조건을 비판하고 바꿔가면서 협상과 조화를 이루는 능력을 함양하는 것이다.

다섯째, 인지역량으로 청소년조직화는 청소년이 의사결정기술, 문해 및 분석기술, 의사소통기술, 전략적 기획의 개발과 실현능력, 조직화 과정기술을 기르도록 한다. 인지역량은 청소년이 공동체의 프로젝트와 조직발전에 전략적이고 의미있는 방식으로 참여하도록 한다.

여섯째, 사회역량으로 청소년조직화는 청소년이 집단역동의 인지, 팀구축 전략, 갈등조정, 문화간 존중 및 타인의 정체성을 받아들이도록 한다. 사회역량은 청소년이 또래관계 혹은 부모관계에서 원만하게 구축하도록 한다.

청소년조직화가 공동체에 대한 미치는 영향이다. 청소년은 백지상태에서 자라지 않는다. 관계와 의사결정의 연결망은 청소년의 생활에 많은 영향을 미치고 있다. 공동체에 있어 공식적 조직 및 비공식적 조직에서 청소년과 어른들과의 관계는 매우 약화되어 있다. 공동체에서 능동적인 청소년의 존재는 공동체의 자산임을 보여주며 공동체의 생활에 대한 실제적인 개선책을 달성하도록 한다. 청소년이 시민사회의 중요한 역할을 하는 것으로 전제할 때 청소년이 사회의 공적 담론에 참여함으로써 공동체는 많은 긍정적인 영향을 받게 된다. 청소년조직화는 청소년을 존중하도록 유도한다. 청소년이 지방자치단체, 청소년정책 및 시민사회에 많이 참여하면서 청소년의 집합적 영향은 사회 및 공동체 변화를 주도하는 기본적인 영역이 된다. 확대된 청소년의 영향력은 우리 사회와 공동체에서 개인 및 제도에 의한 청소년의 시민권이나 다른 권리들을 광범위하게 보장하도록 한다. 청소년조직화는 이웃, 공동체, 시군 및 국가수준의 사회적 변화를 성취하도록 만든다. 청소년조직화는 청소년이 또래연합 및 청소년과 어른의 연합으로 협력하도록 만든다.

Ⅳ. 청소년참여활동의 실제

1. 청소년참여활동의 유형과 특징

청소년참여는 청소년이 살아가는 일상생활의 다양한 장에서 이루어질 수 있다.

청소년참여는 가정생활 참여, 학교생활 참여, 지역사회 참여 및 국가수준 청소년참여 등 다양한 형태로 이루어질 수 있다. 청소년분야의 청소년참여활동은 청소년특별회의, 청소년참여위원회, 청소년운영위원회, 지역사회변화프로그램참여 등이 있다.

첫째, 청소년특별회의는 청소년기본법에 따라 여성가족부 및 16개 시·도 청소년과 청소년전문가들이 토론과 활동을 통해 청소년의 시각에서 청소년이 바라는 정책과제를 발굴하고 이를 정부에 건의하여 정책화를 추진하는 참여기구이다. 청소년특별회의는 2004년 시범사업을 거쳐, 2005년 청소년기본법에 근거규정이 마련되면서 매년 정기적으로 개최되고 있다. 청소년참여위원회나 청소년운영위원회가 자치단체 또는 청소년시설중심의 지역 규모의 참여기구인데 반해 청소년특별회의는 전국의 청소년들이 동일한 정책의제로 함께 참여하는 전국 규모의 참여기구이다.

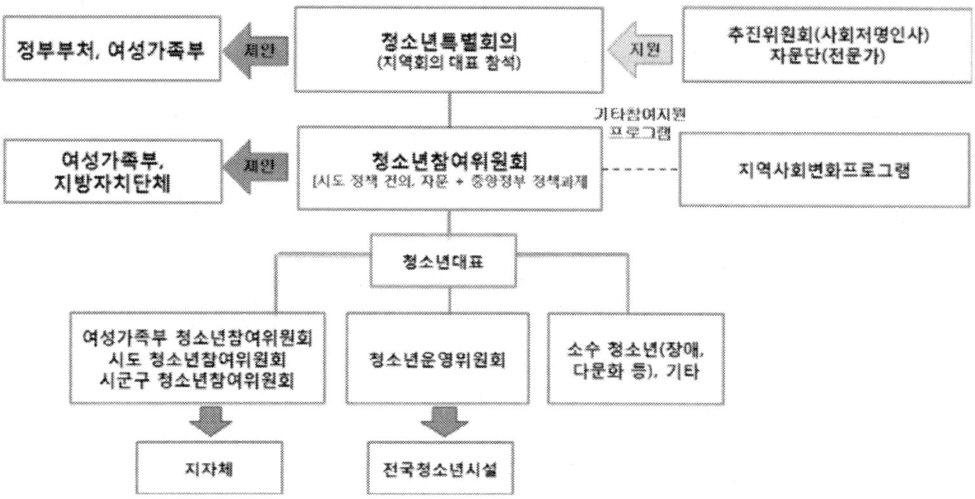

〈그림 3〉 청소년참여기구 구성도
자료 : 여성가족부, 2012.

둘째, 청소년참여위원회는 여성가족부 및 지방자치단체에 설치·운영중인 청소년참여기구이다. 청소년참여위원회를 통해 청소년정책의 형성·집행·평가 과정에 청소년이 주체적으로 참여할 수 있도록 제도화함으로써 청소년 친화적 정책을 구현하고 청소년의 권익증진을 도모하고 있다. 청소년참여위원회는 운영주체별로 다소 차이가 있으나 정기·임시 회의를 통한 청소년 관련 정책의 모니터링, 청소년 의견제안과 정책자문, 각종 토론회·워크숍 개최 및 리더십 훈련프로그램 참여 등의 활동을 하고 있다. 청소년참여기구 활동은 개인적으로 청소년 자신의 잠재역량을 개발하고 사회성을 향상시키는 한편, 사회적으로 청소년의 권리신장과 건전한 민주시민으로의 육성에 기여하고 있다.

셋째, 청소년운영위원회는 청소년활동진흥법에 따라 청소년수련관이나 청소년문화의집에 시설의 사업, 프로그램 운영과 관련된 의사결정 과정에 청소년이 참여할 수 있도록 설치·운영되고 있다. 청소년운영위원회의 설치 목적은 청소년수련시설을 이용하는 청소년의 의견과 욕구를 반영하여 청소년수련시설이 청소년 중심으로 운영될 수 있도록 하는 것이다. 현재 청소년운영위원회는 청소년수련시설의 심의·평가 등을 통해 시설 운영전반에 참여함은 물론 프로그램을 직접 기획·운영하거나 청소년 대표로서 각종 지역사회 청소년관련 행사 참가하는 등 다양한 활동을 전개하고 있다. 청소년운영위원회는 10명에서 20명 이내의 청소년으로 구성되며, 위원의 임기는 1년이다.

넷째, 청소년 참여 지역사회 변화프로그램은 자신이 거주하는 지역사회의 문제를 인식하고 이를 개선하기 위한 변화 프로그램을 청소년이 직접 기획·실천하는 사업이다. 2007년부터 시작된 동 사업은 주로 참여기구에서 활동하고 있는 청소년을 대상으로 지역 환경 보전, 기초 질서 지키기, 청소년 권익 개선 등 지역사회의 변화를 이끌어 낼 수 있는 활동을 실천하게 된다.

2. 청소년운영위원회의 조직과 운영

청소년운영위원회는 청소년시설에 설치·운영되고 있다. 청소년운영위원회는 10명에서 20명 정도의 청소년으로 구성되며, 위원의 임기는 1년이다. 청소년운영위원회의 조직은 청소년시설에 따라 조금씩 다를 수 있으며, 위원장, 부위원장, 총무, 서기, 기획 및 홍보 등으로 구성된다.

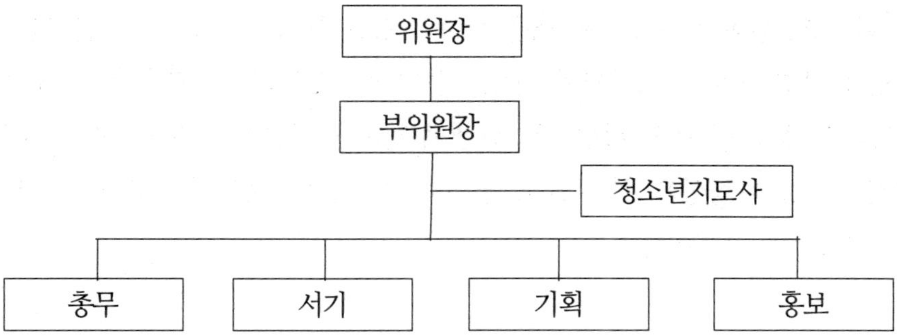

〈그림 4〉 청소년운영위원회 조직도

청소년운영위원회의 위원별 주요 역할은 다음가 같다. 위원장은 청소년운영위원회 운영방향 설정 및 역할수행에 관한 책임을 지며, 대외활동 시 청소년운영위원회 대표로서의 역할 수행한다. 부위원장은 위원장 부재 시 업무총괄 역할 수행하며 청소년운영위원회 문서 및 물품 관리한다. 총무는 예산 집행 관리하며 청소년운영위원회 비품 및 소모품 관리를 한다. 서기는 온라인 회의 및 정기, 임시 회의기록 작성 및 유지하고 영상 및 사진촬영 등 활동결과물 정리 및 유지한다. 기획분과는 청소년 프로그램 또는 활동 기획안 작성하고 활동보고서 자료집 작성한다. 홍보분과는 청소년프로그램 또는 활동 시 대회 홍보 기획 및 실시하고 홍보물품 제작 및 배포한다.

〈표 5〉 청소년운영위원회 월별 계획

1월 : 청소년운영위원회 활동계획수립, 신규위원 모집 및 홍보	7월 : 문화감성프로그램 진행, 청소년프로그램 기획회의
2월 : 청소년프로그램진행, 신규위원 면접	8월 : 지역사회 내 봉사활동, 교류활동 진행
3월 : 발대식 진행, 분과별 활동계획 수립	9월 : 위원교육 실시, 청소년모니터링 활동
4월 : 위원교육 실시, 홍보물품 제작	10월 : 청소년프로그램 청소년모니터링 활동
5월 : 청소년연계동아리 면접 참여, 청소년모니터링 활동	11월 : 청소년프로그램 진행(만화축제 등)
6월 : 중간평가, 하반기 활동 논의	12월 : 2013년 평가회, 활동보고서 제작

청소년운영위원회의 주요활용 내용으로는 청소년들의 청소년수련시설 및 프로그램 운영에 대한 참여와 모니터링 활동, 지역사회 문제해결을 위한 참여 및 의견반영, 시설 및 청소년활동의 활성화를 위한 주체적인 책임역할 수행, 청소년운영위원회 자질 및 능력 향상을 위한 교육 활성화, 타 청소년운영위원회와의 교류활동을 통한 정보교류 등을 담당한다.

청소년운영위원회의 프로그램은 고유활동, 지역사회참여활동, 자질능력개발활동, 특별활동등으로 구성된다. 청소년운영위원회의 고유활동은 정기회의, 정기토론회, 청소년운영위원회 발대식 및 기초소양교육, 청소년수련관 자체 프로그램 모니터링 및 자원봉사, 청소년수련활동 및 특성화 캠프 예비지도자활동, 청소년운영위원회 사업보고회 등이 있다. 지역사회참여활동 청소년수련시설 선진기관 견학, 청소년운영위원회 네트워킹활동, 전국청소년운영위원회 워크샵 참가활동등이 있다. 청소년운영위원회의 자질능력개발활동은 창의적체험활동 단위프로그램개발활동, 청소년주체 토론회 참여활동, 전문화된 공예체험 및 문화체험활동 등이 있다. 특별활동으로는 청소년수련관 시설모니터링 활동, 청소년수련관 이용자 만족도 조사활동, 청소년위원회실 활성화 문화조성활동 등이 있다.

청소년운영위원회의 활동참여의 기대효과는 다음과 같다. 첫째, 청소년들의 청소년시설의 프로그램 운영 전반에 대해 관심을 갖고 자발적으로 참여함으로써 주인의식을 고취한다. 둘째, 지속적인 회의활동으로 월별 활동에 대한 내용을 숙지 및 공람하고 프로그램기획능력 개발한다. 셋째, 토론활동을 통하여 청소년시기 핫이슈적인 주제에 대해 정보교류 및 다양한 의견들을 재조명할 수 있고, 다각적인 시각에서 이슈에 대해 접근하도록 한다. 넷째, 객관적 시각으로 수련관 프로그램 운영에 관한 모니터링과 만족도조사 등을 통해 의견을 반영함으로써 청소년들이 주도하는 수련관, 지역의 청소년 모두가 이용할 수 있는 청소년시설로서 자리매김한다. 다섯째, 다양한 청소년시설들을 접하고, 청소년수련관과 청소년운영위원회 간 인프라 구축 및 청소년운영위원회로서의 질적 성장을 이룰 수 있다.

_Remind (생각다지기)

1. 청소년참여의 필요성과 청소년 참여의 단계에 대하여 알아봅시다.

2. 청소년참여를 활성화하기 위해 부모, 교사, 청소년 자신은 기존에 가지고 있던 인식과 관점을 어떻게 변화시켜야 할 지 알아봅시다.

3. 청소년참여를 촉진시키기 위한 요인 및 고려 사항에 대하여 알아봅시다.

4. 청소년참여기구와 활동내용을 알아보고 청소년의 참여정도를 〈표 1〉청소년참여 단계를 이용하여 나타내어 봅시다.

_Practice & Becoming (내 것으로 만들기)

1. 청소년참여에 대한 자신의 견해를 Hart의 참여사다리를 이용하여 기술해 봅시다.

2. 청소년참여를 촉진시키기 위한 방안으로서 청소년지도사의 역할에 대하여 자유롭게 서술해 봅시다.

3. 청소년운영위원회의 청소년지도 방향에 대해 자유롭게 서술해 봅시다.

제12장 청소년행사 기획과 평가

청소년행사는 참여 청소년 누구나 인생이라는 무대에 주인공으로 출연하는 문화적 경험을 가지게 되어 특히 그 의미가 깊다고 할 수 있다. 창의적 예술표현을 통해 스스로를 표현해보는 창의성의 시간을 가지게 된다. 하지만 대부분 청소년행사는 기획사를 통해 이루지고 있기 때문에 행사의 전문성은 있지만 청소년의 특성과 그들의 문화보다 상업적인 것에 치우치고 있는 것이 현실이다.

일회성행사 또는 청소년행사임에도 청소년들이 참여 하지 않는 행사는 진정한 청소년행사라고 할 수 없다. 청소년들이 원하고 청소년들의 끼와 개성을 표현 할 수 있고 학업에 받은 스트레스를 잠시 잊을 수 있는 청소년들이 주관적으로 행사에 함께 참여하고 만들어갈 수 있는 행사가 청소년행사라고 할 수 있겠다. 청소년지도사라면 기본적인 청소년 축제와 행사에 대한 개념을 알고 청소년들의 문화와 특성을 살려 그들이 즐기고 함께 만들어 가는 행사를 기획 할 수 있어야 된다고 생각한다.

이와 관련하여 본장에서는 기획에 대한 기본적인 이해를 돕고 기획방법, 프로그램 구성, 예산편성, 인적자원활용, 평가에 대한 구체적인 방법에 대해 살펴보고자 한다.

Ⅰ. 행사기획과 평가에 대한 이해

1. 행사기획에 대한 이해

우선, 행사기획이란 비일상적이며 긍정적인 사건(event)을 의도적으로 계획하는 것으로 시간(when), 장소(where), 행사주최(who), 대상(whom), 행사테마(what), 행사목적(why), 행사방법 및 내용(how), 행사예산(how much)인 6W2H를 구성요소로 5단계 19항목에 의해 구성된 것을 말한다. 아울러, 5단계 19개 항목을 살펴보면 〈그림 1〉과 같다.

제 1단계 기본계획

1. 행사 목표, 테마, 컨셉 설정	2. 6W2H의 체크 포인트

제 2단계 행사계획

3. 행사계획의 기본 방향과 구성	4. 프로그램 구성
5. 프로그램 관리	6. 행사장 연출
7. 행사장 배치	8. 동선 계획

제 3단계 운영계획

9. 조직 관리	10. 운영조직 분석
11. 시설 관리	12. 행사 운영 스탭

제 4단계 홍보계획

13. 홍보 기본 방향	14. 매체 별 홍보 전략
15. 단계별 홍보 전략	16. 통합적 홍보 활동 전략

제 5단계 예산계획

17. 행사 예산의 수립	18. 행사 기획 예산 편성법
19. 예산 조달 방법	

〈그림 1〉 행사기획 방법

자료 : 김희진, 2011.

1단계 기본계획은 행사의 목적과 이념을 명확하게 제시하고 컨셉, 테마와 실행 목표, 슬로건 그리고 핵심적인 예산 사항 등의 기본 구상을 6W2H에 의해 정확하게 제시하는 것이 중요하다.

2단계 행사계획은 기본 계획에서 밝힌 기본 구상을 차별화된 프로그램으로 나타내는 단계로서 기본적인 전략 구상을 구체적으로 실행하기 위한 전술 단계를 말하는 것이다. 이러한 행사계획은 프로그램 계획, 행사계획(공식행사, 부대행사, 체험행사, 경연행사, 공연행사, 전시행사, 특별행사), 공연 및 연출계획 등으로 표현되는 경우도 있다.

3단계 운영계획은 행사 계획이 원활히 진행될 수 있도록 행사요원을 교육, 관리하고 장비, 시설지원을 비롯하여 안전, 교통, 돌발 상황, 주차장 문제에 이르기까지 다양한 서비스 계획을 세우는 것이다.

4단계 홍보계획은 행사에 대한 인지도 확산을 위해 행사를 알리고 많은 참가자를 유치하기 위한 것으로 홍보예산을 보다 효율적으로 집행하기 위해서는 매체(전단지, 팜플렛, 리플렛, 4대 매체, 옥외광고, 인터넷, SNS 등)의 특성과 기능에 대한 고찰을 통해 실시해야 한다.

5단계 예산계획은 행사에 있어서 가장 핵심적인 부분으로 설정된 행사의 목적과 목표를 달성할 수 있도록 최적의 행사예산을 계획해야 한다. 즉, 투입된 비용에 대한 효과를 고려하여 최소의 비용으로 최대의 효과를 얻을 수 있도록 설정해야 하는 것이다.

2. 행사평가에 대한 이해

다음 행사(event) 평가란 개최를 통해 얻은 성과를 알아내기 위하여 행사의 계획 과정에서 종료까지의 전 과정을 분석하고, 그 결과를 통해 관리 과정상의 성과를 개선하고자 하는 활동을 말한다. 따라서 행사 평가는 개최 조직 구성원에게 수행과정상의 개선점을 제공하고, 외부 이해관계자는 행사의 성과를 파악할 수 있는 정보를 제공한다.

Getz(1997)는 이러한 평가를 가치에 대한 주관적인 결정이며 행사의 실행과정을 관찰, 측정, 모니터링(monitoring)하는 과정으로 정의하고, 행사 평가의 필요성을 다음의 8가지로 설명하였다.

① 문제의 규명과 해결 모색 ② 관리를 개선하는 방법 추구 ③ 행사나 프로그램의 가치 결정 ④ 성공과 실패 측정 ⑤ 비용과 편익 판단 ⑥ 파급효과의 측정과 파악 ⑦ 스폰서와 관계당국 만족 ⑧ 스폰서와 관계당국의 승인, 신뢰, 지원 얻음

행사에 대한 평가의 시기와 내용은 크게 개최 전(타당성 평가), 개최 중(진행 평가), 개최 후(종합 평가)로 나누어 살펴볼 수 있는데, 이경모(2006)는 다음과 같이 설명하고 있다.

행사 개최의 타당성 조사를 주된 목적으로 하는 개최 전 평가는 행사 개최를 위해서 어떤 자원이 필요하며, 행사 개최의 진행여부를 조사하는 평가라고 할 수 있다. 또한 개최 전 평가는 일반적으로 잠재 방문객의 행사에 대한 반응과 참가예상인원, 비용과 편익을 예측하는 조사내용을 포함하고 있다.

진행 평가는 행사가 개최중인 상태에서 상황을 점검하는 평가로 행사 계획이 실행되고 있는 각 운영상황을 평가하여 개최 종료 전 개선되어야 할 사항을 찾아내는 것이 목적이다. 행사 개최 중 운영상황에 대한 평가는 개최 비용을 줄이고, 방문객의 서비스 만족도를 높일 수 있는 수단이라고 할 수 있다.

개최 후 실시되는 종합평가는 가장 일반적으로 행해지는 평가이며, 행사 개최목저고가 세부목표에 관련된 많은 자료를 수집하고 분석하여 개최성과를 측정하는데 목적이 있다. 종합평가는 방문객에 대한 설문조사가 수반되기도 하며, 행사 참여 만족도와 방문객이 지출한 경비 및 인구통계자료를 조사하는 경우가 많다. 이상의 내용을 정리하면 〈표 1〉과 같다.

〈표 1〉 행사평가시기와 내용

유 형	내 용
타당성 평가 (formative evaluation)	타당성 조사 또는 행사 계획 수립 시 수행 전략적 계획 수립과정의 일부 개최 필요성 평가, 방문자, 지역시장 자료조사
진행 평가 (process evaluation)	효과적 운영개선을 돕기 위한 개최중의 평가 계획된 대로 실행되고 있는지의 여부 수정해야 할 사항이 있는지의 여부
종합 평가 (summative evaluation)	행사 개최 후의 평가 행사의 효과와 전체적인 가치에 관한 평가 차기 행사에 수정·적용되어야 할 자료의 수집

자료 : 이경모, 2006.

Ⅱ. 청소년행사 기획과 평가

1. 청소년행사 기본계획과 타당성 평가

청소년 행사에 있어 기본계획이란 환경 분석을 통한 6W2H 내용의 논리적 전개와 현실가능성을 말하며, 유사 행사와의 비교를 통한 차별화 전략과 이에 따른 기대효과를 내용으로 기획하는 것이다. 그리고 이에 대한 행사 개최 여부는 타당성 평가를 통해 따져 봐야하는 것이다.

1) 청소년행사를 위한 환경 분석

청소년 행사에 대한 환경 분석은 행사의 필요성을 도출하기 위한 것이다. 즉, 환경 분석의 내용을 봤을 때 '그래, 이 행사 해야겠네'라는 설득을 위해 객관적이며 논리적인 내용이 작성되어야 한다.

환경 분석은 우선 실시하고자 하는 청소년 행사 주제에 대한 사회적·지역적·대상적 차원에서 객관적 사실들을 토대로 분석하는 것이다. 행사 기획자는 자신의 생각을 논리적으로 전개한 주관적 분석이 아닌 객관화 된 자료를 근거로 논리를 전개하는 것이 중요하다. 맨 마지막에는 그러므로 본 행사를 개최할 필요가 있다는 논리가 세워져야한다. 만약, 기획자 스스로가 사실적 근거에 의해서 행사 개최에 대한 필요성에 도달하지 못한다면 그 행사는 개최할 이유가 없게 되는 것이다. 그런데, 현장에서 행사를 담당하는 담당자는 이러한 환경 분석을 통해 스스로가 간절한 필요성에 도달함으로서 사명감을 가지는 것이 아닌 행사를 위한 담당자로서 형식적이며, 관행적인 환경 분석을 작성하는 경우가 많다.

행사 개최를 위한 주최 측의 내부 환경과 지역사회자본 등 행사를 위한 외부환경에 대한 SWOT분석을 통해 종합적 결론에 도달함으로써 행사 개최에 대한 현실 가능성에 대한 진단을 스스로가 하게 되는 것이며, 행사의 컨셉과 테마, 목적과 목표가 결정되는 것이다. 그리고 이것이 바로 행사기획에 있어서 요체이며 이를 실행하기 위한 구체적 개요를 작성하는데 그것이 바로 다음 단계인 행사에 대한 6W2H 전략인 것이다.

2) 청소년행사에 대한 6W2H 전략

앞에서도 이야기 했듯이 6W2H는 행사기획을 위한 구성요소이다.

첫째, 행사주최(who) : 명확한 의사결정 조직체계

행사의 주최는 행사를 기획 및 개최하는 명확한 의사결정 조직이다. 그러므로 행사의 주최는 외부에서 행사의 성격과 신뢰도, 대외적 인지도 등 많은 것을 가늠하는 기준이 되기도 한다. 이에 행사주최는 스스로가 대외적 인지도와 공신력이 부족하면 영향력 있는 조직을 끌어들여 공동주최를 통해 문제 해결을 하기도 한다. 요즘, 행정에서는 관(官) 중심이 아닌 민(民) 중심의 행사 성격을 위해 그 주최를 관이 아닌 민으로 이양시키거나, 민·관 협력의 거버넌스(governace) 차원에서 공동주최 또는 민이 주최하고 민·관이 공동 주관하는 등의 형식을 취하며 협력을 통한 발전을 꾀하고 있다. 아울러 주최는 행사주관, 행사후원, 행사협찬 등을 요청 및 수락하게 되는데, 이것은 행사의 성공적 개최를 위해 행사 주최의 역량을 주관, 후원, 협찬을 통해 강화시키기 위한 전략으로 행사 기획에 있어 매우 중요한 요소이다.

둘째, 대상(whom) : 서비스 수혜자

지피지기(知彼知己)면 백전백승이라는 말이 있다. 즉, 적을 알고 나를 알면 백번 싸워 백번 다 승리한다는 것이다. 이 말의 핵심은 자기 자신과 상대 모두에 대해 파악하는 것이 매우 중요함을 이르는 것으로, 우리는 환경 분석과 행사 주최에 대한 분석을 통해 자기 자신에 대해 알 수 있고, 상대로서 서비스의 수혜자인 대상에 대한 파악을 통해 행사를 성공적으로 이끌 수 있는 전략을 도출할 수 있는 것이다. 개인 및 집단의 특성을 파악하는 것은 행사 진행과 프로그램 개발에 있어서 핵심적 열쇠가 되는 아주 중요한 것이다. 그러므로 보다 구체적으로 세밀하게 대상에 대해 파악하도록 노력해야 한다.

셋째, 행사목적(why) : 명확한 목적과 목표

행사나 프로그램 기획에 있어서 목적과 목표는 굉장히 중요한 것이다. 행사나 프로그램이 도달해야 할 지표이기 때문이다. 그런데 현장에서는 계획서를 작성함에 있어 목적과 목표를 형식적으로 작성하고 그 중요성에 대해 인식하지 못하는 경우가 많은 것 같다. 행사 목적은 행사의 실시 이유로서 프로그램을 통해 도달해야 하는 종착점이며, 그 하위적 범주로서 행사 목표는 보다 구체적 행동 지침인 것이다. 그러므로 행사 기획 시 그 목적과 목표를 명확히 하는 것은 굉장히 중요하며, 행사의 성공여부를 가늠하는 평가에 있어서도 가장 큰 비중을 차지하는 항목이기도 한다.

넷째, 행사테마(what) : 행사의 컨셉과 주제

행사의 테마는 행사 방향을 제시하는 컨셉과 그것을 상징하는 주제로 설명될 수 있다. 컨셉은 행사를 통해 도달하고자 하는 흐름과 방향을 한 눈에 볼 수 있도록 정리해 둔 것이며, 주제는 그 컨셉을 상징적으로 표현한 내용으로 대주제, 소주제 등으로도 분류될 수 있다. 또한 주제는 행사의 목표에 의미를 담은 상징적 표현이기도 하다.

다섯째, 행사기간 및 시간(when) : 최적의 개최시기

행사는 18개 시군에서 각각 이루어지고 있는 축제가 있다. 지역연계성을 고려한 시기를 선택하는 것이 적절할 것이다. 참가자의 특성과 날씨 및 휴일, 타 행사 시기 및 시간 등을 적절하게 고려해 결정함으로서 행사에 대한 참여율과 운영의 효율성을 높일 수 있는 중요한 요소이다.

여섯째, 장소(where) : 최적의 장소

행사의 장소는 크게 실내와 실외로 구분해 볼 수 있다. 실내의 경우는 부대시설과 수용인원 등을 고려하는 것이 중요하며, 실외의 경우는 날씨와 편의시설 그리고 행사를 위한 장비에 대한 고려가 우선시 되어야 할 것이다. 중요한 것은 참가 대상이 편안한 분위기에서 행사의 목적 달성을 위해 최대의 효과를 낼 수 있는 장소의 선정과 장소에 따른 준비 사항들에 대한 점검이 중요하다.

일곱째, 행사방법 및 내용(how) : 적합한 프로그램

행사 기획 시 행사 방법 및 내용을 다르게 표현하면 프로그램으로 설명할 수 있다. 프로그램이란 행사의 목표 달성을 위한 실행적 차원으로 행사 진행의 핵심 내용인 것이다. 결국, 행사는 이 프로그램을 통해 대상에게 경험의 기회를 제공하는 것이며, 이 경험의 과정과 결과가 청소년지도자의 진행 및 프로그램 실시 목적 달성을 가능하게 하는 것이다. 아울러, 행사 주최나 기획자는 행사 프로그램의 목적 달성을 통해 행사의 목표 달성을 이뤄내고, 그 목표 달성이 결국, 행사의 궁극적 목적을 달성도록 해 좋은 평가와 행사의 성공을 보장해주는 것이다.

여덟째, 행사 비용(how much): 행사의 규모와 현실성

행사비용은 행사기획에 있어서 현실에 봉착도록 하는 중요한 요소이다. 아무리 훌륭하고 좋은 기획도 행사 예산이라는 범주 안에서 실시 가능해야만 현실 가능한 기획서가 되는 것이다. 행사의 비용은 예산 항목에 따른 비율을 설정하고, 행사의 10% 정도를 예비비로 편성하며, 스폰서쉽을 통해 현물이나 현금으로 후원 또는 스폰을 받음으로서 탄력적인 예산 계획을 수립할 수 있다. 또한 행사 비용을 남기는 것이 미덕이 아닌 주어진 예산으로 최대의 효과를 내는 것이 행사 예산 기획에 있어서 최고의 미덕인 것이다.

3) 유사 행사 비교 분석을 통한 차별화 전략

사전 조사를 통한 유사 행사에 대한 분석은 기획고자 하는 행사에 아이디어 제공을 비롯해 차별화 전략으로 비교 대상이 될 수 있다. 또한 행사는 같은 행사라도 대상의 특성에 따라 다른 결과를 유발할 수 있기 때문에 유사 행사에 대해서는 참고 자료로서 활용해야 할 것이다. 그러므로 유사 행사의 내용을 적용고자 할 때는 지역사회, 주최, 대상 등 환경 분석을 토대로 실시해야만 한다.

4) 청소년행사를 통한 기대효과

기대효과는 기획된 행사를 통해 행사의 목표와 목적 달성을 했을 시에 예상되는

효과를 말하는 것이다. 이러한 기대효과의 범주로는 사회적 측면, 집단적 측면, 개인적 측면에서 살펴볼 수 있을 것이다. 사회적 측면은 행사를 통해 지역사회를 비롯해 사회 전반에 미치는 파급효과에 해당하는 것이며, 집단적 측면은 행사의 주최, 주관, 후원, 행사 참여 집단 등 행사와 관련된 기관 및 단체 그리고 집단에 미치는 파급효과에 해당되는 것이다. 마지막으로 개인적 측면은 행사에 참여 한 각각의 개인들이 행사 참여를 통해 얻게 되는 영향 등을 말하는 것이다.

이상의 내용처럼 행사 기획에 대한 첫 번째 단계는 기본계획에 대한 수립이며, 기본계획에 대한 타당성 평가에 의해서 행사를 실행에 옮길지 아닐지의 여부를 판가름 하는 것이다. 그러므로 기획서 작성 시에 대부분 형식에 머무르게 되는 기본계획 수립과 평가에 대해 중요성을 인식하고 냉철하게 접근해야 할 것이다.

2. 행사 세부계획과 진행 평가

현장에서 대부분의 행사 기획은 기본계획을 형식으로 하고, 세부계획에만 집중하는 경우가 있다. 하지만, 세부계획의 질적 수준은 기본계획을 어떻게 기획하는가에 달려 있음을 알아야 한다. 보통 행사 기획 시에 세부계획은 기본계획에 의해 수립된 행사의 실행을 위한 내용적 요소에 해당되는 것이기 때문에 행사의 핵심으로 본다.

그럼, 세부계획에는 어떠한 내용들이 포함될까? 세부계획에는 행사계획, 운영계획, 홍보계획, 예산계획에 대한 구체적 내용을 적는 것이다. 세부 계획 각각의 내용에 대해서는 앞에 '행사기획에 대한 이해'에서 설명한 바 있다. 그리고 세부 계획의 내용은 행사 당일 진행 평가의 항목에 해당된다. 즉, 세부계획에 관련된 내용을 현장에서 기획의도에 맞게 순서에 의해 조직적으로 진행되는지의 여부와 다음 행사를 위해 미흡한 부분들까지도 함께 살피는 과정으로 진행 평가는 이루어지는 것이다.

3. 행사 종합 평가

행사가 끝나게 되면 행사 전반에 대한 종합적 평가를 하게 된다. 평가자는 내부와 외부로 구분되며, 평가의 방식은 참가자들의 행사 만족도에 대한 설문지 조사 평가와 행사 현장에 대한 참여와 관찰을 통한 평가, 실무자와 참가자들에 대한 인터뷰 등을 통한 면접 조사 평가 3가지로 크게 이루어진다.

행사의 규모에 따른 평가방식을 살펴보면, 소규모 행사는 행사 운영자들을 중심으로 한 자체 평가 방식을 취하고, 중규모 행사는 현장 모니터링 요원들을 두어 참여 관찰 평가를 실시한다. 그리고 대규모 행사는 설문지 조사 평가, 참여 관찰 평가, 면접 조사 평가 모두를 활용하는 삼각측량 방식을 실시한다.

행사의 종합평가에서는 행사를 통한 기대 효과의 차원과 행사의 가치에 대해서 재신임을 얻게 된다. 그리고 차기 행사를 위해 수정 및 개선되어야 할 사항에 대한 평가를 통해 차기 행사 기획 시에 종합평가의 내용이 피드백 되어 행사의 지속적 발전을 이끌어가는 것이다.

Ⅲ. 청소년행사기획서 사례

다음 기획서는 한국청년지도자연합회(경상남도지부)에서 청소년들을 위한 축제를 함께 하고자 해맑음문화활동센터와 함께 만든 기획서 사례이다. 청소년들이 함께 즐기고 뛰어 놀 수 있는 마당을 만들어 주자는 것이 행사의 목적이며, 청소년들이 프로그램진행을 직접 하는 것으로 기획서를 만들었다. 기획서는 첫째 행사를 하고자 하는 주된 목적, 둘째 행사개요, 셋째 세부프로그램, 넷째 동아리경진대회 다섯째 시상, 여섯째 행사장 안내도 등이 수록 되어있다.

1. 행사개요 및 기획의도

한청경남청소년문화제 Blue Festival은 사단법인 한국청년지도자연합회 경상남도

지부가 주최하고 경상남도, 경상남도 교육청, 경남신문사 등이 후원하는 경남 청소년 문화 축제로 학업에 지친 우리 청소년들에게 잠재되어 있는 끼와 에너지를 발산하는 장으로 학교장의 추천을 득한 각 학교 동아리 및 개인이 평소 갈고 닦은 기량을 경진하고 각 동아리 단체는 배정된 부스 내에서 서로의 문화를 겨루며 경남 청소년 최고의 동아리 및 개인을 선발하는 행사이다. 한청경남 청소년문화제의 참가대상은 경상남도에 소재한 중고등학교의 재학생이며, 참가자격은 학교장의 추천을 득한 동아리 및 개인으로 하고 있다

기획서의 기본 컨셉은 Blue Festival이다. 의 "Blue"는 무한함과 잠재력 그리고 가능성을 상징하는 색상으로 "이땅 위의 무한 잠재력"이라는 슬로건 아래 참여를 통해 청소년들이 가진 잠재력을 마음껏 펼칠 수 있는 장을 만들고자 기획되었다. 목적에 의해 순위를 정하는 문화제가 아닌 기발한 아이디어와 재치 가득한 문화제가 "Blue Festival"의 모티브이다

〈그림 2〉 Blue Festival 구성내용

2. 세부프로그램

한청경남청소년문화제 Blue Festival 행사의 주요 프로그램은 동아리 및 개인경진대회, 대학생동아리 공연, 태권예술단 공연, 여자고등학교합창단 공연, 관현악단 연주, 초청가수 공연 등이 있다.

〈표 2〉 한청경남청소년문화제 Blue Festival 행사의 주요 프로그램

내 용	시간	비 고
행사준비	10:00	리허설포함
중식	12:00	
개회선언	13:10	
대회사	13:20	
마산- 관현악단 연주	13:30	축하공연, 관현악단 클래식 연주
대학생동아리공연	14:00	축하공연, 대학생동아리문화 간접체험
심사규정/시상내역발표	14:15	
동아리 및 개인 경진대회	14:20	각팀 10분 20팀
초청밴드공연	15:00	축하공연, 지역밴드 동호회
태권예술단공연	15:50	축하공연, 초등학생위주의 예술단
대학생동아리공연	16:30	축하공연, 대학생동아리문화 간접체험
여자고등학교합창단공연	17:30	축하공연, 여자고등학교 합창단
동아리경진대회 - 끝	18:10	
초청가수 공연	18:10	심사
시상	18:30	
폐회	19:00	

3. 동아리경진대회

Blue Festival의 핵심 프로그램은 동아리 및 개인경진대회이다. 동아리공연은 각 동아리의 특성에 맞는 공연주제를 선정하여 진행된다. 경남도내 주요 중고등학교에 재학중인 학생을 대상으로 학교장의 추천을 득한 동아리 및 개인이 참여하게 된다.

경진종목은 댄스, 국악, 재즈, 합창단, 마술 등의 공연이 가능한 종목으로 한다. 공연시간은 각 동아리당 분 이내로 하며 선정적인 복장, 욕설, 비방 등을 주제로 한 공연은 제한된다. 경진대회 부분은 20개 팀의 선착순으로 접수하도록 한다. 동아리 부스운영 경진대회는 동아리특성에 맞는 부스운영형태에 따른 경진대회이다. 참가대상은 경남도내 주요 중고등학교내 동아리로 참가자격은 학교장의 추천을 득한 동아리이다. 참가종목은 로봇, 네일아트, 타로 등 부스운영이 가능한 종목이다. 부스운영시간은 12시부터 17시까지이며 선정적인 주제, 욕설, 비방 등을 주제로 한 종목은 제한된다. 문화경진 부분은 20개팀을 선착순으로 한다.

동아리경진대회의 심사규정은 당일 심사위원장이 구두로 발표하며, 경진주제를 가장 창의적으로 표현한 동아리는 가산점을 적용하도록 한다. 반면 청소년헌장에 훼손되는 공연주제는 감점을 준다. 심사규정은 참가자 접수후 각 분야의 전문가를 섭외하여 마련하며, TMVP, 창작상 등은 행사시 관객의 반응으로 결정한다.

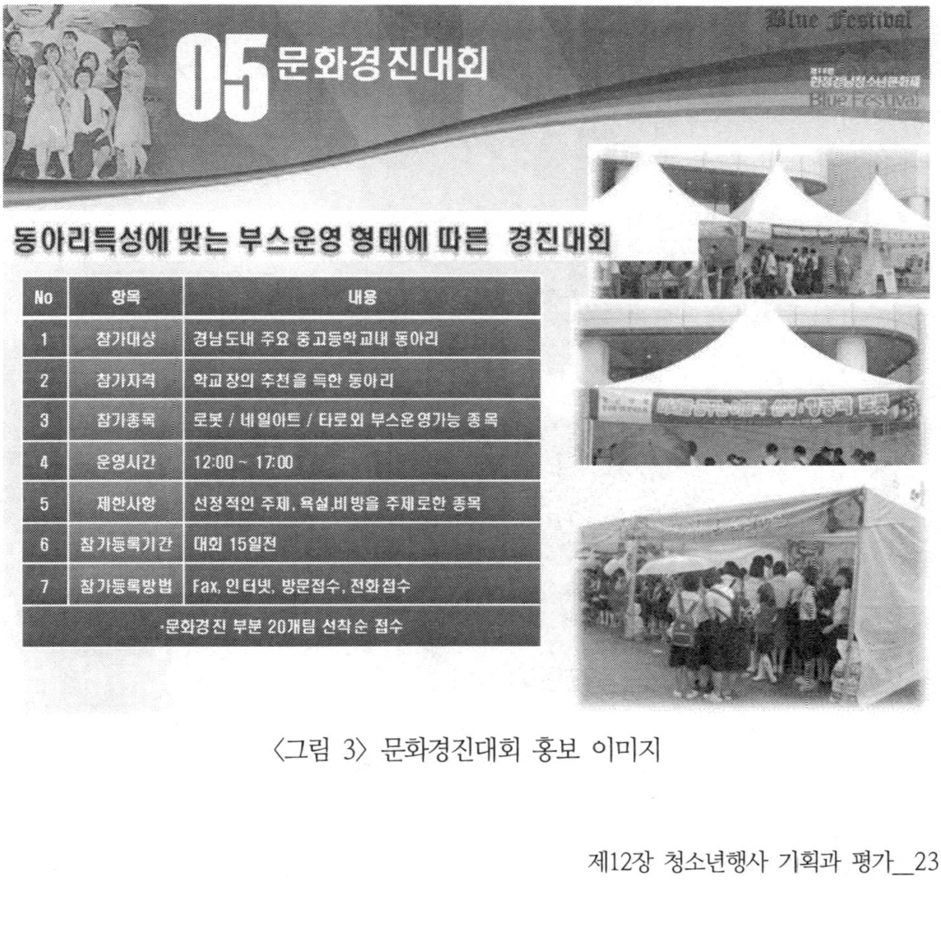

〈그림 3〉 문화경진대회 홍보 이미지

Ⅳ. 체험활동프로그램

청소년행사 및 모든 행사에 창의적 체험활동은 필수로 들어가는 것이 요즘 추세이다. 체험활동은 청소년들이 직접 운영 할 수 있도록 하는 것과 전문가초청으로 할 수 있는 것 두 가지 방법이 있다. 청소년들이 직접 동아리 형태로 할 수 있는 체험코너는 코스프레, 풍선아트, 마술, 페이스페인팅, 타로, 등 취미적활동이 주를 이루고 전문가초청으로는 소방체험, 보건체험 및 다양한 직업, 성격, 적성검사 등이 있다. 다음에 나오는 체험활동 프로그램은 2009년 경상남도 청소년축제에 활동했던 것을 자료화 한 것이다.

1. 창의체험학습의 개요

개정된 교육과정에서는 실천중심의 다양한 체험활동을 강조하고 있다. 학생 개개인의 개성과 창의성을 개발하고, 현실적인 생활력을 길러줄 수 있는 현장체험학습이 중요한 학습방법이다. 책이나 설명만으로 이루어지는 교실 수업의 단점을 보완하여 교실에서 하기 힘든 여러 가지 상황을 직접 관찰하고 체험함으로써 학습기능을 습득하고 향상시키고자 한다.

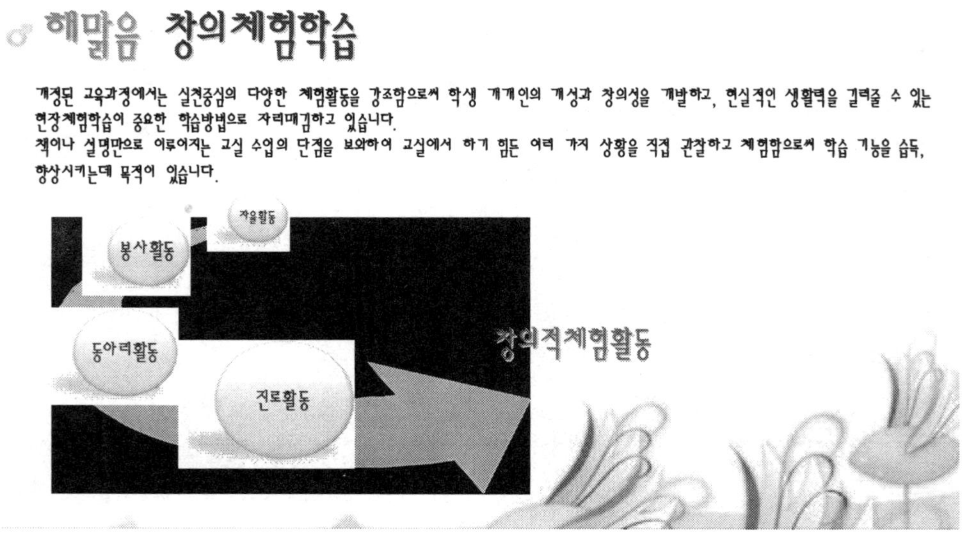

〈그림 4〉 해맑음 창의체험학습 소개

2. 창의체험학습활동의 효과

창의체험학습활동의 효과는 학습능력향상, 흥미와 호기심유발, 활달성, 소중한 체험과 경험등을 갖게 된다. 학습능력의 향상은 보고, 듣고, 만지고, 느끼는 오감영역의 체험을 통해 이해결 및 연구심과 탐구심을 키울 수 있는 사고력이 향상된다. 둘째 흥미와 호기심유발을 다양한 체험활동을 통해 사물을 신비롭게 바라보게되며, 청소년들이 일상생활을 살아가면서 학습활동이나 자신의 주위환경에 대해 보다 자세하고 깊이있게 살펴보려는 흥미와 호기심을 기르게 된다. 청소년들이 청소년체험활동을 통해 친구들이나 가족들과 함께 느끼고 즐기는 과정에서 대인관계와 사회성이 길러진다. 청소년들에게 청소년체험활동은 삶을 살아가면서 오랫동안 간직하고 싶은 긍정의 소중한 삶의 추억이 된다.

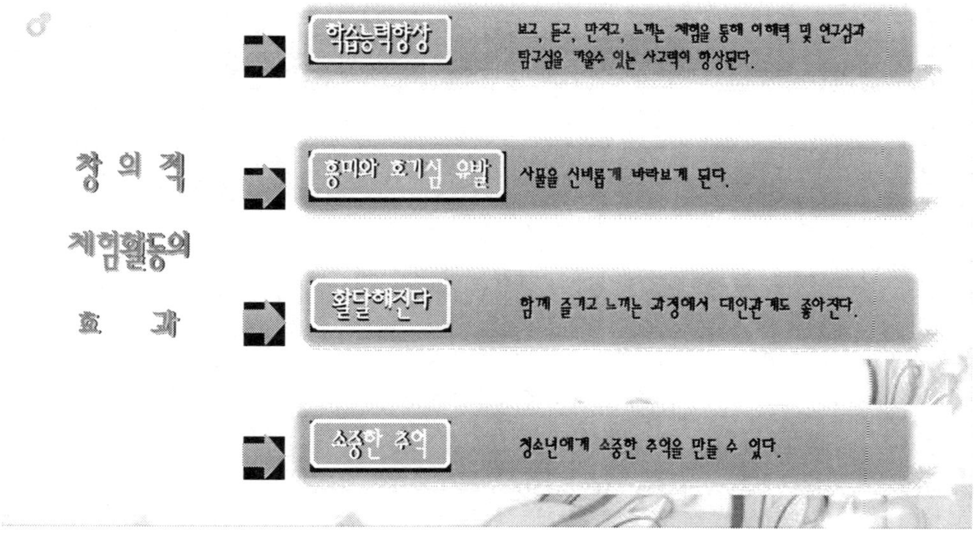

〈그림 5〉 창의적 체험활동의 효과

3. 창의체험학습활동의 영역과 주요 내용

창의체험학습활동은 친환경교실, 요리교실, 공예교실, 문화예술교실 등이 있다. 친환경교실은 인공적인 재료가 아닌 천연재료를 사용하여 다양한 작품을 만들어봄으로써 자연보호에 대한 인식을 심어주고 자연의 소중함을 알게 된다. 주요 프로그램으로는 천연비누, 나무공예, 압화공예, 천연화장품 등이 있다. 요리교실은 직접 만들어 먹어보는 재미와 다듬고 썰어보는 오감발달에 도움을 주고, 요리활동을 통하여 자신도 만들 수 있다는 자신감과 창의력을 기른다. 주요프로그램으로는 양갱만들기, 쿠키글레이, 떡만들기 등이 있다.

〈표 3〉 체험행사인 창의체험학습활동의 영역과 주요내용

영역	목표 및 주요내용
친환경 교실	인공적인 재료가 아닌 천연재료를 사용하여 다양한 작품을 만들어봄으로써 자연보호에 대한 인식을 심어주고 자연의 소중함을 알게 된다. 천연비누, 나무공예, 압화공예, 천연화장품 등 천연비누 : 비누, 손소독제, 샤워볼 등 나무공예 : 나무목걸이, 냉장고자석, 문패 등 압화공예 : 거울, 열쇠고리 냉장고자석 등 천연화장품 : 스킨, 로션, 핸드크림 등
요리 교실	직접 만들어 먹어보는 재미와 다듬고 썰어보는 오감발달에 도움을 주고, 요리활동을 통하여 자신도 만들 수 있다는 자신감과 창의력을 기른다. 양갱만들기 : 앙금과 천연색소를 이용한 전통간식 쿠키클레이 : 우리밀로 만드는 쿠키 떡만들기 : 우리쌀을 이용한 전통음식 체험
공예 교실	수작업을 통하여 창의력과 공감각적 능력을 기른다. 패션페인팅 : 티셔츠, 손수건, 소품 등 점토공예 : 책갈피, 액자, 연필깎기 등 한지공예 : 보석함, 거울 등 전통한지를 이용한 소품 폴리머클레이 : 악세사리, 열쇠고리, 핸드폰줄 등 양초공예 : 젤리양초, 파라핀양초 등 도자기공예 : 머그컵, 접시 등 구슬공예 : 비즈를 이용한 악세사리 폼아트pop : 폼을 이용한 소품만들기 요술카드 : 플라스틱필름에 글과 그림을 그려 작아지는 카드
문화 예술 교실	다양한 공연을 관람하고 직접 참여함으로써 호기심을 키우고 문화예술에 대한 관심을 갖게 된다. 마술공연 : 마술공연 및 체험 기타체험 : 종이공작, 페이스페인팅, 풍선 등

공예교실은 수작업을 통하여 창의력과 공감각적 능력을 기른다. 주요 프로그램은 패션페인팅, 점토공예, 한지공예 등이 있다. 문화예술교실은 다양한 공연을 관람하고 직접 참여함으로써 호기심을 키우고 문화예술에 대한 관심을 갖게 된다. 주요 프로그램은 마술공연 및 체험, 기타 체험 등이 있다.

친환경교실의 주요 프로그램을 세부적으로 살펴보면 천연비누프로그램은 비누, 손소독제, 샤워볼 등이 있으며, 나무공예프로그램은 나무목걸이, 냉장고자석, 문패 등이 있다. 압화공예 프로그램은 거울, 열쇠고리 냉장고자석 등이 있으며, 천연화장품 프로그램은 스킨, 로션, 핸드크림 등이 있다.

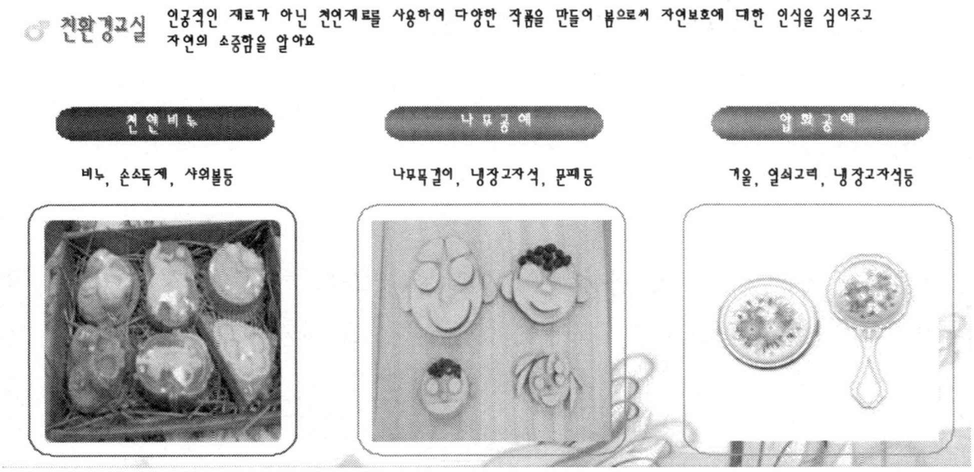

〈그림 6〉 친환경교실 사례 이미지

__Remind (생각다지기)

1. 청소년행사를 기획하고 평가하기 위해 고려해야 할 중요한 요소들을 알아봅시다.

2. 청소년행사를 기획하기 위한 전략인 6W2H에 대하여 알아봅시다.

3. 청소년행사를 실시함으로써 청소년들에게 부여되는 기대효과에 대해 알아봅시다.

4. 청소년체험활동의 주요 영역과 내용에 대해 알아봅시다.

__Practice & Becoming (내 것으로 만들기)

1. 청소년행사를 실시하기 위해서 필요한 제반준비사항에 대하여 조사해 봅시다.

2. 청소년이 자발적으로 청소년행사에 참여할 수 있도록 하기 위해서 노력해야 할 점을 청소년행사 기획과 평가 단계에서 생각해 보고 서술해 봅시다.

3. 청소년지도자로서 자신이 적용하고자 하는 청소년행사 프로그램을 생각해 보고, 행사를 제안하기 위한 청소년행사 기획서를 작성해 봅시다.

제13장 청소년기관 연계와 청소년지도

I. 청소년관련기관 네트워크의 이론

1. 네트워크의 중요성과 필요성

오늘날을 살아가는 우리사회의 청소년들은 사회·경제적으로 가장 급격하게 변화가 진행된 시대에 태어나 이러한 변화를 몸소 체험하면서 성장하고 있다. 돈(재력)이면 다 된다는 물질만능주의, 쾌락을 삶의 목적으로 정하고 살아가는 향락주의, 인간이 만들어낸 약육강식의 인간생태에서 살아남기 위해 선택한 경쟁주의, 타인을 돌아보지 않고 오직 자신의 이익만을 위한 생각과 행동을 하는 이기주의, 고학력과 사회가 인식하는 우수한 학벌에 따라 기회와 결과에 차등이 부여되는 학력 중심주의 사회경향 그리고 경제적 성장이 국가발전의 지표가 되고 있는 현실상황이다. 이러한 현실 상황들은 청소년들이 그들의 삶의 방향과 가치관을 형성함에 있어 혼란을 더욱 가중 시키고, 청소년들이 아무리 건전하고 역량 있는 시민으로 성장하고 싶어도 이를 방해하는 어려움과 장애요인이 되고 있다.

청소년들이 사회가 원하는 올바른 시민으로 성장하여 건강한 인격체로 자라 날 수 있도록 하기 위해서는 청소년지도의 방향을 청소년들의 행동변화에만 초점을 두고자 하는 입장에서 벗어나 사회제도적 차원에서 그리고 부모와 성인의 참여를 통한 협력적 차원에서 마련되어야 한다(한상철, 1997). 즉 학교는 물론, 국가·지방정부, 지역사회, 청소년단체, 청소년 시설과 기관 등 모든 사회적 주체들의 역할이 매우 중요하다. 이처럼, 청소년들이 전인적인 사람으로 성장하도록 도와주는 중요한 사회적 추체 들 중, 지역사회의 역할에 주목할 필요가 있다. 지역사회는 지방행정과 더불어 청소년관련 단체와 시설들, 청소년 활동과 문화, 상담, 보호와 복지 등 청소년지도에 있어서 특정영역에만 국한되지 않은 전반적인 영역에 걸쳐 중요한 역할을 담당하고 있다. 청소년활동과 문화, 보호와 복지는 서로 독립적이면서도 청소년지도라는 측면에서는 서로 유기적이고 밀접한 관련이 있다. 지역사회에서 청소년지도를 한층 성장시키기 위해서는 청소년과 관련된 주체들의 협력 하에, 지역사회조직, 지역주민 등 공식적·비공식적으로 참여하는 네트워크가 지속적이고 상시적으로 이루어져야 한다. 이러한 맥락에서 오늘날 청소년지도는 지역사회 중심, 파트너십이라는 패러다임에 입각해서 네트워크접근이 강조되고 있다(박상주, 2001).

최근 다른 학문 분야에서는 네트워크 (연계, 조정, 협력 등) 개념들이 기존 서비스 전달체계를 개선시키는 방안으로, 또한 개별기관의 효율성을 높이기 위한 대안으로 인식되고 있으며 실제적으로 이를 증명하기 위한 조사가 활발하게 이루어지고 있다(강창현, 2001; 이금진, 2003; 정순둘, 2001). 반면에 지역사회 청소년분야에서는 네트워크의 필요성이 제기되고 있다.

지역사회 청소년관련 기관들의 네트워크 즉, 조직간 네트워크가 미약한 이유는 무엇일까? 이를 알아보기 위해 우선, 조직간 네트워크의 구조적 특성과 이에 영향을 미치는 요인들을 파악해 보고자 한다(우정자, 2005). 먼저, 조직간 네트워크의 구조적 특성을 알기 위해서는 네트워크가 조직간에 어떻게 이루어지고 있는가를 미리 알아야 한다. 조직간 네트워크는 다양한 방법과 영역으로 이루어지고 있다. 본 교재에서는 선행연구[1](Tobin, 1986; Franklin & Streeter, 1995; 김인숙 외, 1997; 박영란·황정임, 2000; 이금진, 2003)를 참고하여 청소년 관련기관들 간의 네트워크를 개인관계, 공식관계, 공동행사, 정기모임 등 4단계로 구분하였다.

네트워크의 구조분석은 행위자나 조직간의 관계로 나타나며, 구조는 행위자나 조직간의 네트워크 역할정도를 보는 것이다. 구조는 고정된 것이 아니라 행위자 간의 관계변화에 따라 얼마든지 변화 할 수 있다고 본다(권장원, 1999). 이러한 네트워크

1) 조직간 네트워크 영역을 단계별로 Tobin(1986)은 의사소통, 협조, 조정, 협력, 동맹관계로 이종춘(1996)은 정보교환, 사례조정, 협동단계로 Franklin 과 Streeter(1995)는 비공식관계, 조정, 협조, 협력, 통합단계로 박영란과 황정임(2000)은 정보제공, 대상자의뢰, 자원동원, 공동수행으로 이금진(2003)은 의뢰, 정보교류, 공동사업, 재정공유의 단계로 구분한다. 김인숙·신은주·김혜선(1997)은 클라이언트의뢰, 정보교환, 공동 대응 및 공동프로그램 등 3가지로 구분한다.

에서 행위자, 조직간의 역할 정도는 중앙성[2)]값으로 측정된다. 중앙성값은 이웃중앙성값, 근접중앙성값, 매개중앙성값이 있다.

다음으로, 조직간 네트워크에 영향을 미치는 요인에 대해 알아보자. 조직간 네트워크에 영향을 미치는 요인에 관한 연구는 개인요인, 조직요인의 특성을 중심으로 진행되어 왔다. 개인의 전문성과 인맥과 같은 특성이 조직간 네트워크에 영향을 미치고 있었다(Tushman & Scanlan, 1981; 이현주, 1998). 조직규모나 기능과 같은 조직특성도 영향을 미치는 요인이라 할 수 있다(Boje & Whetten, 1981; Levine & White, 1961). 그리고 조직간 네트워크는 조직에 속한 사람에 의해 이루어지기 때문에 네트워크에 대한 인식과 지원수준도 영향요인으로 연구(정은하, 2003)되어 있다. 조직요인이나 개인요인 중 한 가지만 고려하여 조직간 네트워크의 영향요인을 분석할 경우에는 분석하는데 한계가 있으며, 조직요인과 개인요인을 함께 고려한 종합적인 분석에서 더욱 풍부한 설명력을 갖게 된다(이춘광, 2007). 지역사회에서 청소년 조직간 네트워크의 구조적 특성과 네트워크에 영향을 미치는 요인을 알아봄으로써 지역사회 청소년 조직간 네트워크의 원동력을 발견할 수 있고 바람직한 서비스 제공과 청소년지도활동에 도움이 될 것이다.

2. 네트워크의 개념과 특성

1) 네트워크의 개념

네트워크란 여러 관계의 연결 체계로 많은 학문 영역에서 일상적인 용어처럼 사용되고 있다. 네트워크라는 개념은 모든 정보를 주고받는 일이 아주 자유롭고 손쉽게 된 단계에서부터 주목을 받게 되었다.

옥스퍼드 영어사전(2001)에 의하면, 네트워크(network)에는 명사와 동사가 있다. 명사로서 네트워크는 ① 실, 와이어 등의 망 직물 ② 상호 연결된 망 모양 또는 그

2) 네트워크에서 중심에 위치하는 정도를 표현하는 지표이다(손동원, 2002).

속성 ③ 기계장치 ④ 그물, 망상이라는 의미 등으로 사용된다. 동사로서 네트워크의 의미에는 ① 그물로 커버한다. ② 라디오 또는 텔레비전 방송망을 설치하여 동시에 방송한다. ③ 데이터 전송, 프로세싱 능력의 공유 또는 부하의 공유 등의 다양한 기능을 가지게 하고, 많은 장소로부터 접근할 수 있도록 서로 연결한다는 것이 있다.

네트워크의 개념은 관계를 맺는 구성원들이 종적이거나 종속적인 관계가 아닌 횡적이고 평등한 위치에서 자유롭게 정보와 가치를 공유함을 그 핵심으로 하고 있다. 또한 그러한 관계를 유지하기 위해서는 조직구성원 간의 상호작용과 상호 이해를 기반으로 하는 커뮤니케이션이 중요 요소이다. 네트워크의 개념은 여타의 조직에 있어서도 의의가 크지만, 특히 정보와 가치, 자원의 공유가 자유롭고 활발해야 하는 청소년관련 조직의 서비스 발전 측면에서 의미하는 바가 크다.

한편, 네트워크를 완성시키는 과정을 네트워킹(networking)이라고 한다. 네트워킹은 네트워크가 가능하도록 개인들 사이(interpersonal), 개인과 조직사이, 또는 조직과 기관 사이(interorganization)에 사회적 관계를 구축하고 유지하도록 상호작용하는 활동이다(홍현미라, 2001). 네트워크에 참여한 개인이나 조직은 종적인 관계가 아닌 횡적인 관계에서 서로 정보를 주고받는 일이 쉬우며, 이를 계기로 폭 넓은 범위에서 가치를 공유할 수 있게 된다.

네트워크는 목적을 공유하거나 공감하는 개개인이 자율적으로 연계하여 이루어지는 조직이다. 주어진 조직의 목적달성을 위한 일방적인 지시와 복종관계가 지배적인 장(場)을 이룬 기존의 방식이 아니라는 점에서 청소년관련기관 간의 관계적 특성에 부합된다. 네트워크 개념은 일반 영리 조직에서는 효율성 제고를 위해 사업 진행과정이나 조직관리 측면에서 부분적으로 도입되거나 활용이 되고 있다. 청소년관련기관을 비롯한 비영리 사회복지서비스제공 조직에서 기관의 운영전반과 타 기관과의 관계, 모든 조직 관리의 영역에서 조직본래의 목적과 특성에 부합되므로 필수적으로 도입되어야 할 개념이다(정은하, 2003).

네트워크 개념을 사회복지 서비스 제공 주체들 간의 관계 연구에 적용하여 분석하면 다음과 같은 장점이 있다.

첫째, 복지제공의 궁극적 목표는 클라이언트의 만족이다. 클라이언트는 다양한 욕구를 가지고 있기 때문에 단일 기관에 의한 전달보다는 많은 기관들의 연계에 의해 복지 서비스를 제공하면 더 큰 만족을 얻을 수 있기 때문이다(김희연, 2002).

둘째, 자원 의존적 관점에서 볼 때 네트워크 분석은 복지서비스 공급 패턴을 이해하는데 유용하다. 네트워크는 자원의존적일 때 형성되는데, 이 때 어떤 기관과 상호 의존하는지, 이런 의존을 통한 복지서비스 연계의 실질적이며 잠재적 연계 패턴은 무엇이며, 권력이나 감정적인 지원 그리고 실질적인 자원의 흐름은 무엇인지를 네트워크 분석을 통해 명백히 알 수 있게 한다(김희연, 2002).

셋째, 지역사회 서비스 제공 기관 간 협동은 지역사회의 응집력을 강화시킬 뿐만 아니라 지역사회를 복지 제공자로서 인식할 수 있다. 다양한 연계 내용을 분석하는 네트워크 분석은 지역사회가 제공하는 사회적 지원의 적절성과 중요성을 인식할 수 있으며, 어떤 지역사회구조가 관계의 형성과 발전에 영향을 주는지 그 특성을 알 수 있다(이종춘, 1996).

2) 네트워크의 특성

네트워크의 실태와 활동내용을 파악하는데 있어서 중요한 요소는 어떠한 것인지를 기존 연구자들의 네트워크 유사 개념의 특성을 파악하기 위한 기준을 통하여 보도록 하겠다. 우선, Knoke 와 Kuklinski(1982)에 의하면, 조직간 관계는 그들 사이에서 이루어지는 실질적인 구성요소로서의 내용(content)과 관계의 강도와 방향 등의 형태(form)를 파악함으로써 가능하다고 하였다. 또한, Steeter 와 Gillespie(1992)는 서비스 연계의 특성을 관계적 특성과 구조적 특성으로 구분하였는데, 여기에서 관계적 특성이란 서비스 연계가 이루어지는 내용과 빈도, 이들의 공식화나 표준화 정도라고 하였으며, 구조적 특성은 구성원들이 연계를 이루는 방식을 의미한다고 하였다. 네트워크의 특성에 대한 연구는 상호 작용적 특성, 구조적 특성, 기능적 특성으로 구분하여 설명하고 있다.

(1) 상호 작용적 특성

네트워크의 상호 작용을 분석하기 위해서 행위자간의 관계나 교환 등에 초점을 둔다. 각 변수들의 설명은 다음과 같다. 첫째, 행위자들 간의 관계내용이다. 내용이란 네트워크를 타고 전달되는 자원의 성격, 예컨대 호의 혹은 정보 같은 것을 의미한다(김문조, 1986). 행위자들 간의 관계내용을 알기 위해서는 무엇 때문에 네트워크가 형성되었는가를 알아야한다. 유대란 단위들 간에 존재하는 관계이며 유대의 형태가 다르면 제공되는 사회적 지원의 형태도 다를 수 있고, 유대가 강할수록 더 많은 감정적 도움과 소소한 서비스, 교우관계 등과 같은 폭넓은 지원을 받는다(Wellman & Wortley, 1990).

네트워크 이론가들은 주로 자원의 도구성이나 정의성을 중심으로 네트워크의 내용을 구분하였다. 도구적 네트워크는 사회적 희소성이 강한 물질적 자원이 주로 교환되는 네트워크로서 행위의 전략성이 크게 고려되는 네트워크이다. 정의적 네트워크는 감정이나 정서와 같은 비물질적 자원이 교류되는 네트워크이다. 이런 구분은 도구적 성격에 따라 네트워크의 구조적 특성이 다를 수 있다는 이론적 전제에 기초한 것이다(김선업, 1992). 둘째, 행위자들 간의 상호 호혜성이다. 상호 호혜성은 구성원 간의 주고받는 자원의 정도이므로 자원이 이동한 횟수로 나타낼 수 있다. 네트워크 구성원 간의 상호 호혜성의 정도가 높으면 높을수록 사회적 자원이 유용할 것이다. 셋째, 상호작용의 빈도이다. 행위자들 간의 접촉빈도를 의미하는 것으로 잦은 접촉은 강력하고 자원적인 유대로 발전하여 가치를 공유하고 서로의 욕구나 자원에 대한 인식을 증가시키며 상호 호혜성도 북돋아 주고 도움을 쉽게 전달해 줄 수 있다(Wellman & Wortley, 1990). 넷째, 네트워크의 내구성이다. 내구성은 다른 네트워크 구성원과의 안정적이라고 할 수 있다. 안정적이라 함은 개인적 인맥에 의한 친분의 두터움, 정기적인 모임에 의한 지속성, 정보교환이나 의견소통의 자연스러움으로 나타날 수 있다.

(2) 네트워크의 구조적 특성

네트워크의 구조분석은 행위자들 간의 관계와 이들 관계간의 연계로 나타나는데 네트워크 이론에 따르면 구조는 행위자들 간의 네트워크 양상을 보는 것이다. 구조는 고정된 것이 아니라 행위자 간의 관계변화에 따라 얼마든지 변화할 수 있다고 본다(권장원, 1999).

구조적 특성을 나타내는 변수는 이웃중앙성, 근접중앙성, 매개중앙성, 네트워크 구획모형, 네트워크 밀도 등이 있다.

첫째, 행위자들 간의 이웃중앙성(degree centrality)이다. 관계를 맺고 있는 다른 기관 간의 수에 기초하여 산출되는 관계의 정도를 나타내며 기관의 위치와 중요도를 파악할 수 있다.

둘째, 행위자들 간의 근접중앙성(closeness centrality)이다. 네트워크의 한 결점에서 다른 결점에 도달하려면 필요한 최소 단계의 총합을 나타낸다. 네트워크 중앙에 위치할수록 이 숫자는 작아지고 다른 기관들과 가까이 위치하게 된다(김희연, 2001).

셋째, 행위자들 간의 매개중앙성(betweenness centrality)이다. 기관 네트워크에서 자원의 흐름에 중간에 위치함으로써 영향력을 행사하는 정도를 표시하며 기관의 관계적 특성을 나타내는 데 중요하다.

넷째, 네트워크의 구획 모형이다. 전체 네트워크에서 구획들이 어떤 식으로 구분되며 어떤 특성을 가진 기관들이 동일한 구획에 속해 있으며 각각의 구획들은 서로 어떤 식으로 관계를 맺고 있는가, 또는 구획간의 관계의 강도는 어느 정도인지를 파악할 수 있다.

다섯째, 네트워크 밀도이다. 밀도는 네트워크간의 비교가 가능하며 네트워크 내에서 가능한 모든 연계수에 대한 실제 연계수의 비율로 계산된다. 네트워크행위자들 사이의 관계가 어느 정도 활발한가를 나타낸다(이현주, 1998).

(3) 네트워크의 기능적 특성

네트워크의 기능적 측면이란 네트워크가 네트워크 구성원들에게 어떤 역할을 하는가의 문제이다. 네트워크는 여러 가지 기능을 수행하는 의사소통의 통로가 되며 참여한 행위자들의 필요, 의도, 자원, 전략에 의존하게 된다(Waarden, 1992). 첫째, 구성원 간의 관계가 기여하는 의미이다. 네트워크를 통해 정서적인 지원, 수단적 지원, 인식적 지원 등을 지원할 수 있으므로 양자 간의 어떤 역할을 하는지 파악할 수 있다. 둘째, 행위자 상호 기관 간에 제공하는 자원의 정도는 충분한가를 분석한다. 특히 기관과 기관간의 관계를 분석할 때 지원의 충분성 정도는 행위자의 만족도로 측정할 수 있다(이춘광, 2007).

3. 조직간 네트워크 개념 및 영역

1) 조직간 네트워크 개념

1980년대 이후로 네트워크 연구방법을 통한 현실 지역사회 연계협력체계망에 대한 연구가 있어 왔다(이현주, 1998; 정순둘, 1997). 조직 상호간의 이익 추구를 위하여 자원이 교류되거나 거래가 이루어지는 현상을 연계(linkage) (Streeter & Gillespie, 1992; 박경숙, 1996), 조직간 관계(interorganizational relationships)(Van de ven & Ferry, 1980; Oliver, 1990) 형성이라 부르기도 하고, 일부의 다른 연구자들은 협력(collaboration), 네트워크(network)라고 표현한다.

Streeter 와 Gillespie(1992)는 연계를 관계적 특성과 구조적 특성으로 나누어 설명하고 담당자, 연계방법, 공동계획 수립여부, 정기모임을 연계형태라고 하기도 한다(박경숙, 1996). Van de ven 과 Ferry(1980)는 여러 가지 자원을 거래할 때, Oliver(1990)는 조직사이의 연계를 조직간 관계(interorganizational relationships)라고 한다. Hasenfeld(1983)에 의하면, 조직간 관계는 조직의 목표를 강화하기 위해 계획되는 둘 이상의 조직들 간에 일어나는 모든 종류의 상호작용이라 정의된다. 네트워크(network)라는 용어도 자주 사용한다. 조직 간의 교류와 거래 현상을 통틀어서 네트워크라고 표현한다. 한편, Lowndes 와 Skelcher(1998)는 조직간 경쟁과 협력은 기관간의 파트너십이라고 표현하고 네트워크와 구별한다. 이들은 네트워크는 거버넌스(governance), 즉 지배통치방식이라고 주장한다. Powell(1991)도 네트워크는 교환이나 명령적 관계가 아니라 규범이 통용 되는 관계이며, 서로 보완하고 수용하려는 정신이 네트워크 성공의 기초라고 하였다.

Baily와 Koney(1996)는 조직간 협력(interorganizational collaboration)을 문제에

대한 시각에서 접근하는 여러 기관들이 건설적으로 자신들의 차이점을 찾아내고 개별기관의 제한된 시각의 한계를 극복할 수 있는 해결책을 찾을 수 있도록 하는 과정이라고 하였다.

협력 용어를 사용하는 연구는 조직간 협력을 공고히 하는데 초점을 두고 있다. 협력을 공고히 하는데 사용되는 조사, 선택, 계약과 같은 안전장치를 주로 고찰하거나, 조직간 협력을 달성하는데 신뢰나 갈등의 발생과 규범이 협력에 미치는 영향을 분석한다. 연계나 관계의 용어를 사용하는 연구들은 조직 간의 교환과 거래에서 나타나는 모든 현상을 분석하는 특성을 갖는다. 네트워크라는 용어를 사용하는 조직간 연구들은 연구방법이나 새로운 사회적 관계까지 거론함으로써 연구의 범위가 더욱 확장되는 경향을 보인다. 반면에 협력이라는 용어를 사용하는 연구들은 조직 간의 협력관계를 안정화시키는 메카니즘, 관리기술, 규범에 집중되는 경향이 있다(우정자, 2005).

다른 학문분야에서의 조직간 네트워크의 개념을 살펴보면 다음과 같다. 유태균 등(2001)은 복지관 간의 네트워크란 복지관 운영 및 사회복지서비스의 생산 및 전달에 필요한 자원을 교환하고 대상자의 의뢰 및 서비스 연계를 위해 복지관들 간에 형성된 체계적이고 협력적인 관계망을 말하고, 네트워크 활동이란 그러한 관계를 형성하고 유지하기 위한 제반활동이라 정의하였다.

박태영(2002)은 기관 간 연계를 대상자에게 적절한 서비스를 제공하기 위하여 사회복지기관 간의 협력적인 관계를 형성·유지하는 과정으로 설정하였다. 정은하(2003), 조애정 등(1996)은 각종 복지서비스를 제공하는 관련기관 및 시설에 대상자를 의뢰하거나 협조, 요청하여 지속적으로 서비스를 받을 수 있도록 연결하는 것이라고 하였다. 이현주 등(2000)은 복지서비스에 대한 정보의 공유가 이루어지며 서비스를 필요로 하는 클라이언트에게 서비스를 연결해 줄 수 있는 복지기관 간의 협력으로 정의하고 있다. 김자옥(2000)은 복지관 간의 네트워크란 복지관 운영 및 복지서비스 생산 및 전달에 필요한 자원을 교환하고 대상자위로 및 서비스 연계를 위해 복지관들 간에 형성된 체계적이고 협력적인 관계망을 말하고 네트워크 활동이란 그러한 관계를 형성하고 유지하기 위한 제반 활동이라 정의하였다.

2) 조직간 네트워크 영역

조직간 네트워크는 다양한 방법과 영역으로 이루어지고 있다. 조직간 네트워크 영역을 단계별로 Tobin(1986)은 의사소통, 협조, 조정, 협력, 동맹관계로 이종춘(1996)은 정보교환, 사례조정, 협동단계로, Franklin 과 Streeter(1995)는 비공식관계, 조정, 협조, 협력, 통합단계로, 박영란과 황정임(2000)은 정보제공, 대상자의뢰, 자원동원, 공동수행으로, 이금진(2003)은 의뢰, 정보 교류, 공동사업, 재정공유의 단계로 구분한다. 김인숙·신은주·김혜선(1997)은 클라이언트의뢰, 정보교환, 공동대응 및 공동프로그램등 3가지로 설정한다(〈표 1〉).

Tobin(1986)은 기관간의 관계를 관계의 긴밀한 정도와 유형에 따라 5단계로 분류하고 있다(이금진, 2003).

첫째, 의사소통 단계이다. 이 단계는 기관 간에 정보나 아이디어를 공유하기 위해서 구두나 문서화된 혹은 다른 유형의 제한적인 의사소통으로 자문이 포함된다.

둘째, 협조단계이다. 이 단계는 2개 이상의 다른 기관이 독립적인 프로그램을 계획하고 실행하지만 모든 업무는 유사하고 상충되지 않은 목적을 추구하고 정보를 공유한다.

셋째, 조정단계로서 2개 이상의 다른 기관이 프로그램 계획을 함께하고 원활한 상호작용을 조성하고 갈등, 낭비, 불필요한 서비스 중복을 피하기 위해 정보를 공유하고 홍보하고 의뢰한다.

넷째, 협력 단계는 2개 이상의 다른 기관이 단일 프로그램이나 서비스를 함께 제공하며 각 기관들은 자신의 정체성을 지키지만 자원을 함께 공유하게 된다.

다섯째, 동맹단계는 2개 이상의 기관들이 프로그램이나 서비스를 제공하기 위해서 동맹을 맺으며 모든 참여 기관은 다른 정체성이나 자원들을 갖지 않게 된다(이춘광, 2007).

이종춘(1996)은 일반적으로 네트워크는 3단계의 기능을 갖는다고 하였다.

첫째, 정보교환을 기반으로 한 연락조정 기능이다. 네트워크에 참가하는 모든 기관의 업무내용, 사회지원 서비스 등 정보교환에 의해서 서로 파악하고 공유함으로써 상호이용을 도모하고 서비스가 미치지 못하는 부분의 욕구를 발견하여 효과적인 조정을 하는 단계이다.

둘째, 사례조정의 회의적인 기능을 갖는다. 상호이해가 어느 정도 진전되면 공동토의 등을 통해 개별적이었던 서비스 방침을 각각의 기능이 갖는 고유성을 살려가면서 지역사회복지의 이념에 따라 일관성 있게 높여 가는 것이다. 그리고 공동학습의 기회를 갖고 서로 전문기술의 향상을 꾀하고 일련의 연대화의 조건을 만들어 가는 단계이다.

셋째, 협동하여 해결하는 행동기능이다. 해결하기 곤란한 사례의 문제점과 과제에 대해서 협의하고 서로의 역할을 분담하여 조사함으로써 새롭게 공동해결을 요하는 사례나 과제를 발견하고 우선순위를 결정하여 계획을 입안한다. 방문지도, 서비스의 강화, 네트워크화는 협동하여 해결하기 위한 행동을 전개하는 단계이다.

〈표 1〉 조직간 네트워크의 단계별 영역

구분	네트워크 영역
Tobin(1986)	의사소통, 협조, 조정, 협력, 동맹관계
이종춘(1996)	정보교환, 사례조정, 협동
Franklin & Streeter(1995)	비공식관계, 조정, 협조, 협력, 통합
박영란과 황정임(2000)	정보제공, 대상자의뢰, 자원동원, 공동수행
이금진(2003)	의뢰, 정보 교류, 공동사업, 재정공유
김인숙 외(1997)	클라이언트의뢰, 정보교환, 공동대응 및 공동프로그램

박영란과 황정임(2000)은 서비스의 연계를 성폭력 또는 가정폭력 피해 여성에게 외부서비스 기관에 대한 정보를 제공하거나, 외부서비스 기관에 폭력피해여성을 의뢰하거나 받거나, 외부서비스기관에게 폭력피해여성을 위한 자원동원(프로그램, 전문인력, 비용공제, 각종정보 등)을 요청하거나, 폭력피해여성에게 보다 나은 서비스를 제공하기 위해 외부서비스기관과 프로그램 계획, 홍보활동, 자원발굴 등을 공동으로 수립·수행하는 활동으로 정의하고 있다.

이금진(2003)은 두 개 이상이 다른 기관이 공동의 목적을 달성하기 위하여 함께 일하는 것으로 기관 간의 의뢰, 정보 교류, 공동사업 추진, 재정공유 등의 직·간접적인 상호 작용으로 정의 내리고 발달단계에 따라 기관 사이의 참여 정도와 책임수준, 협력내용이 달라진다고 하였다. Franklin과 Streeter(1995)는 네트워크 활동을 비공식적 관계, 조정, 협조, 협력, 통합의 단계로 설명하였다(이금진, 2003).

이러한 조직간 네트워크의 단계별 영역 연구를 종합하여 개인 인맥이나 친분에 의한 비공식적 개인관계, 기관간의 공식적인 업무로서 공식관계, 행사를 공동으로 기획하거나 공동 주최를 하는 공동행사, 협조와 협력단계·소통의 공간으로서 정기모임이라는 네트워크 활동영역으로 구분할 수 있다.

4. 조직간 네트워크 영향 요인

조직간 네트워크는 조직 간에 일어나는 모든 종류의 상호작용이다. 이러한 조직간 네트워크에 영향을 미치는 것으로 밝혀진 개인요인은 연계자의 연계활동, 전문성, 교육 참여, 경험, 개인 인맥, 경력 등이 있고 조직요인은 조직형태, 서비스의 다양화, 법인화, 조직규모, 기관장의 의지 등이 있다. 조직간 네트워크에 영향을 미치는 요인을 구체적 살펴보면 다음과 같다.

1) 개인요인

조직간 네트워크 활동을 분석함에 조직이라는 단일 차원의 결정요인으로 분석하는 데에는 한계가 있다고 앞에서 명시한 바 있다. Lipsky(1980)는 조직간 관계의 결정요인을 분석할 때 조직의 미시적인 과정들에 대한 이해가 없으며 조직 내의 합리적이고 목적지향적인 것, 꼭 구별되는 다른 요인 즉, 비합리적인 요인이 조직 간 관계에 영향을 미치고 있음을 인식하는 데 실패하였다고 비판을 제기하고 있다(이춘광, 2007). 조직간 협력은 조직의 정책적 결정에 의하여 달성될 수 있는 사안이다. 그러나 조직간 협력의 요인을 조직적 측면에서만 고찰하는 경우 그 이면에 조직 협력 정책을 직접 수행하는 개인의 중요성과 영향력을 강조해야 된다. 조직의 목적과 무관한 비합리적인 요인 또는 미시적인 과정에서 발생하는 요인들은 대개 조직 내 개인의 특성과 연관되어 있다. 정책을 수립하고 수행하는 사람은 조직 구성원 개인이다. 조직간 협력 정책 결정에 영향을 미치고, 협력정책을 수행하는 과정에서 개인은 자신의 의견을 반영한다. 조직간 협력을 담당하는 개인은 조직간 관계와 협력에 영향을 충분히 미칠 수 있다. 조직간 협력담당 개인은 관련정보를 선택하고 여과한다(Marsch & Simon, 1958).

Tushman 과 Scanlan(1981)은 개인요인이 연구직에 종사하는 연계자의 연계활동에 긍정적인 영향을 미친 것으로 나타났다. 개인의 전문적 능력이 우수하면 정보에서 우위를 점할 것이며 이에 기관 네트워크를 형성하는 정도에 영향을 미친다는 것이다(이춘광, 2007). 다른 조직과의 접촉과 조직간 협력을 위한 협상과 타협의 장에서도 협력 담당자 개인은 자유 재량권을 발휘할 수 있다(Thompson, 1967). 따라서 조직간 협력연구에 있어서 조직의 영향력뿐만 아니라 개인의 영향력도 중요하게 다루어져야 한다. 조직간 협력 담당자 개인(Boundary spanning individuals)을 연구의 대상으로 한 Tushman 과 Scanlan(1981)은 개인의 능력을 세분화하여 분석한다. 미국 345개 대기업의 R & D 부서, 기술관련 직원의 커뮤니케이션 활동을 조사한 그들은 조직 내에서 외부와 연계활동이 왕성한 개인과 그렇지 않은 개인을 소속부서의 특성, 부서경험, 직책, 전문성 등을 기준으로 비교 분석하였다. 연구결과, 개인의 조직내부 및 외부와 연계를 갖고 연계협력 업무를 하는데 있어서, 전문성이 주요한 결정요인으로 작용한다고 나타났다. 전문적 교육 참여와 경험을 바탕으로 능력을 인정받은 개인은 조직 내외부의 연계협력 역할을 담당하게 되고 이후 조직간 연계협력 달성에 영향을 미친다. 이 연구결과에서는 전문적 교육과 훈련의 참여를 통하여 쌓은 개인의 전문성은 조직간 협력에 영향을 미치는 중요한 개인요인으로 고려되고 있다.

조직 구성원 개인의 인맥이 조직간 협력에 큰 영향을 미치고 있다는 사실도 검증된 바 있다. Boje 와 Whetten(1981)은 사회복지 서비스 기관을 대상으로 조직간 의뢰에 영향을 미친 관련요인을 경로 분석하였다. 조사결과, 개인의 개인적 친분과 과거에 함께 일한 경험과 같은 개인의 인맥이 클라이언트 의뢰에 가장 크게 영향을 미치는 것으로 나타났다. 한국의 관료조직에서도 관리자의 친분정도가 가장 중요한 영향요인인 것으로 나타났다(이시경, 1988). 개인의 인맥이 조직간 협력에 영향을 미친다는 사실은 쉽게 짐작할 수 있다. 조직 간의 협력 정책이 결정 될 때는 그 과정에서 담당자 개인이 물밑의 협상에 참여하고, 협상 담당자 개인의 연고와 인맥은 협상결과에 큰 영향을 행사한다. 청소년관련 유관기관 간에도 개인의 인맥이 조직간 협력에 영향을 미칠 것으로 예상된다.

경계간 연계자의 연계활동에 대한 연구(Tushman & Scanlan, 1981; 이현주, 1998 재인용)에서는 연구직에 종사하는 연계자의 연계활동에 대한 연구에서 개인 특성의 영향을 분석한 결과, 경력이나 전문적 교육이 조직간 연계활동에 긍정적인 영향을 미친 것으로 나타났고, 김재엽·박수경(2001)의 연구에서도 연계정도에 영향을 미치는 요인들은 개인적 특성변인(교육경험)인 것으로 나타났다. 개인이 네트워크관련 교육을 받은 경험이 있는지 여부가 네트워크에 대한 인식과 태도에 의미 있는 영향을 미칠 수 있을 것이라 보인다. 그리고 지역사회자원을 본인이 어느 정도로 보유하고 있으며, 업무를 수행하는 데에 있어서 그것을 어느 정도로 필요로 하고 있는가는 조직이나 업무내용으로부터 영향을 받는 내용이지만, 이들이 결국 개인의 특성을 형성하게 만들기 하기 때문에, 지역사회 자원의 보유정도는 개인과 관련된 내용이라 할 수 있을 것이다.

자원보유정도와 필요성과 관련된 이론으로서, 정순둘(1997)의 연구에서 설명된 자원의존론(resource dependency theory)을 간단하게 살펴볼 필요가 있다. 이 이론은 교환이론을 바탕으로 발전된 것이며 개인은 물론 기관에도 적용 가능한 것이다. 이에 의하면 행위자는 그들이 필요로 하는 자원을 얻기 위해 관계를 형성하게 되는데, 자원을 적게 가진 의존적인 행위자에 비해 자원을 많이 가지고 있는 행위자는 그들이 보낸 자원보다 더 많은 자원을 받는다고 한다. 즉, 많은 행위자는 그만큼 교환할 자원이 적은 행위자보다 교환행위에 더 많이 참여할 수 있다는 것이다. 외부자원으로서 지역사회자원에 대해 어느 정도 알고 있는지 여부가 네트워크 활동에 영향을 미칠 수 있다는 것과 어떠한 자원을 필요로 할 때 관계를 적극적으로 형성하게 된다는 점에서 자원의 보유정도와 필요정도를 개인관련 내용으로 살펴보아야 할 필요가 있음이 증명된다.

2) 조직요인

기관 간 관계의 결정요인을 규명하려는 기존 연구의 대부분은 조직을 하나의 단일체로 상정하여 조직의 요인을 중심으로 조직간 관계 영향을 미치는 요인을 분석하고 있다(정순둘, 1997). 조직간 관계에 대한 조직요인의 영향을 규명하는 연구들은 자원 의존의 측면에서 조직간 관계를 설명하려는 자원 의존론과 다른 하나는 조직의 영역이 기관 간 관계에 미치는 영향을 중심으로 설명하는 영역이론이다. 자원 의존론에서는 많은 기관들이 환경으로부터 자원을 공급받아야만 하므로 기관 측면에서 적극적으로 환경에 적응해야 한다. 기관은 자신이 자원 측면에서 환경에 의존하고 있다는 것을 알면 다른 기관들과 의사전달을 하게 되고 어떤 기관으로부터 필요한 자원을 얻을 수 있을 것인가를 인지하게 된다.

자원 의존론은 교환이론을 바탕으로 발전된 이론으로 교환이론에서처럼 개인은 물론 기관에도 적용된다(이현주, 1998). 행위자들은 그들이 다른 행위자가 필요로 하는 자원을 가지고 있어 상호 교환이 이루어진다면 이러한 관계는 상호 균형적으로 이루어지는 것이다. 그러나 모든 관계에 있어 상호 균형적으로만 일어날 수만은 없다. 어떤 행위자는 다른 행위자에 비해 자원을 더 많이 가지고 있을 수 있으며 또 어떤 행위자는 거의 없을 수도 있다. 가지고 있는 자원이 서로 다를 때 관계는 균형적으로 나타나지 않게 된다. 자원이 많은 행위자는 자원이 상대적으로 빈약한 행위자에게 덜 의존적이 된다. 조직의 자원 의존이 기관 간 관계의 원인이 되며 조직의 자원 의존도가 클수록 기관 간 관계는 증가하게 된다. 기관 간의 관계의 결정적 요인을 분석하는 많은 경험적 연구들이 자원 의존론에 근거하고 있다.

그리고 영역 이론에 따르면 조직의 영역이 조직간 관계에 영향을 미친다. 조직의 영역은 대개 조직의 기능과 목적에 따라 구분된다. 기관 간의 관계를 두 기관 간 관계를 중심으로 분석하는 것과 기관 집합, 기관 네트워크 분석에 따라 영역의 영향에 대한 설명이 달라지고 있다. Levine & White(1962)의 연구에 의하면 조직형태에 따라 조직간 관계가 달라진다고 설명하였으며, 실제 분석을 하지 않았으나 조직 영역은 구체적으로 대상되는 문제, 대상 클라이언트의 특성, 그리고 제공되는 서비스를 중심으로 구분할 수 있다.

Woodard와 Doreian(1994)의 연구에서는 서비스가 특화된 조직일수록 연계가 적었으며 비교적 조직 영역이 큰 조직이 조직간 관계가 활발하여 관계에서 중심에 위치하는 것으로 나타났다. 그리고 서비스가 특화된 조직일수록 단일한 자원 교환이 많고 단체의 경우 여러 다양한 자원의 교환이 이루어진 것으로 나타났다.

위에서 조직요인을 중심으로 기관 간 관계의 결정요인을 규명하려는 논의들을 살펴보았다. 그러나 조직수준의 분석은 다음과 같은 한계를 가지고 있다.

첫째, 기관 간 관계의 결정요인을 조직요인으로 한정함으로써 결정요인에 대해 단편적으로 접근하는 경향이 지배적이다. 기관을 관계를 맺는 행위자로 간주함으로써 기관 특성에 영향을 미치는 중요한 요인에 대해 고려하지 못하였다. 둘째, 기관의 미시적인 과정들에 대한 이해를 하지 못하며 기관 내의 합리적이고 목적 지향적인 것과 구별되는 다른 요인 즉 비합리적인 요인이 기관 간 관계에 영향을 미치고 있음을 인식하는데 실패하였다고 비판하고 있다(이현주, 1998). 이들이 주목하는 기관의 목적과 무관한 비합리적인 요인, 또는 미시적인 과정에서 발생되는 요인들은 대개 기관 내 개인의 특성과 연관되어 있다. 사실 기관 간 관계는 기관 내 구성원의 일상적인 활동에 의해 이루어진다. 기관의 특성이 기관 간의 관계에 기본적인 영향을 주지만 구성원의 개인적인 특성에 의해 영향을 받을 수 있다고 시사하고 있다. 기관 간 관계의 형성은 기관의 목적을 달성하는 과정에서 행위자 개인이 인지한 환경과 그러한 환경에 대한 반응으로서의 개인 선택이며 따라서 그 개인의 특성에 의해 영향을 받는다. 따라서 개인 요인을 제외한 기관 간 관계의 결정요인을 분석하는 것은 매우 제한된 시도가 아닐 수 없다.

기관 네트워크의 결정요인을 분석하기 위해서는 조직요인이나 개인요인 중 한가지만 고려하는 경우에는 한계를 가지고 있으나 조직요인과 개인요인을 함께 고려한 종합적인 분석에서는 더욱 풍부한 설명력을 갖게 될 것이다(이춘광, 2007). 기관들 간의 상호작용은 기관의 외부적 요인에 의해 주도될 수 있다. 이런 경우 기관 간

관계는 단순한 교환과정에 의해 이루어지기보다 구체적인 유형에 근거해서 성립된다. 우선 법적 혹은 계약적 구속력을 갖는 상호작용의 공식화의 유형으로서 공식적인 협정을 들 수 있다. 이와 같은 기관들 간에 공식적 협정의 존재는 상호작용의 다른 기반들보다 상호작용의 빈도 및 중요성에 훨씬 더 많은 관련이 있다. 공식적 협정의 존재는 기관들 간의 빈번하고도 중요한 상호작용에 근거를 두고 있으며 상호작용을 단순화시키는 구조화에 기여한다. 한편 상호작용의 구조화에 도움을 줄 수 있는 공식화의 또 다른 측면이 있는데 이것은 기관 간 상호작용을 조정 혹은 통제하는 역할을 하는 매개 기관의 존재이다. 협의회와 같은 매개·조정 기관들은 기관 간 관계를 구조화하는 도움을 준다. 따라서 지역 내의 협의체나 협의를 위한 모임의 존재는 기관 간 협력에 중요한 영향으로 작용할 것으로 생각된다(이춘광, 2007).

사회기관 간의 네트워크에서 조직과 관련된 특성은 매우 중요한 영향요인이다. 기존의 사회복지기관 간의 협력, 연계에 관한 연구들에서 조직요인을 중요한 변수로 상정하여 연구를 진행하였다. 하지만 기존 연구들에서 조직요인을 중요변수의 의미를 넘어서 중심요인으로 보고 진행된 연구가 대부분인 이유는, 조직 간 네트워크를 실증적으로 파악하기 위한 연구의 대부분이 구성원이 아닌 네트워크에 참여하는 각 조직이나 기관을 분석단위로 삼고 있다. 또한 이러한 연구 진행에 있어서는 조직간 이루어져 온 네트워크 활동 자료를 필요로 하게 되는데, 이러한 자료가 불가피하게 조직수준에서 제공될 수밖에 없었기 때문이라는 것도 많은 연구들에서 조직요인을 중요하게 상정한 이유 중의 하나라고 볼 수 있을 것이다.

조직과 관련된 내용들은 네트워크 활동에 의미 있는 영향을 미치고 있음이 분명하다. 조직의 특성은 조직 내 개인의 활동 환경을 구성하게 되므로, 개개인이 네트워크 활동을 구성하고 진행하는데 있어 조직이 동기를 부여할 수 있다. 조직의 목표에 따라 규정되는 기능과 구조적요인은 조직 내부의 특성과 여러 가지 측면을 규정 할 뿐만 아니라 조직간 협력에도 영향을 미친다. 조직간 협력을 대상으로 하는 연구에서 밝혀진 조직요인은 주로 조직의 기능 및 구조요인과 관련되어 있다. 조직의 궁극적인 목표와 그에 따른 기능, 조직 구조요인이 조직간 협력에 영향을 미치는 것으로 분석하고 있다(Boje & Whetten, 1981; Levine & White, 1962; Oliver, 1990; Thompson, 1967; Van & Ferry, 1980; Woodard & Doreian, 1994; 김재엽·박수경, 2001).

청소년관련조직에 있어서 조직의 법인화 여부도 조직의 공식화나 분권화와 관련된 조직고유의 특성이라 볼 수 있다. 독자조직인지 법인재단에 소속된 지부조직인지를 기준으로 조직간 협력을 측정한다. 법인에 소속된 지부조직인 경우에, 법인소속 조직 간의 협력이 활발하고, 법인소속 이외의 지역사회 조직과 협력이 저조한 것으로 나타난다(Levine & White, 1962).

조직구성원 수와 같은 조직규모라는 특성도 조직 구조를 구성하는 요소이다. 조직 상근직원의 수라는 특성이 조직간 협력에도 영향을 미치는 것으로 나타난다. 조직의 내부가 복잡해지고 조직구성원의 수가 많아지면 다른 조직과의 상호의존성이 높고 조직간 협력의 권위와 파워행사에 영향력을 미치게 된다(Boje & Whetten, 1981). 구성원 수나 서비스 수와 같은 조직규모가 조직간 협력에 영향을 미친다. 조직 규모는 조직내부의 업무분화와나 인적자원관리에도 중요한 변수로서 영향을 미치고, 조직의 권력 형태와 구조에도 영향을 미치는 요인이다(우정자, 2005). 이처럼 청소년 유관기관의 네트워크에 영향을 미치는 조직요인은 조직형태, 서비스의 다양화, 협력 정도, 법인화, 조직규모, 기관장의 의지 등이 영향을 미치고 있는 것으로 나타났다.

Ⅱ. 청소년관련기관 네트워크의 실제와 방안

청소년 관련기관의 네트워크의 실제를 울산광역시의 청소년시설, 청소년단체, 청소년행정조직, 청소년 유관기관 등을 중심으로 살펴볼 수 있다. 청소년단체협의회는 지역의 특성에 맞는 청소년의 건전한 육성 사업을 추진하고 중앙과 시의 청소년 단체간의 상호 협력 및 교류를 통해 지역사회발전에 기여함을 목적으로 설립되어 활동하고 있다.

청소년유관기관의 네트워크를 개인관계에 의해 형성된 네트워크를 중심으로 구조적 특성을 보면 다음의 〈표 2〉, 〈그림 1〉과 같았다.

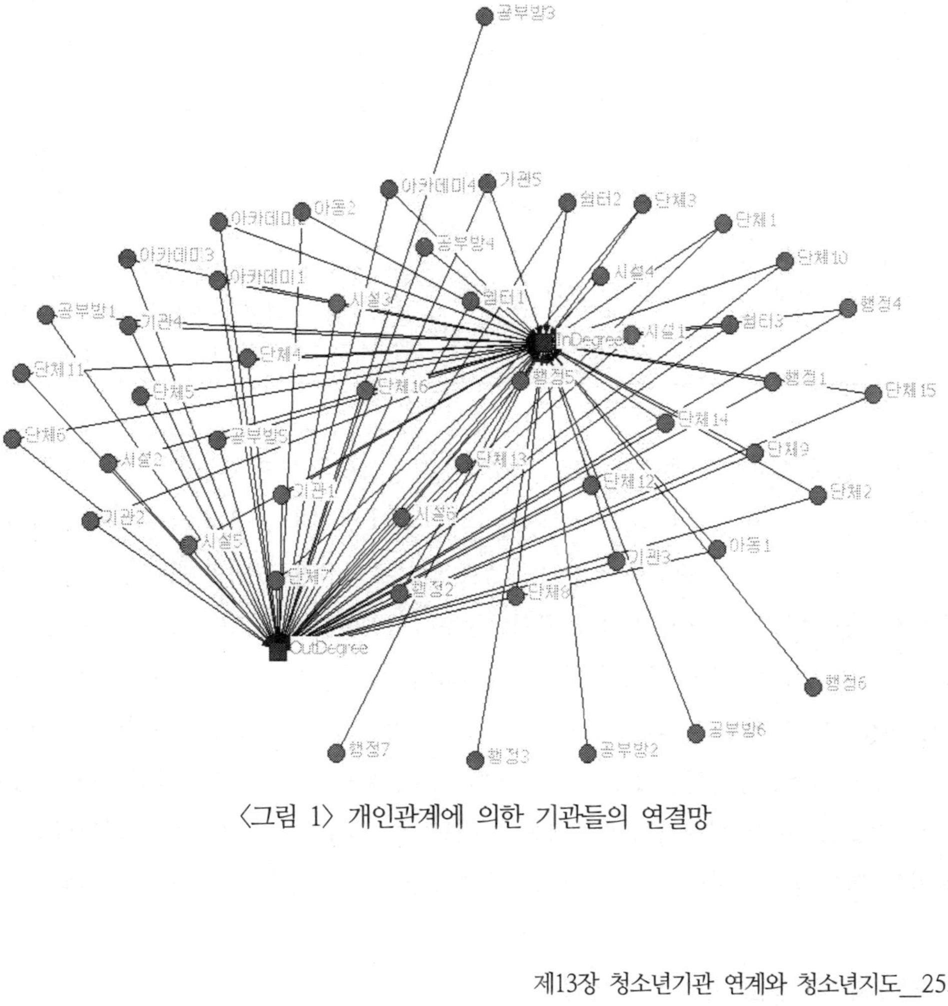

〈그림 1〉 개인관계에 의한 기관들의 연결망

〈표 2〉 개인관계에 의한 기관들의 중앙성값

순위	이웃중앙성 역할정도		근접중앙성 역할정도		매개자 역할정도	
	발신자역할	수신자역할	발신자역할	수신자역할	매개중앙성	n매개중앙성
1	공업탑청소년문화의집 35.0	시청 34.0	청소년활동진흥센터 78.689	시청 43.636	청소년활동진흥센터 352.898	청소년활동진흥센터 15.643
2	청소년활동진흥센터 35.0	청소년활동진흥센터 31.0	청소년종합상담지원센터 78.689	중구청 37.209	청소년종합상담지원센터 162.990	청소년종합상담지원센터 7.225
3	청소년종합상담지원센터 35.0	청소년종합상담지원센터 27.0	공업탑청소년문화의집 78.689	청소년활동진흥센터 30.189	남구청 98.807	남구청 4.380
4	중구청소년문화의집 31.0	교육청 25.0	중구청소년문화의집 73.846	청소년종합상담지원센터 29.268	공업탑청소년문화의집 95.230	공업탑청소년문화의집 4.221
5	사과나무쉼터 27.0	공업탑청소년문화의집 23.0	사과나무쉼터 69.565	교육청 28.743	교육청 84.810	교육청 3.759
6	청소년연맹 26.0	남구청 23.0	청소년연맹 68.571	공업탑청소년문화의집 28.402	청소년교육문화공동체함께 78.173	청소년교육문화공동체함께 3.465

이웃중앙성 역할정도에서 발신자적 역할에는 공업탑청소년문화의집, 청소년활동진흥센터, 청소년종합상담지원센터가 가장 높게 나타났으며 중구청소년문화의집과 사과나무쉼터 순이었다. 근접중앙성 역할정도에서는 발신자적 역할에는 청소년활동진흥센터, 청소년종합상담지원센터, 공업탑청소년문화의집이 동일하게 가장 높았으며 중구청소년문화의집과 사과나무쉼터로 나타났다. 매개자적인 역할정도에서는 청소년활동진흥센터가 월등히 높게 나타나고 다음 순으로 청소년종합상담지원센터와 남구청, 공업탑청소년문화의집 순으로 나타났다. 개인관계에 의한 이웃중앙성과 근접중앙성 역할정도에서 발신자적 역할에는 행정보다는 시설과 기관이 높게 나타났고 수신자적 역할에서는 시설과 기관보다는 행정이 높게 나타났다. 발신자적 역할과 수신

자적 역할에서 행정, 시설과 기관의 순위가 달리 나타나는 것은 시설과 기관에서는 개인적인 관계로 인식을 하고 행정에서는 모든 업무를 개인관계가 아니라 공식적인 업무로 보기 때문에 발신자적 역할보다는 수신자적 역할정도가 높게 나타난다. 주목할 것은 공업탑청소년문화의집은 시대표 문화존 주관시설이고, 청소년활동진흥센터와 청소년종합상담지원센터는 청소년활동진흥센터와 청소년상담지원센터이기 때문에 행사와 업무의 연장으로 네트워크 활성화 정도가 높게 나타나지만 청소년교육문화공동체함께가 순위에 올라 있는 것은 청소년교육문화공동체함께의 담당자가 적극적인 협력과 노력으로 네트워크에서 역할정도가 높게 나타난다.

2. 단체들 간의 연계 시 고려사항

1) 일상적인 유대감을 형성해야 한다.

일반적으로 청소년단체는 단체별로 고유의 사업과 행사를 많이 하고 있다. 단체의 사업이 많다보니 네트워크의 필요성은 느끼고 있으나 여력을 내지 못하는 경우가 많다. 여력을 못낸다는 것은 담당책임자간 친밀도가 높지 않다는 것이다. 네트워크도 결국에는 사람이 하는 것이고 나타나는 형태가 사업이나 행사로 표현된다. 단체별 책임자나 담당자간의 일상적인 친밀도를 높이는 것이 가장 중요하다. 친밀도를 높이는 것은 일상적인 협력회의를 한다거나 단체별사업을 할 때 목적의식을 가지고 서로 협력하고 함께 해야 한다.

2) 단체의 운영특성을 잘 알아야 한다.

한국의 청소년단체는 크게는 두 가지로 구별된다. 전국적인 단체와 지역별단체 조금 더 나누면 전국적인 단체는 각 시도별 단체를 두고 있는 것인데 YMCA, YWCA, 흥사단, 유네스코, 어린이재단, BBS, 한국스카우트, 청소년연맹, 걸스카우트, 지도자연맹, 대한적십자사 등이 있다. 지역별단체는 특정지역만을 연고로 하는 전국단체를 제외한 청소년단체를 말한다. 역할을 기준으로 크게 육성단체와 보호단체로 나눌 수 있다. 운영특성을 잘 알아야 한다는 것은 담당자들의 주요업무가 청소년업무이기는 하지만 자기단체의 정체성에 따라 활동과 체계, 단체와 위탁기관과의 관계, 운영과 역할이 상당히 많이 다르다. 즉 활동이 자유롭지 못하다는 것이다.

단체들 간의 운영특성과 활동을 잘 고려하여 네트워크를 하는 것이 중요하다.

3) 더디게 가더라도 한걸음부터 시작해야 한다.

공동의 행사나 워크샵, 토론회를 잘 진행하고 난 후, 다음사업을 계획하다보면 잘 되지 않는 경우가 많다. "어렵다." "우리 단체와 다르다." "단체에 도움이 안 된다." "일이 많아 졌다." 등으로 표현되면서 자기 일처럼 되지 않는 경우가 많다. 이는 일로만 생각이 되고 행사로만 표현이 되기 때문인 것 같다. 조금 더디게 가더라도 공동의 목표와 계획을 적극 소통하면서 작은 오해와 불신도 하나하나 해결해 가면서 더디게 가더라도 함께 한다는 마음으로 진행해야 한다.

4) 지속적으로 이루어져야 한다.

한두 차례의 공동행사를 잘해야지 하는 생각으로 네트워크를 접근하다보면 얼마 가지 않아 잘되지 않는다. 네트워크가 잘될 때도 있고 잘 안될 때도 있다. 시작할 때가 어렵지만 시작을 하면 출발이 될 수 있다. 하지만 출발을 했다가 중단하고 다시 시작하려고 하면 처음 시작 할 때 보다 더욱더 힘들어 진다. 진행이 잘되는 여부를 떠나 지속적으로 관계를 유지하면서 힘을 모아 나가야 한다.

5) 서로 배우는 자세를 가져야한다.

서로 배운다는 자세와 존중과 배려하는 마음을 가져한다. 웃는 얼굴에 침 뱉지 못하는 것처럼 항상 긍정적인 생각을 가져야한다. 그리고 자기의 마음을 열어야 상대방의 마음을 여는 것처럼 자기 자신부터 겸손과 존중, 배려하는 마음을 가지는 것이 중요하다.

3. 네트워크 활성화를 위한 제언

1) 네트워크의 필요성을 알아야 한다.

담당자의 네트워크에 대한 인식수준과 조직에서 지원수준에 따라 네트워크의 활성화는 높게 나타난다. 네트워크의 필요성은 누구나 느끼고 있지만 무엇을 어떻게 해야 되는지, 무슨 내용으로 해야 하는지 등 담당자간의 네트워크 활성화와 필요성을 알 수 있는 토론과 연구모임이 활성화 되어야 한다. 그리고 네트워크의 필요성을 높은 기관이나 단체에서 선구자적인 역할을 수행해 주어야 한다.

2) 행정과 단체들 간의 연계가 중요하다.

네트워크에서 행정기관의 역할은 무엇보다도 중요하고 필요하다. 공식적인 업무와 행사로서만 네트워크를 할 것이 아니라 청소년 조직간 네트워크를 활성화하기 위해서는 담당 공무원의 전문성과 지속적이고 일상적인 정책협의와 개선방안 연구개발 등이 행정차원뿐만이 아니나 단체들 간의 연계 속에 지속적으로 이루어져야 한다.

3) 단체와 시설 기관들의 소통과 협력

지역별로 많은 청소년단체들이 활동을 하고 있다. 청소년 단체들은 많은 청소년 시설과 기관들을 위탁 운영하고 있다. 지역에 따라서는 단체보다 시설과 기관이 많은 곳도 있다. 그리고 위탁을 받은 단체들도 시설과 기관을 활용해야 청소년업무를 하는 경우도 많다. 그래서 청소년단체들만의 협의회나 네트워크가 아니라 시설과 기관을 포함하는 네트워크기구를 구성하는 것이 네트워크를 활성화 하는데 도움이 많이 될 수 있다. 왜냐하면 시설이나 기관에서 더욱더 많은 청소년 관련 활동을 하고 있기 때문이다.

4) 재정확보

네트워크는 사람이 하는 것이지만 형태는 공동의 행사나 사업으로 표현이 된다. 공동의 행사를 하기 위해서는 재정이 뒷받침 되어야 한다. 그리고 네트워크기구를 만들었다 하더라도 간사가 없다면 지속적으로 네트워크를 활성화하기가 쉽지 않다. 초기의 네트워크는 열의와 역할분담으로 가능하겠지만 해를 거듭할수록 네트워크 수준이 높아지고 역할이 많아지면 인력과 재정에 대한 대책을 세워야 네트워크를 지속적으로 활성화 할 수 있다.

__Remind (생각다지기)

1. 청소년을 개발하는데 있어 네트워크의 중요성과 필요성에 대하여 알아봅시다.

2. 청소년관련 기관은 어떠한 것들이 있는지 알아봅시다.

3. 조직간 네트워크에 영향을 미치는 조직요인에 대하여 알아봅시다.

__Practice & Becoming (내 것으로 만들기)

1. 자신의 지역에서 청소년관련 기관과 시설을 조사해 보고, 기관들의 상호 네트워크 체계 및 네트워킹 활동에 대하여 알아보도록 합시다.

2. 네트워크 해야 할 기관 또는 시설을 조사해 보고 조직 또는 개인간 연결망을 확보할 방안에 대해 기술해 봅시다.

이채식 대구한의대학교 교수
미국 미네소타대학교 방문연구원
서울대학교 교육학박사

최영창 디지털서울문화예술대학교 교수
미국 미네소타대학교 방문연구원
서울대학교 교육학박사

신규범 발바리 문화원 원장
창원대, 창신대, 문성대 강사
경남대학교 교육학과 박사수료

김상욱 전)부산광역시 함지골청소년수련관 수련팀장
전)부산광역시 북구청소년문화의집 팀장
대구한의대학교 대학원 졸업

안명선 해맑음문화활동센터 센터장
문성대 강사
대구한의대학교 대학원 졸업

김창율 은혜나무색채미술심리상담소장
늘푸른전당 강사
대구한의대학교 대학원 재학

하준태 울산청소년교육문화공동체 함께 대표이사
울산광역시 청소년단체협의회 집행위원
대구한의대학교 대학원 졸업

역량중심의 청소년지도설계

초판 발행 2013년 2월 20일
저자 이채식 · 최영창 · 신규범 · 김상욱 · 안명선 · 김창율 · 하준태
펴낸이 이준구
펴낸곳 대구한의대학교 출판부
주소 712-715 경북 경산시 한의대로 1
전화 053-819-1577,1578
등록 1987년 11월 21일
ISBN 978-89-87696-93-5

정가 · 18,000원